식민지
불온열전

식민지 불온열전 — 미친 생각이 뱃속에서 나온다

2쇄 발행 2019년 4월 23일
1쇄 발행 2013년 8월 5일

지은이 정병욱
펴낸이 정순구
책임편집 조수정
편집부 정윤경 조원식
마케팅 황주영

출력 블루엔
용지 한서지업사
인쇄 한영문화사
제본 한영제책사

펴낸곳 (주) 역사비평사
등록 제300-2007-139호(2007. 9. 20)
주소 10497: 경기도 고양시 덕양구 화중로100(비젼타워21) 506호
전화 02-741-6123~5
팩스 02-741-6126
홈페이지 www.yukbi.com
전자우편 yukbi@chol.com

「식민지 불온열전」 독자 북펀드에 참여해주신 분들(가나다순)
강문숙 강석여 강주한 김기남 김미경 김원곤 김인겸 김주현 김희곤 나준영 박동수 박무자 박수성 박진영 박혜미 손성실 신정훈 신혜영 심만석 양지연 엄영란 오주형 윤윤자 이나나 이수진 이영란 이하나 이한별 임길승 임상훈 임성진 임창민 임 혁 장경훈 장수련 정대영 정미영 정민수 정진우 정해승 조경미 조은수 조익상 최경호 최하나 한성구 현동우 현웅선 외 14명, 총 62명.

ⓒ 정병욱, 2013
ISBN 978-89-7696-543-1 93910

이 저서는 2008년도 정부재원(교육부 인문사회연구역량강화사업비)으로 한국연구재단의 지원을 받아 연구되었음(NRF-2008-812-A00023).

값은 표지 뒷면에 표시되어 있습니다.
잘못 만들어진 책은 구입하신 서점에서 바꾸어 드립니다.

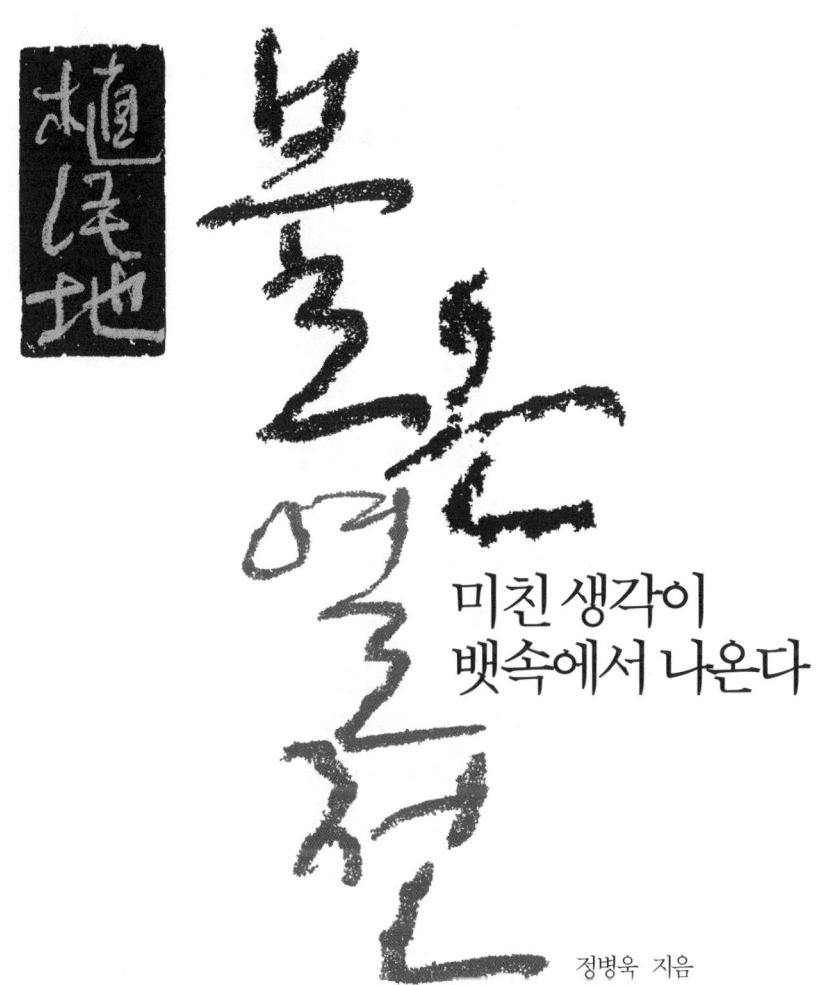

植民地 불온열전

미친 생각이 뱃속에서 나온다

정병욱 지음

역사비평사

植民地 불온열전

책머리에 7

──── 경성 유학생 강상규, 독립을 열망하다 _ 11

천변 풍경 | 옥구군 옥봉리 남동마을, 부농의 아들 | 옥구 간척지, 식민지 모순의 전시장 | 농민의 자식들 | 보통학교 다니기 | 동네 노인들이 들려준 영웅전 | 경성 유학과 주체할 수 없는 불온 | 학적부와 학생 일기, 그리고 개인 일기 | 독립의 꿈과 계획 | 병서와 히틀러를 읽고 | 독서 취향 : 대중성과 전통성 | 지도를 들고 들로 산으로 | 형의 이해를 바라다 | 도시, 상대적 박탈감과 유흥 | 불만을 토로하고 생각을 나눌 친구가 필요해 | '국어상용'과 이중언어생활의 피로 | 창씨를 할 바에는 개명까지? | 설문조사와 급우들의 호응 | 자율 공간 | 검거와 신문, 재판 | 모범과 불온, 양자를 봉합하는 학력주의 | 입신출세와 민족, 자존감 | 과연 권력이 이긴 걸까 | 빼앗긴 들에 봄은 왔건만

──── 자소작농 김영배, '미친 생각'이 뱃속에서 나온다 _ 87

근로보국단 결성식이 있던 날 밤 | 식민지 권력과 마을이 만나다 : 행정과 자치의 공조 | 농촌진흥회나 야학에 열심이지만 공출이나 동원은 싫다 | 경찰, 마을을 들락거리다 : 시국좌담회 | "가끔 미친 생각이 뱃속에서 나와" : 불온의 근원 | 상대적 빈곤 | 가진 자와 못 가진 자 : 지주제, 온정주의, 동족 의식 | 사랑방, 재담꾼 김영배의 무대 | 수다의 정치학, 통합과 배제 | 공공성 경쟁 | 투서, 공모, 그리고 사실 | 사건의 숨은 주인공

─────── **신설리 패, 중국인 숙소에 불을 지르다 _ 139**

반중국인 폭동, 일제의 계략인가 | 민족주의 때문인가 | 또 다른 시각, 도시화와 갈등 | 신설리·왕십리 패: 직공과 야채농 | 불황의 최저점 | 경마장과 중국 노동자, 조선 소작농 | 인력 브로커와 방, 노동 통제 | 만보산 사건은 '불난 곳에 기름' | 일상적인 경쟁과 이웃의 죽음 | 군집성, 가진 자와 권력자에 대한 불만 | 지역 대물림

─────── **김창환, 살아서 불온한 낙서, 죽어서 불온한 역사 _ 177**

산간벽지 소학교의 교실 풍경 | 일본인 교장의 학생 구타와 동맹휴교 | 불온 낙서를 하기까지 | 치안유지법으로 가는 길: 배후가 있다! | 홍순창의 역사교육과 불만 | 김창환과 친구들의 세계: 모욕의 공감대, 자존감 | 항일운동의 역사로 | '수복 지구' 해안면의 기억 | 불온한 역사   [첨부 자료] 조동걸, 「양구 해안소학교 항일 교육과 맹휴운동」 전문

보론 1: 경성지방법원 검사국 '사건 기록' 215
보론 2: 불온에 관한 7가지 단상 229

부표 244 / 미주 252 / 참고문헌 287

일러두기

1. 국명과 민족/국민명은 1910~1945년 일제 강점기에는 '조선' '조선인', 그 전후는 '한국' '한국인'으로 표기했다.
2. 일제 강점기 화폐단위는 '圓(円)'인데, 조선인은 '원'으로 읽고 썼다. 화폐단위는 '원'으로 통일한다.
3. 외래어 표기는 현행 교육부 표기법에 따라 표기했다. 단 '불이농촌不二農村' '석가장石家莊'처럼 한국어로 익숙하게 쓰이는 경우나 한자가 불명인 경우는 그대로 두었다. 일본인 이름의 발음이 불확실한 경우는 씨만 표기했다.

책머리에

"과거는 낯선 나라다. 거기서 사람들은 다르게 산다."

영국 작가 하틀리L. P. Hartley가 쓴 소설 『중개자The Go-Between』의 첫 구절이다. 과거도 외국처럼 미지의 세계이며 외국을 이해하기 위해서 노력이 필요하듯이 과거를 이해하기 위해서도 그렇다는 얘기다.

역사를 연구하거나 읽는 것은 외국 여행과 비슷하다. 외국을 여행하는 방법에 패키지여행과 자유여행이 있듯이 역사 여행도 그렇다. 어떤 시대에 관한 개설서는 인솔자를 따라 유명 관광지를 둘러보는 패키지여행과 비슷하다. 핵심을 짚는다는 점에서 유익하지만, 따라다니다 보면 정해진 궤도 너머가 궁금하다. 이때 시도해보는 것이 자유여행이다. '자유'라 하지만 외국은 만만한 곳이 아니며, 좋은 안내서가 필요하다. 역사에서 자유여행에 유용한 안내서란 무엇일까. 개설서에 소개된 참고 문헌은 연구논문인 경우가 많다. 여행에 비유하자면 오지 체험에 가깝다. 선뜻 손이 가지 않을 거다. 역사 여행에도 패키지여행과 오지 체험 사이에 자유여행과 같은 영역이 필요하지 않을까?

이 책은 일본이 한국을 강점했던 식민지 시절로 떠나는 자유여행 안내서이다. 자유여행에도 콘셉트가 있기 마련이다. 이 책의 주제는 '불온'과 '열전'이다. '불온'은 통치 권력이나 기존 질서에 순응하지 않는 태도나 기질이다. '열전'은 여러 사람의 일생을 늘어놓은 것이다. 지배 질서에 순응하지 않고 맞서는 현장을 방문해 식민지를 살았던 사람들을 만나보는 것이 이번 역사 여행의 목적이다. 당시 수재들이 모인다는 경성의 한 학교와 농민들이 밤이면 모여서 수다를 떠는 농가의 사랑방을 방문하고, 도시 하층의 청년들을 따라 청계천 변을 거닐고 산골 초등학교의 역사 수업을 참관할 것이다. 거기서 만나는 불온한 사람들의 일상과 욕망, 저항을 체험해보기 바란다. 운이 좋다면 그들의 삶에서 자신의 과거와 현재를 발견할 수 있다.

이 책은 여행자용이면서 안내자용이기도 하다. 가끔 하던 일을 놓고 동업자는 어떻게 하는지 참관하는 것도 유익할 때가 있다. 이 책의 목표는 전문성과 대중성을 동시에 좇는 것이지만, 전문가가 보기에 그것은 새로운 영역이 아니다. 불온한 현장과 그 사람들을 이해하기 위해서는 여러 전문 분야의 안내와 결합이 필요하다. 이를 통해 새로운 전망을 얻는다면 더 이상 바랄 바 없다. 책의 많은 지점에서 동업자 여러분의 흔적을 발견할 수 있을 것이다. 혹시 이 책에 조금이나마 성취가 있다면, 이는 모두 같은 시대를 살며 함께 고민한 동학 덕분이다. 작지만 보답하는 마음에서 상세한 주석을 달았고, 자료와 불온에 관한 보론을 준비했다. 많은 질정을 바란다.

　여행을 떠나기에 앞서, 이 책의 주인공들을 만나게 된 사연을 잠깐 소개하겠다. 2004년 첫 번째 책 『한국근대금융연구 : 조선식산은행과 식민지 경제』를 세상에 선보인 뒤 거의 10년 만에 두 번째 책 『식민지 불온열전』을 내놓게 되었다. 10년이면 강산도 변한다는데, 두 책 사이의 차이도 그만큼 많다. 주제가 바뀌고 글쓰기도 달라졌다. 무슨 변화가 있었던 걸까. 역시 10년 전이다. 당시 국사편찬위원회에 근무했던 나는 경성지방법원 형사사건 기록을 정리하여 '독립운동사자료집'으로 펴내는 일을 맡고 있었다. 자료를 읽으면 읽을수록 식민지민의 삶을 엿보는 재미가 솔솔 났다. 그런데 어떤 사정 때문에 간행이 예정된 자료를 교체해야 됐다. 큰 사건은 아니지만 당시 사회상을 잘 보여주는 자료들을 모아 '전시기戰時期 반일 언동 사건'이란 제목으로 2006년부터 2007년까지 네 권 간행했다. 이 글의 주인공은 대부분 그때 만났다.

　자료집은 냈지만 애초 이를 소재로 글을 쓸 작정은 아니었다. 불온한 주인공들에 관해 글을 쓰기까지는 내 나름대로 두 번의 불온이 필요했다. 첫 번째. 자료집이 나오자 한 독립운동사 연구자가 '왜 좀 더 큰 사건, 큰 자료는 없냐'고 했다. 다른 연구자들의 반응도 대체로 비슷했다. 사료를 보는 나의 안목에 대한 문제 제기지만, 괜히 나 때문에 주인공들이 무시당한 것 같아 미안했다. 그때 불끈, 시각과 방법을 달리하면 작은 사건도 좋은 자료가 될 수 있다는 점을 보여주고 싶었다. 두 번째. 당시 나는 식민지 시기 어떤 엘리트층에 관해 조사하고 이에 관련된 글을 쓰는 중이었다. 몇 편 더 쓰면 한국 보수주의의 흐름을 역사화 할 수 있을 것 같았다. 그런데 어느 순간 엘리트 세계란 뻔했고, 이는 내가 아니어도 누군가 할 수 있겠다는 생각이 들었다. 선배 연구자께 상의 드렸더니 당연히 엘리트층을 연구하란다. 이유는 중요도와 관심이었다. 그런데도 나는 망설임 없이 불온한 사람들에게 더 집중하기 시작했다. 내가 하지 않으면 그들이 영원히 세상 빛을 보지 못할 것 같고, 큰 죄를 짓는 기분이 들었다. 역사학에서 민주주의란 이름 없고 역사 없는 사람들에게 제 이름과 역사를 찾아주는 것이 아닐까?

이제 여행을 떠날 시간이다. 독자 여러분께 한 가지 주의를 드리자면 식민지 시기는 대한민국의 대표적인 '역사 전쟁' 지역이다. 그렇다고 실제 다칠 일은 없고 귀환은 보장된다. 그러니 때론 과감히 헤매고 다른 길로 가보기를 권한다. 길을 잃어버린 적이 없는 여행은 좋은 여행이 아니다. 여행을 마치고 현재로 돌아올 때, 여러분에게 얼마쯤 변화가 생겼으면 좋겠다. 내게도 경험담을 들려주기 바란다.

2013년 7월
정병욱

경성 유학생 강상규, 독립을 열망하다

강상규 생가 (옥봉리 312번지)

정독도서관 (구 경기고등학교, 경기공립중학교)

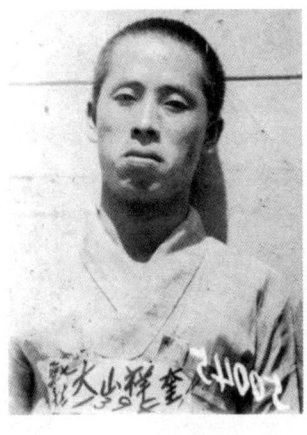

▲ 수감 당시의 강상규

▲ 경기중학교 3학년 때 모습

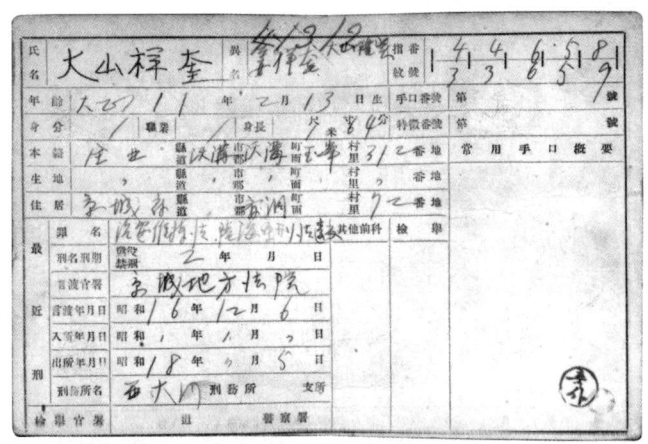

▲ 강상규 수형자 신상기록카드

강상규는 전라북도 옥구에서 태어났다. 옥구는 식민지 시기 일본으로 이출하는 쌀을 생산했던 전형적인 식민 농촌이고 일본 농업 이민지를 받아들였던 불이농촌이 있었다. 그가 태어난 생가에는 여전히 친척이 살고 있다. 전국의 수재들이 모인다는 경기중학교 입학통지서를 받았을 때 가족은 물론이고 본인은 얼마나 기뻤을까. 현재 서울시 종로구 화동에 자리한 정독도서관은 옛 경기고등학교 자리로, 그가 학교에 다니던 때는 '경기공립중학교'였다(경성제일고등보통학교에서 1938년 경기공립중학교로 개칭, 1971년 경기중학교 폐교). 재학 당시 사진을 보면 그의 자부심이 느껴진다. 고향에서 만난 친척이나 지인들은 하나같이 그가 똑똑했다고 회상한다. 수형자카드에 찍힌 사진은 재학 중 사진과 대조적이다. 기가 땅에 떨어졌다. 무엇이 그를 이렇게 만들었을까.

경성제일고등보통학교 수업 광경
수학 시간이며 선생은 이관섭이다. 강상규는 1학년 등교 때 인사하지 않았다고 이 선생에게 꾸지람을 들었으나, 2학년 때 작성한 「소화 십사년도 나의 예정」에 따르면 독립 운동을 위해 그와 접촉할 계획을 세웠다.

동숙자 정추
'조선의 차이콥스키'라 불리는 카자흐스탄의 작곡가 정추(鄭樞, 1923-2013)는 한국에 올 때마다 1940년경 같이 하숙하며 '밤낮' 독립운동을 얘기했던 강상규가 어떻게 됐는지 궁금했다. 그는 강상규가 거의 매일 일기 쓰는 것을 보면서 걱정했다고 한다. 강상규가 잡혀간 뒤 자신도 조사받던 때가 생생했다. '강상규와 무슨 얘기를 했느냐' '손자병법, 육도삼략을 읽었느냐'는 경찰의 신문을 받았다. 다시 한국에 오면 필자와 함께 하숙집을 답사하기로 했는데, 그만 2013년 6월 작고하셨다.
(ⓒ 정병욱 2012. 10)

강상규의 하숙집 (구 재동 72번지, 현 북촌로 1길 30-22)

강상규는 1937년 상경 이후 여러 하숙집을 전전했다. 1940년 1월부터 계동 142번지에 하숙하다가, 주인 김옥규가 재동 72번지로 이사하자 그를 따라 갔다. 거기서 1941년 1월 체포되었다. 현재 그곳은 두 채로 나눠 게스트하우스와 카페가 들어서 있다.

경성 유학생 강상규

학적부상의 전형적인 모범생, 일기와 신문 과정에 드러난 거침없는 불온.
그의 불온은 주로 개인적이고 부분적인 비순응이지만
체제 전복을 준비하는 저항까지도 내포한 것이었다.

천변 풍경

1940년 10월 21일 월요일 오후 4시 30분쯤 극장 '황금좌黃金座'에서 학생들이 쏟아져 나온다. 이날 경기공립중학교 전교생은 오전 수업만 하고 오후에 레니 리펜슈탈Leni Riefenstahl의 〈민족의 제전〉을 단체 관람했다. 4학년 강상규姜祥奎는 해산해도 좋다는 선생의 말이 떨어지자 동급생 김재원金在元과 같이 길을 건너 귀가했다. 황금정 3정목(현 을지로 3가) 파출소에서 오른쪽으로 돌아 관수교 못 미쳐 왼쪽으로 청계천을 따라 걸었다. 강상규가 먼저 얘길 꺼냈다.

"어땠냐?"
"손기정, 남승룡 선수가 우승한 장면을 보니 유쾌했는데, 두 선수가 별로 환영받지 못한 것 같아 섭섭하기도 해."
"유쾌했다고⋯⋯. 나는 슬펐다."

김재원이 왜냐고 묻자 강상규의 말보가 터졌다. 일장기가 올라가는 순간 나라 없는 비애를 느꼈다, 지금부터 목숨을 바쳐 반드시 나라를 독립시키고 다음 올림픽은 조선에서 개최하겠다, 그때만큼은 당당히 태극기를 휘날려 우리 민족의 우수함을 세계에 알리고 나의 이름도 후세에 남기겠다, 친구로서 협력을 바란다 등등. 이따금 부는 천변의 바람이 시원할 정도로 더운 날씨다. 친구의 흥분에 김재원은 대답이 궁해 "아, 그런가" 하고 말았다. 둘 사이의 거리가 청계천 이쪽저쪽보다 더 멀게 느껴진다. 남대문통 1정목(현 남대문로 1가)에 이르러 오른쪽으로 돌아 화신상회 사거리를 지났다. 잇따르는 자전거와 인력거 사이로 가끔 자동차가 호기 있게 달릴 뿐이다. 강상규는 친구의 시큰둥한 반응에 민망했을까. 김재원은 맞장구치자니 큰일이고 빼자니 옹색하여 이러지도 저러지도 못했을까. 안국정 파출소 앞에서 헤어질 때까지 둘 사이에 말이 없었다.[1]

이로부터 세 달 뒤 1941년 1월 18일, 강상규는 '조선 독립을 열망하는 불량 학생'으로 경기도 경찰부에 검거된다. 경찰 및 검사의 조사와 경성지방법원의 재판을 받은 끝에 그해 11월 12일 선고가 내려졌다. 치안유지법 및 육·해군법 위반, 징역 2년.

강상규는 경찰이 기록으로 남긴 첫 신문에서 아홉 번이나 일본·일본인을 '적敵, 賊'이라 했으며, 그것도 모자라 네 번은 그 앞에 '더러운'이나 '원수'를 붙였다.[2] 이 분노의 정체는 무엇일까? 그는 3학년 말 학급 주임 가와모토川本 선생 댁에 상급 학교 진학을 상담하러 갔다가, 선생이 자신을 비웃고 사택에서도 일본어 사용을 강요한다면서 분을 참지 못하고 선생이 선물로 준 과자를 귓갓길 하수구에 버렸다.[3] 이 자존심은 어디에서 나왔을까?

옥구군 옥봉리 남동마을, 부농의 아들

　강상규의 고향은 전라북도 옥구다. 군산이 일본으로 쌀을 이출하는 전형적인 식민 도시였다면, 금강과 만경강 하구 사이에서 군산을 에워싸고 있는 옥구는 그 쌀을 생산하는 대표적인 식민 농촌이었다. 1903년 미야자키宮崎농장을 시작으로 1910년 강점 이전에 이미 10개의 일본인 농장이 세워졌으며, 1930년 무렵에는 15~16개로 늘어났다.[4] 1908년 한국인 지주들도 조선 최초의 수리조합인 옥구서부수리조합을 세우긴 했지만 일본인의 기세를 꺾지 못했다. 1930년 무렵 일본인은 전라북도 경지의 대략 1/4을 차지하였으며, 평야 지역인 옥구는 절반 이상이 일본인 땅이었다.[5] 쌀을 군산으로 보내기 편한 철도 부근의 지역에서는 일본인 지주의 비중이 더 높았을 것이다. '이리부터 군산에 이르는 철도 연선의 만경강 쪽 평야(익산·옥구)는 90%가 일본인이 경영한다'는 말이 허풍만은 아닐 거다. 일본인이 좋은 땅 다 차지하고 조선인은 '산비탈 흙구댕이'에 몰려 사는 처지라는 푸념 또한 과언이 아닐 거다.[6]

　그 많은 땅은 누가 농사짓나? 옥구군의 전체 소작농가 중에서 일본인의 땅을 부쳐 먹는 농가의 비중은 61.5%로, 전라북도 평균 28.9%와 전국 평균 15.3%를 훌쩍 넘는다.[7] 자연히 소작쟁의는 물론이고 마름과 소작인 사이의 분규도 적지 않았다. 1927년 옥구군 서수면의 후타바샤二葉社농장에서는 소작료를 7할 이상 징수하려다가 '농민조합의 항의, 경찰의 농민조합 간부 체포, 농민들의 주재소 습격 및 조합 간부 탈환, 군산경찰서의 출동 및 관련자 80여 명 검거와 51명 송치'라는 큰 소작쟁의가 일어났다.[8]

강상규는 호적상으로 1922년 2월, 실제로는 1919년 8월 옥구군 구읍면(현 군산시 옥서면) 옥봉리 312번지 남동마을에서 강학선姜學善의 3남으로 태어났다.⁹ 남동마을은 성산에서 옥녀봉으로 이어지는 구릉의 북동면에 자리하며 산기슭에서 옛 갯벌이 끝나는 지점까지 밭과 논이 펼쳐진다. 이 경지의 상당 부분은 강씨 땅이었으며, 지금도 마을을 거닐어보면 강씨 문패를 단 집이 많다. 강상규의 집안은 증조할아버지 대 이곳에 정착했으며, 강씨들 중에서 넉넉한 편이었다.¹⁰

1937년 경기공립중학교에 입학할 때 작성된 것으로 보이는 학적부상 강상규 집안의 자산 규모는 동산 1만 원, 부동산 5천 원, 자산에 의한 연수입 3천 원이다. 부동산 5천 원은 당시 남선 지방 중등답 가격으로 환산하면 2.7정보이다. 1941년 군산경찰서에서 작성한 '피의자 소행 조서'를 보면 동산과 부동산을 합쳐 3만 원가량의 재산이 있고, 자작하며 연수입 3천 원 정도로 중류 이상의 생활을 한다고 되어 있다.¹¹ 재산 중 부동산의 비중이 1937년 무렵과 같다면(1/3) 부동산은 1만원으로 당시 중등답 3.8정보에 해당한다.¹² 3정보 전후의 논과 상당한 규모의 밭을 경작하면서 제초 작업을 할 때나 농번기에는 여러 일꾼을 써야 하는 부농이었던 것 같다.¹³ 그러나 강상규는 가족이 조모와 부모 및 두 형의 식솔까지 합쳐 모두 16명이나 되고 자신의 유학 비용으로 연 700원이 들어가며, 1,500원의 부채도 있어 생활 형편이 곤란하다고 했다. 맏형 강종갑姜種甲도 동생과 비슷하게 증언했다.¹⁴

마을에 강상규 집안의 지위를 가늠해볼 수 있는 유물이 남아 있다. 성산 밑 비석거리에 1935년에 세워진 거사 한응석韓應錫의 자선을 기리는 비

碑가 있는데, 뒷면을 보면 설립자 11명 중에 부친 강학선의 이름이 있다. 1927년 『조선전도면직원록』을 보면 옥봉리 구장은 백부 강백선姜伯善이었고, 구읍면의 면협의회원 중 한 사람이 숙부 강배도姜培道였다.[15] 숙부는 강상규의 서당 훈장이기도 한데 1931년에 작고했으며, 백부는 그가 검거될 당시에도 구장을 맡고 있었다.[16] 강상규는 1937년 8월 2일자 일기에 "백부가 무슨 통지서를 건네주므로 받아 보니, 전라북도에서는 전북호全北號 군용 비행기를 헌납한다고 하면서 기부를 하라는 통지이다. 아아, 참으로 괘씸하다. 기부하려니 불충한 사람이 되고, 기부하지 않으면 더러운 도적들로부터 굴욕을 받을 것이므로 참으로 곤란한 일이다"라고 적었다.[17] '도민의 일치 협력'으로 마련된 전북호 두 대는 그해 10월 말 일본군에 헌납되었다.[18]

옥구 간척지, 식민지 모순의 전시장

강상규는 호적 나이 8세부터(1928) 서당에 다녔으며, 10세(1931)에 옥구공립보통학교에 입학했다고, 또는 4학년(1934)에 편입했다고 진술한다.[19] 1914년에 개교한 옥구공립보통학교는 1933년 상평리에서 현재의 선제리 자리로 옮겼다. 그가 언제부터 어디 학교를 다녔건 간에, 통학하기 위해서는 옥구저수지의 둑길을 지나야 했다. 옥구저수지는 전주군 고산면의 대아저수지에서 70여km의 수로를 통해 물을 끌어와 저장한 320ha의 거대한 물탱크다. 저수지 북쪽의 간척지 약 1,000정보가 일본 농업 이민자들

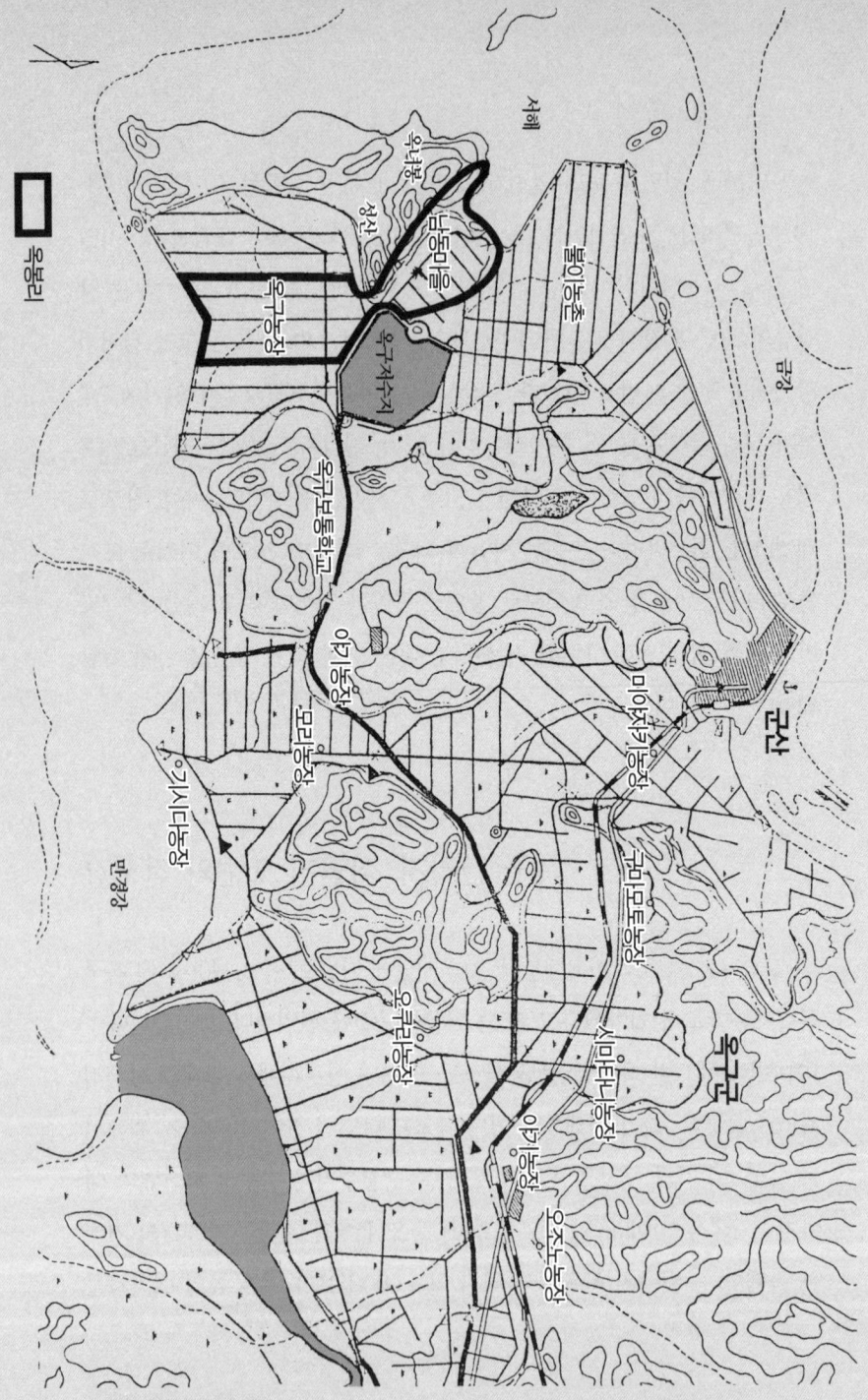

옥구군 구읍면 옥봉리 지도
가운데 굵은 실선이 대아저수지에서 옥구저수지에 이르는 간선 수로이며, 주변의 얇은 실선은 수로 지선이다. (출처: 「益沃水利組合平面圖」)

① **거사 한응석 자선불망비**去思 韓應石 慈善不忘碑 **뒷면**
강상규의 부친 강학선姜學善의 이름이 보인다.
② **선제리 옥구공립보통학교(현 옥구초등학교)**
1914년 개교했으며 1933년 상평리에서 현재의 위치로 옮겼다. 해당 시기 학적부가 소실되어 강상규가 1학년부터 다녔는지 4학년에 편입했는지 확인할 수 없으나 졸업대장은 남아 있다.
③ **성산 중턱에서 내려다본 옥구저수지**
우측이 옥구농장 자리이며, 그 사이 둑길이 강상규의 보통학교 통학로이다.
④ **옥구저수지 동쪽 끝에서 성산을 바라본 모습**

이 사는 불이농촌不二農村이고, 남쪽의 간척지 약 1,000정보가 주로 조선인 소작농이 경작하는 옥구농장이다. 이 간척지는 1920년대에 '조선의 수리왕水利王' 후지이 간타로藤井寛太郎가 이끄는 불이흥업주식회사가 만든 것으로, 식민정책의 대표적 상징물이었다. 당시 일본의 국정교과서(참고서)에도 이곳의 사진이 실렸는데, 간석지를 이용하여 1,830ha의 경지를 만들고 각종 시설을 갖춰 놓았으니 "일반인의 이주·전주轉住를 장려"한다는 설명이 붙어 있다.[20]

옥구의 불이간척지는 식민지 모순의 전시장이기도 하다.[21] 당시 경성제국대학 교수로 이 지역을 조사한 이토 토시오伊藤俊夫는 "불이농촌의 이주 농업자는 인접한 옥구농장의 소작농에 비하면 건실한 정착성"을 보인다며 불이농촌 건설의 성공을 말했다.[22] 지금 식으로 말하자면 정규직이 비정규직보다 오래 근무하니 성공했다는 소리다. 불이농촌은 일본 농민 300호를 받아들여 1호당 3정보를 경작하는 자작농으로 만든다는 계획하에 조성되었다. 후지이는 일본의 식량과 인구 문제를 해결하고 나아가 치안을 확보하기 위해서 일본인 농업 이민이 필요하며, 동양척식주식회사의 기간지 이민과 달리 간척지 이민이기 때문에 조선인의 저항도 덜하다는 점을 역설했다. 일본 정부와 조선총독부는 각종 보조금 교부와 저리자금 융통으로 화답했다. 당시 〈조선일보〉는 "주먹만 쥐고 온 자들일지라도 하등 곤란 없이" 농사지을 수 있다고 보도했다.[23] 불이농촌 출신의 일본인들은 이곳을 아름다운 고향으로 기억하고 있다.[24]

반면 옥구농장에서는 소작쟁의를 방지하기 위해 주변 전라도·충청도 지역에서 조선인 소작농을 가족 단위로 '엄선'했다. 이들에게는 1호당 평균 1.3정보의 땅을 주었으며, 연부 상환을 조건으로 한 가옥 구입비가 지원의 전부였다. 농장은 매년 그곳을 떠나는 사람보다 훨씬 많은 입주자를 받아들이고 좁은 땅에 다량의 노동력을 투입하여 최대한 생산해내는 집약농법을 추구했다. 소작농은 부족한 생계비를 불이농촌에서 농업 노동을 하고 받은 임금으로 보충했다. 불이농촌 일본인에게 배당한 3정보는 소가족(평균 5.5명)으로는 도저히 농사지을 수 없는 규모이기에 조선인 소작농을 고용했던 것이다. 1940년대 초에 이 지역을 취재했던 기자는 다른 곳과 달리 여기 조선 부인의 새까맣게 탄 얼굴에 주목했다. 여성들의 야외 노동 덕분에 일반 농가에 비해 생활이 안정되었다고 했다.[25] 불이농촌의 일본인 산모 중 출산 당일까지 농업 노동에 종사한 자가 25%인 반면, 옥구농장의 조선인 산모는 90%가 아이를 낳기 바로 전까지 일했다. 불이농촌의 산모가 출산 후 대부분 2~3주를 쉬는 반면, 옥구농장의 산모는 70%가 일주일 이내에 일하러 나갔다.[26] 농장은 20명의 농사계원을 두고 1인당 50~100정보씩 지도·감독하게 했다. 농번기에는 출근부를 만들어 군산 시내 출입도 통제했다.[27] 옥구농장 출신은 아니지만 만경강 건너편 동진농업주식회사의 김제 간척지에서 자랐던 사람들은 당시 간척지 소작농이 '노예', 그것도 먹고살 길이 없어 제 발로 찾아오는 '노예'였다고 한다.[28]

농민의 자식들

강상규는 보통학교를 오가면서 간척지를 수없이 봤을 거다. 무슨 생각을 했을까? 이후 행적으로 보건대 불이농촌이나 불이흥업주식회사에 대한 반감을 짐작해볼 수 있다. 대규모 간척지와 거대한 저수지를 보면서 실력 양성의 필요성을 절감했을 수도 있다. 농장의 소작농을 보는 강상규의 시선은? 보통 간척지에 소작농으로 들어오는 사람들은 더 이상 물러날 곳이 없는 막장 인생인 경우가 많다. 각성바지로 모여 살며 나름의 공동체를 유지해갔지만, 이들에 대한 주변 마을 사람들의 텃세와 천시가 비일비재했다. 특히 간척지에는 우물이 없기 때문에 도랑(수로)물을 식수로 먹어야 하는 경우가 많았는데, 주변 마을 아이들은 '똘물(도랑물) 먹는 새끼'들이라 놀리며 수로에 오물을 버리기 일쑤였다고 한다.[29] 강상규의 경우는 알 길이 없지만 옥봉리 선주민과 옥구농장의 이주민도 그런 관계였을 거다.[30]

　강상규는 같은 남동마을 농민에 대해서는 어떻게 생각했을까. 그는 훗날 경기공립중학교를 다니면서 방학 때 고향에 내려와 동네 청년들을 몇 번인가 '선동'한 적이 있다. 1939년 1월 5일 그는 사촌 아우 강한규姜漢奎의 집에서 농사짓는 마을 청년들에게 '현재 우리 조선의 농촌 생활이 고통스럽다는 것은 서로가 너무 잘 알고 있는 바다. 조선이 일본에게 합병되어 일본의 착취와 압박을 받고 있기 때문이다. 우리가 농촌에서 편안하고 의미 있는 생활을 하기 위해서는 독립해야 한다. 일본은 강하지만, 다행히 현재 중국과 전쟁을 하고 있다. 중국은 대국이고 권익에 관계한 구미 제국의 도움을 받을 것이므로 결국은 일본이 진다. 우리 조선인은 이 기회를 놓쳐서는 안 된다'는 취지의 얘기를 했다. 그 이튿날에도 같은 장소에서 다른 청년들에게 비슷한 얘기를 했다. 반응은 다음과 같았다.

1939년 1월 5일. 송점윤(27세)·국봉술(28세)의 발언

군의 이야기는 탁상공론이다. 이치는 그러하겠지만 우리들로서는 이렇게 먹고 지낼 수 있으므로 이것으로 좋지 않은가. 지금 우리들이 일본을 상대로 전쟁을 하자고 해서 가능하겠는가. 그렇게 쉽게 될 수 있다면 조선도 오랜 전에 독립하였을 것이네. 그것이 불가능하기 때문에 지금까지 이렇게 독립하지 못하고 있는 것이겠지. 군은 이긴다고 말하지만 우리들 생각으로는 일본과 싸워본다고 해도 이길 가망은 없다. 게다가 군은 중일전쟁에서 일본이 진다고 말했지만, 사실 일본은 조금도 질 것 같지 않다. 우리들은 이길 가망도 없는데 조선의 독립 등 그런 일은 하고 싶지 않다. 이렇게 하고 있으면 아무도 굶는 일은 없는데, 되지도 않을 일에 독립이니 등을 떠들어서 형무소행이면 수지가 맞겠는가. 군의 이야기는 명론이기는 하지만, 우리들로서는 그런 일은 그만두겠다.

1939년 1월 6일. 오맹옥(25세)·고용언(26세)의 발언

그런 짓을 하면 목표인 독립은 될 수 없다. 먼저 경찰에 붙잡혀서 형무소행이 고작이다. 군은 오늘날 우리 조선인의 생활이 나쁘다 나쁘다 말하지만 이 사바세계 어디에 그런 좋은 곳이 있는가. 우리가 이렇더라도 일하면 그날그날의 생활에는 곤란 없이 안온하게 살 수 있는데, 독립하면 독립하기까지 혁명전쟁의 전비(戰費)로 도리어 세금이 무거워져서 곤란해질 뿐이므로 군의 이상론에는 승복할 수 없다. 우리들은 지금까지 해왔던 대로 농사짓고 있으면 굶는 일은 없고 위험도 없다.[31]

강상규는 1939년 1월 5일 일기에 "이욕利慾에 빠진 지 오래인 우리 동포는 쉽게 감격하지 않는다"고 썼다. 경찰의 신문에 강상규는 그들은 학교 교육도 받은 적이 없는 '무지한 농민'이라며 "동네 사람들을 상대해서는 소용없다 생각하여 체념하고, 그 후 선동하기를 중지하였다"고 했다.

강상규의 전쟁 인식, 즉 일본패망론과 독립기회론은 당시 반일적 입장에 선 민중 사이에서는 광범위하게 유포된 내용이다.[32] 그럼에도 불구하고 마을 청년들은 강상규를 믿지 못했고 반일反日 주장에도 선뜻 동의하지 않았다. 경성으로 유학 가 농촌 실정을 모른다는 투다. 그들 처지에서는 부농 집안의 강상규에 비해 자신들이 옥구농장의 소작농으로 전락할 위험이 더 크기 때문에 모험보다는 안정을 지향했는지도 모른다.[33] 부농 집안의 아들 강상규는 학력이나 재산 면에서 그들을 낮춰보았다. 나중에 신문 과정에서 강한규는 마을 청년들을 '거실'에서 만났다고 증언했으나 강상규는 '머슴(下人)방'으로 진술했다.[34]

보통학교 다니기

옥구저수지 둑길이 끝나는 곳에서 동쪽으로 5분만 더 올라가면 옥구공립보통학교가 나온다. 그가 학교를 다녔던 1930년대 초·중반은 보통학교와 학생 수가 급팽창했던 시기다. 특히 당시 학생의 2/3가량은 자소작과 소작 계층의 아동이었다. 이제 보통학교는 지주나 자작농의 전유물이 아니었다. 상향적인 사회이동을 하려면 학교를 가야 하는 세상이 되었다.[35] 관료, 의사, 법관·변호사, 선생과 같은 직업은 그 자격을 국가(식민지 권력)가 직접 관리했으며, 회사나 은행 같은 근대 직종에도 일정한 학력이 요구되었다. 과거제 폐지로 무너졌던 학력과 직업의 연관이 대한제국과 식민 지배를 거치면서 근대 학력주의 형태로 다시 확대재생되었던 것이다.[36] 첫째 종갑(1909년경 생)과 둘째 종웅(1911년경 생)은 서당 교육만 받고 농사를 지었지만, 강상규(1919년생)는 서당 교육을 받다가 보통학교로 옮겼다.[37] 당시 조선인 남자 아동의 취학률이 30% 전후인 점에 비춰보면[38] 강상규 집안은 대략 시세에 따른 셈이다. 맏형 종갑은 "아우 상규만이라도 세상에 내보내고 싶"어 아버지와 합심해서 학교에 보냈다고 했다.[39]

'피의자 소행 조서'에 따르면 강상규는 "소학교 재학 중 성적이 우수하고 소행이 양호"했다. '13도의 수재'가 모인다는 경성공립중학교에 합격한 것으로 미루어 쉽게 짐작할 수 있다. 물론 성적이 학교생활의 전부를 말해주지는 않는다. 옥구공립보통학교는 1926년 순종이 사망하자 4학년생이 일제히 동맹휴교를 했던 적이 있다. 그런 영향일까? 강상규는 경찰의 신문을 받을 때 간혹 '군주가 없기 때문에' '군주 없이 봄을 맞이한 지 몇 년'이라는 표현을 썼다.

동네 노인들이 들려준 영웅전

강상규의 민족의식은 학교보다는 마을 쪽에서 싹텄던 것 같다. 보통학교 5, 6학년 때 동년배의 친구들과 놀러 가면 유충렬전劉忠烈傳, 조웅전趙

雄傳 같은 영웅전을 들려주는 동네 노인들이 있었다. 노인들은 "조선에도 그와 같은 영웅이 있었지만 현재는 조국을 잃"었다, "조국을 예전으로 되돌리는 데는 청년의 힘에 의존해야 한다"고 말했다. 강상규는 이에 감복하여 결심했다고 한다.⁴⁰ '유충렬과 조웅이 가난한 집에서 태어나 어릴 적에 각지를 유랑하고, 간난신고를 겪다가 마침내 병법의 깊은 뜻을 터득하고 난을 평정하여 나라의 영웅호걸이 되었다'는 얘기가 인상 깊었던지, 그는 노인들에게서 책을 빌려 직접 읽어보기도 했다.⁴¹ 노인들이나 강상규는 이 영웅들이 마치 실존 인물인 듯이 얘기했다. 중학교 때 작성한 독립운동 계획을 보면 강상규는 유충렬전과 조웅전에 푹 빠져 있었다.

　이후로도 그는 영웅전을 많이 본 것 같다. 그의 독서에 관해서는 뒤에서 좀 더 자세히 다루겠지만 먼저 한 가지만 말해둔다. 보통 영웅전이나 위인전을 읽는 행위는 그 내용과 연결지어 이해된다. 이순신전을 읽으면 민족주의, 히틀러를 읽으면 파시즘 하는 식이다. 일견 타당하지만, 그 이전에 영웅이나 위인의 전기가 언제부터 이렇게 대중적으로 읽히기 시작했는가를 생각해볼 필요가 있다. 개인이 자신을 스스로 규정하고 실현한다는 식으로 인생의 목표를 설정하는 것은 근대사회에 들어와서의 일이다. 이 목표를 달성하기 위한 사회적·정치적·경제적 제반 조건을 만들고 이를 확고히 다지기 위해 노력을 경주한 것도 근대사회에 들어와서다.⁴² 근대 개인이 이러한 자아실현의 꿈을 키우고 그 실현 방법을 배우는 곳 중의 하나가 바로 위인전이다. 개항기나 일제 시기에 영웅전이나 위인전이 많이 읽혔던 것은⁴³ 민족주의뿐만 아니라 개인주의와도 관련이 깊다고 생각한다. 근대에 들어오면서 발달한 개인과 국가·민족이 서로 어떻게 만

유충렬전과 조웅전
좌측이 유충렬전 딱지본(덕흥서림, 1913년) 표지, 우측이 조웅전 딱지본(세창서관, 1964년) 표지다.
강점 이후 일제의 검열에 의해 실존 인물을 다룬 민족 위인·영웅전이 쇠퇴한 반면,
조선 후기 이래 대중의 사랑을 받아온 영웅 소설은 활발히 간행되었다.
1912년부터 1942년 사이에 유충렬전은 24회, 조웅전은 22회나 간행되었다.
강상규는 위의 영웅전들이 조선의 가정에 거의 보급되있다고 했다.

나야 되는지 하나의 전형을 제시한 게 위인전인 것 같다. 강상규는 영웅전을 읽으면서 민족의식을 고취하고 자아실현의 욕망을 키웠던 것은 아닐까.[44]

경성 유학과 주체할 수 없는 불온

1937년 3월 중순, 강상규는 경성제일고등보통학교(1938년 경기공립중학교로 개칭) 입학시험을 치렀다. 지원자 995명, 입학자 207명.[45] 4.8 대 1의 경쟁을 뚫고 합격했다. 실업학교가 아니라 고등보통학교를 택했다는 것은 대학교나 전문학교로 진학하려는 생각이 있다는 뜻이다. 이 학교의 1937년 3월 졸업 예정자 161명 중 상급 학교 지망자는 150명이었다. 대부분이 진학을 원했고 입학률도 높은 '진학의 명문'이란 점이 학교의 자랑이었다.[46] 경성제일고보에 지원했다는 것은 곧 성적이 매우 좋았음을 의미한다. 1935년도 이전에 쓰였던 교가의 첫 구절은 "십삼도에서 고르고 골라 수재를 뽑으니"로 시작되며, 이후 교가에도 "계림鷄林 전토의 여망을 짊어지고"라는 구절이 있다.[47]

이 학교에 다니려면 머리만 좋다고 되는 것이 아니라 돈도 있어야 했다. 자식에게 고등교육을 시키려면 10여 년간 매월 50~60원의 학비를 낼 능력이 있어야 했다는데,[48] 이 금액은 당시 전문학교 졸업자의 초임에 해당한다. 더욱이 중소 도시와 달리 경성 유학에는 돈이 더 들었다. 그래서인지 학교 측도 학부모의 재산 상태를 봐가며 학생을 입학시켰다. 1930년 경성제일고보를 비롯하여 경성의 공립고등보통학교는 입학원서에 납세증명서를 첨부케 했으며 연 세금 200원 이상을 기준으로 삼았다. 그 정도면 재산이 1만 5천 원 이상이라 5년치 학비를 지장 없이 댈 수 있다는 계산이다. 납세증명서 첨부에 대한 비난 여론이 비등하자 조선총독부 학무국이 그 취소를 요구했지만, 해당 학교장들은 이전에도 비밀리에 재산을 조사했었다면서 차라리 "정직하고 간편하게" 납세증명서를 첨부토록 하는 것이 당연하다고 주장했다.[49] 집안이 아무리 부농이라도 강상규의 유학은 힘든 결정이었을 것이다. 그의 맏형은 동생이 장래성이 있는 것 같아 "국가 사회에 도움이 되고 우리 집의 생활도 조금 편하게 해주었으면" 하는 생각에서 고생을 감수했다.[50]

집안의 바람과 달리 강상규는 "적국 정찰"을 위해 학교에 다닌다고 일기에 썼다.[51] 3월 15일 입학시험 때부터 '불온'이 터져 나온다. 학교 측이 도시락을 준비하지 못한 수험생들에게 빵을 팔자, 일기에 "일본의 조선에 대한 교육기관은 전부 도적인 것 같다", "아아, 우리 조선인은 눈을 뜨고 도둑맞고 있다"고 썼다.[52] 1937년 개인 일기에 나타난 몇 가지 '불온'을 보자.[53]

4월 22일 (목) 창경원 벚꽃놀이

저녁을 먹은 뒤 (…) 3인이 동반해서 창경원의 밤 벚꽃을 구경하러 갔다. (…) 참으로 인산인해다. 정신이 황홀하기도 하고 상쾌도 하다. 그러나 나는 때때로 (…) 눈물이 나려고 한다. 옛날 우리 이왕李王이 있었던 모든 궁전宮殿은 궁가宮家가 되고 왜인倭人이 문마다 지키고 있다.

창경원 벚꽃놀이
일제는 창경궁에 식물원과 동물원을 설치하고 그 명칭을 창경원으로 격하했다. 1920년대 벚꽃놀이로 유명해지면서 소풍과 유흥의 명소가 되었다.

벚꽃은 만개하고 이 사람 저 사람 구경을 하는데, 다만 한 사람 주인은 어디 가고 외인外人들뿐인가. (…) 일본인들은 자기의 전 가족을 데리고 와서 즐기기도 하고 술을 마시고 떡을 먹고 하는데, 우리 동포는 자기 것을 자기 생각대로 못하고 다만 저들이 즐기는 곳에 가서 엿볼 뿐이다. 아아, 가련하도다. 무궁화 동산이여. 금잔디에 개똥과 말똥만 수북이 쌓여 있다. 이 오물을 누가 청소해줄 것인가.

6월 11일 (금) 일본 육군 중장의 강연

1시간 공부한 후 육군 중장 와다和田라는 사람의 강연을 듣게 되어 전원 강당에 집합 (…) 조선과 자기 나라의 관계를 말할 때 이 도적이 우리 조선인은 대단히 어리석은 자라고 한다. '내선융화를 말한 시대는 이미 옛날의 일이고 지금은 조선인이 곧 일본인, 일본인이 곧 조선인이다. 지금 내선융화 등의 말을 이야기할 필요는 없으며, 우리나라의 천황이 곧 조선인의 천황이다'고 이러한 더럽고 부아가 치미는 것을 말한다. 나는 얼마나 부아가 나고 슬펐는지 단상으로 올라가서 이 도적을 처치하고 싶은 생각이 몇 번이나 일어났으나 나의 지위가 아직 그렇게 할 수가 없으므로 억지로 인내하였다. 아아, 슬프다. 내가 적국을 없앨 날에는 왜인의 인종은 한 사람도 남김없이 죽일 것이다. 특히 가장 슬픈 것은 아무런 분별도 없는 나의 친구들이 이 도적의 강연을 듣고 이야기를 잘한다고 감탄한다는 점이다. 나는 언제 이 원수를 갚을 것인가. (…) 청소를 하고 집으로 돌아왔으나 집에 와서도 분노를 참을 수 없었다.

7월 13일 (화) 중일전쟁

경성은 뉴스를 듣기에는 참으로 빠르다. (…) 중·일은 정말로 전쟁을 하게 되었다. 아아, 세상은 아수라장으로 변하였다. 아아, 슬프다. 조선에서도 만약 이러한 때 영웅 한 사람이 있었더라면 회복할 가망이 많은데, 나는 아직 지위가 그렇지 않아 가슴만 태운다. 피만 끓는다. 영웅이여 일어서라 일어서라. 우리 조선은 영원히 죽었는가.

8월 4일 (수) 시국간담회

오늘은 면사무소에서 최익崔翼(면서기)이 와서 시국간담회를 한다고 말한다. (…) 최익 놈은 만고의 대역大逆이다. 자기 아버지 정도로 늙은 이준성李俊成 씨에게 머리를 깎지 않았다고 나무라고, 또 연설 중에는 조선은 썩었다, 일본인을 숭배하지 않으면 안 된다, 이러한 말만 한다. 나의 가슴에는 피가 용솟음쳐 당장에 죽이고 싶은 기분이 들었으나, 할 수가 없다.

8월 22일 (일) 야경과 경성 정벌

저녁밥을 먹은 뒤 날씨도 덥고 쓸쓸하였으므로 삼청정三淸町 언덕에 나갔다. 시가지 전등의 광경은 구경할 가치가 있다. 나는 지금 조선의 주권자라도 된 것 같이 금후 경성을 정벌할 연구를 해보았다. 인왕산과 북악산의 사이에서 일군一軍, 한강 방면에서 일군, 청량리 부근에서 일군, 이렇게 삼군으로 나누어 공격하면 될 것 같다.

8월 27일 (금) 종군기자의 강연

여섯 시간째를 수업하려 할 때 강연이 있다고 하여 도장에 집합하였다. 출연자는 조선 신문사 종군기자 고사카小坂傳. (…) 아아, 이 강연으로 나는 땅을 치고 울고 싶은 심정이었다. 그것은 일천 명의 학생 중에 나만 빼고 구백구십구인까지 모두 그 열변에 감격하여 완전히 우리 조선이라고 하는 문제는 없어지고 우리나라 일본은 훌륭하다고 하는 것에 마음을 모두 빼앗기고 있다. 아아, 가련한 것은 우리 조선이다. 아니다. 우리 조선은 언젠가 나의 손으로 회복될 날이 있을 것이다.

9월 23일 (목) 출정군인 전송

저녁 때 5시경 학교로부터 출정군인을 전송하러 가라는 통지가 있었으므로 학교로 가서 국기를 받아서 역으로 나갔다. 나는 아무리 해도 만세라는 소리가 입에서 나오지 않았다.

10월 1일 (금) 시정기념일始政記念日

오늘은 시정기념일인지 뭔지로 휴일이어서 늦게까지 자고 일어났다. 아아, 가련하도다. 천도는 너무나 무심하다. 소위 일한병합한 것이 이미 28년이 되고, 삼천리 강산에는 낭연狼煙이 가득 찰 대로 차서 이심도 극도로 변하였는데, 우리 이 강산은 그대로 죽어 있으니 어찌하면 좋을 것인가. 내가 만약 일어서는 날에는 옥석玉石이 함께 가루가 될 것이다. 오늘은 휴일이므로 학교에 가지 않고 종일 끓는 가슴을 누르고 방 안에 틀어박혀 있었다. (…) 저녁 먹은 뒤에 주인의 라디오를 들으니 김대우

金大羽라는 자가 시정기념일에 대한 강연을 할 때 일본인이 자기의 증조부라도 되는 것처럼 이야기하므로 나는 그 자가 옆에 있다면 당장 찔러 죽이고 싶은 기분이 들었다.

10월 8일 (금) 조회

조회할 때 일본인들이 조선인의 심장을 자기들의 심장으로 하려는 일 계략으로서 미나미 지로南次郎가 소위 황국신민의 서사인지 뭔지를 만들어서 각 학교 학생에게 암송하도록 한다. 그래서 그것을 읽었다. 그러나 우리 조선혼은 영원히 변하지 않을 것이다. 오늘도 어느 학생이 교장에게 욕을 하였으므로 비밀히 조사하였으나 찾을 수가 없었다. 이것도 선일鮮日(조선과 일본)의 마음이 맞지 않기 때문이다.

10월 16일 (토) 조선신궁봉찬체육대회朝鮮神宮奉讚體育大會

오늘은 참으로 춥다. 기旗 행진을 하는 날은 내일로 박두하였으므로 창가(황군승리가)를 맹연습하였다. 이번에 깃발 행진을 하는 내용을 알아보았더니 일본군이 중국 석가장石家莊을 악전고투하여 점령하였다고 그것을 봉축하기 위한 것이다. 실로 더럽다.

10월 21일 (목) 황국신민서사

조회 때는 언제나 추한 황국신민의 서사를 낭독한다.

1940년 2월 15일 (목) 일기에는 "나는 매일 아침 학교에서 제창하는 황국신민서사를 성심으로 부른다. 그것은 물론 각절 위에 '조선' 두 글자를 마음속으로 덧붙이기 때문이다"라고 썼다.[54]

11월 10일 (수) 국민정신작흥주간國民精神作興週間 1

오늘은 국민정신작흥주간의 제4일째, 즉 극기, 인고, 시국인식일이라 말하고, 조회 없이 1시간 단축해서 수업을 한 후 더러워서 말할 수도 없지만 황거요배식이 있었다. 또 강당으로 들어가서 조서를 읽는 소리가 개 짖는 것 같은 소리로 들렸다. 그리고 남南총독인가 북北총독인가의 성명서를 들었다. 그리고 수업이 시작되었다. 참으로 일본인의 정치는 원숭이 정치이다. 일주일만 정신을 작흥하고 그 후에는 정신이 멸망하여도 좋은 것인지 나는 모르겠다.

11월 13일 (토) 국민정신작흥주간國民精神作興週間 2

오늘은 정신작흥주간 최종일, 즉 보은 감사, 국민친화일로서 조회 때 황거요배를 하고 무운장구, 묵도를 일 분간 하였다. 그러나 나는 어찌 진심을 가지고 하였겠는가. 신에게 빨리 망하도록 묵도하였다.

강상규를 신문하던 도슈시 마와타리馬渡直治는 놀랐다. 중학교 1학년이지만 강상규의 실제 나이가 19세이니 그럴 수도 있겠다고 생각했지만,[55] '천황'을 바라보는 시각은 그냥 지나치기에 아무래도 꺼림칙했다.

"황거가 어떤 곳인지, 조서가 어떤 것인지 알고 있을 테지."

미나미 총독의 시찰
1940년 8월 조선총독 미나미 지로南次郎가 경기공립중학교생의 '하계 근로'를 시찰하는 모습이다. 강상규는 일제가 내선일체와 황국신민화를 위해 학교생활을 압박하자 개인 일기 곳곳에서 미나미 총독에 대한 불만을 토로했다.(출처 : 京畿公立中學校, 『學友會志』 7호, 1940. 11. ⓒ민족문제연구소)

"황거란 대일본제국을 통치하는 천황 폐하가 주거하는 곳이며, 조서란 천황 폐하가 우리 국민들에게 내려주는 말씀이란 뜻이다."

"알면서도 어찌하여 황거요배나 조서 봉독에 무례한가."

"일본의 천황은 일본인의 천황이고 우리 조선인의 천황은 아니다. 우리 조선인은 조선을 독립시켜서 조선인 가운데서 천황을 세우지 않으면 안 된다."

"너는 이 사람 저 사람에게 황거요배를 반대하도록 하지 않았는가."

"나는 조선의 독립을 목표로 하면서도 일본의 학교에서 공부하고 있는 이상 일본 정부의 정책이나 방침을 표면에서 반대하여 나갈 만한 힘은 유감이지만 없다. 그래서 형식적으로는 황거요배를 하고 있었고, 다른 사람들에게도 아직 그렇게 말했던 적은 없다. 그런 만큼 나의 가슴속에는 그때마다 화가 나서 끓어오르는 것 같았으므로 이와 같이 나의 일기에 나의 의견을 솔직하게 써서 현재 마음대로 되지 않는 나의 울분을 풀고 스스로 위로했던 것이다."[56]

—1941년 5월 3일 신문

학적부와 학생 일기, 그리고 개인 일기

강상규의 '불온'은 학적부에서 극적으로 반전된다. 앞의 개인 일기를 썼던 중학교 1학년 학적부의 '개성 조사'란을 보면 '성질: 온후 / 지조: 견고 / 거동: 단정 / 언어: 보통 / 재간: 사무적 / 장단점: 근면'이고, '부급장'을 맡았으며 개근했다. 종합적 행동평가인 조행操行 역시 '갑甲'이다. 성적은 전교 212명 중 5등이고, 그중에서 수신修身은 80점으로 이 사건에 증인으로 호출된 다른 학생들보다 높은 점수였다. 경성제일고보의 『각과교수요강』을 보면 수신은 '교육에 관한 칙어'의 취지에 기초하여 "건전한 유위有爲의 국민"이 되게 하는 데 요지가 있는 과목으로, 저학년 지도상의 주안점 중에는 '칙어, 조서의 취지가 갖는 대의를 터득시킬 것'이라는 항목이 있다.[57] 강상규는 성적 관리의 차원에서 '수신' 과목에 임하였던가.

권력이 개인의 몸을 길들이는 여러 다양한 기법과 전술을 통틀어 '규율'이라 하는데, 규율에 주로 동원되는 세 가지 주요 수단이 관찰(감시), 제재, 시험이다.[58] 그중에서도 가장 기초가 되는 것이 관찰이다. 권력의 시선이 개인에 다다를 때 지배가 시작된다. 일상적인 수업 시간은 물론 조회나 각종 행사·의식에서도 권력의 시선이 있다. 조회나 의식은 그 내용도 중요하지만 학생의 일거수일투족이 권력의 시선에 노출된다는 점에서 '규율'이다. 강상규의 일기로 볼 때 학적부에 나타난 학교 권력의 관찰은 실패한 것일까?

강상규는 체포되기 전까지 권력의 시선을 잘 피했던 것 같다. 단순히 피하는 차원에서 한걸음 더 나아가 권력의 규율 기술을 자기 것으로 만들고 권력의 시선을 조롱했다. 학교는 학생의 마음과 방과 후 생활까지도 관찰하기 위해 일기를 쓰게 하고 제출토록 했다. 강상규는 두 종류의 일기를 썼다. 학교에 제출하는 '학생 일기'와 자신만 보는 '개인 일기'. 먼저 '개인 일기'를 쓰고, 그중 군데군데를 골라 일본어로 '학생 일기'를 적어 제출하는 식이었다.[59] 예를 들자면 영화 〈민족의 제전〉을 본 날 밤, 강상

學籍簿

氏名	學年成績	年度	學年/項目	修身	公民科	國語(綴語詞讀/習文作)	漢文(義文講讀)	朝鮮語及漢文	英語(讀讀/作文·文法)	歷史	地理	數學(算代三/幾何)	理科(一般理科/博物/物理·化學)	實業	圖畫	音樂	體操(體操/教練/武道)	合計	平均	及落	席次/欠席人中	操行
姜祥奎		昭和12年度	第1學年2組	80		79 78	86	16	89 92	83	76	78	81		85	78	78 74 77 70	1360	80		5/10	甲
改名		昭和13年度	第2學年4組	80		81 79	83		87 87	83	78	93 75		81	84	83 85	61 68 78 79	1445	80		22/10	甲
大山祥奎		昭和14年度	第3學年4組	74		(77)(75)	86		(67)(67)	(69) 82		83 65		(74)	55	83 92	90 77 80 78	1374	(74)		45/70	甲
		昭和15年度	第4學年1組	90	86	74 95	83		94 64	80	79	66 71	78	完修100 85 75		85 61	65 78 71	1490	78			
出席番號 15 16 11										1941年3月22日 四年修了生으로決定함												

勤怠	年度	學年/項目	出入學校日數	缺席日數	缺課度數	早退度數	備考
	昭和12年度	第1學年2組	252				皆勤
	昭和13年度	第2學年4組	253				皆勤
	昭和14年度	第3學年4組	256	9			病氣
	昭和15年度	第4學年1組	250				病氣

身體檢査	檢査年月	身長	體重	概評	疾病	其他	備考
	12年 9月	161.2	51.5	可			
	13年 4月	161.8	54.0	可		+乙	
	14年 4月	162.2	55.5	可		"	
	15年 4月	163.5	56.4	可		"	

個性調査	年度	學年/項目	性質	志操	擧動	言語	才幹	長所短所	特徵趣味	賞罰	役員	備考	組任主印
	昭和12年度	第1學年2組	溫厚	堅固	端正	普通	事務的	勤勉	ナシ	ナシ	副級長		
	昭和13年度	第2學年4組	"	"	"	"	"	"	"	"	副組長		
	昭和14年度	第3學年4組	"	稍勇敢	善通	沈重的	"				一學年組長		
	昭和15年度	第4學年1組											

京城第一公立高等普通學校

학적부

강상규의 경기중학교 학적부 뒷면으로, 그의 불운과 대비되는 모범의 세계를 보여준다. 학업성적란 하단의 '修了生으로 決定함'은 국한문 혼용인 것으로 보아 해방 이후에 기입한 것 같다.

규는 흥분이 느껴지는 '개인 일기'를 길게 썼다. 손기정을 운동회에서 1등 했으나 아무도 기뻐해주는 이 없는 고아에 비유하면서 조국에 목숨을 바쳐 손기정 같이 우리 조국이 낳은 동포에게 행복이 있도록 하겠다, 후진에게 나라 없는 슬픔이 없도록 하겠다고 썼다. 학교에 제출한 그날 '학생 일기'에는 "손·남 선수의 우승에 나는 잠시 열광하였다"고 적었으며, 다음 날에는 전날 느낀 점이라며 "우리 일본의 선수"는 정정당당하여 다른 나라 선수들과 달리 마지막까지 피로한 기색을 보이지 않으니 훌륭하다고 썼다.[60] 경찰은 '개인 일기'와 '학생 일기'의 내용이 다르고 모순된다며 혹시 글쓴이가 다른 건 아닌지 물었다.[61] 이쯤이면 권력에 길들여져 '정상화'되는 개인과 다른, 자신을 스스로 주체화하는 개인을 상정해도 되지 않을까. 권력의 '규율화'에 맞서서 스스로를 '개체화'하는 개인. '개체화'도 관찰로부터 시작하며, 그 결과물이 '개인 일기'다.[62]

독립의 꿈과 계획

1938년 일기는 조금밖에 쓰지 않아 보관하지 않았던 것일까, 경찰이 찾지 못했다.[63] 학적부의 '개성 조사'는 전년과 동일했고 '부조장'을 맡았으며 개근했다. 조행操行 역시 '갑甲'이었다. 다만 성적이 떨어져 210명 중 24등을 기록했으나, 수신은 전과 같이 80점이었다. 그가 여전히 불온했음은 이해 9월에 작성한 「청아한 나의 꿈」이 말해준다.[64] 하숙집에서 꿈을 꾼 뒤, "이 꿈을 영원히 기념하고 잊지 않"기 위해 그 내용을 적고 감상을 붙인 글이다. 꿈의 대강은 이렇다.

몸이 피곤해서 만사를 잊고 깊이 자고 있었는데, 갑자기 내가 조선의 국사國事로 상당히 용감하게 활약하고 돌아다녔다. 혹은 독립 운동, 혹은 조선 민족의 정신 강조, 혹은 단체를 획득하려고 동서로 분주히 다녔다. 그런데 불행하게도 저 더러운 도적에게 이 사건이 발견되어 성공이 수포로 돌아가게 되었다. (…) 당시 나는 경성에 있었는데, 이곳저곳에 강상규 체포망을 펴 놓고 각각으로 위험은 닥쳐왔다. (…) 어두운 밤 최후로 경성을 떠나는 도중 북악산 정상에 올라가 독립 만세를 힘껏 불렀다. (…) 시골로 내려가서 (…) 부모에게 사실을 말하였더니 부친은 큰 걱정을 하였다. 그러나 나는 '이 일은 조선 남자로서 누구를 불문하고 하지 않으면 안 될 일입니다. 이것이 즉 부모에게 효, 나라에 충이라 할 것입니다'고 말했다. 경성에서는 어느 틈엔가 사방으로 전화를 걸어서 강상규의 나갈 길은 조금도 없었다. 나는 부르짖었다. '내가 국사에 성공하지 못하는 것은 분하다. (…) 너희들의 더러운 손에 굴욕을 받기보다 저 청렬清洌한 물속에 풍덩 뛰어들어 죽고 싶다.' 나는 부모와 형제에게 최후의 결별을 고하고 빠져 죽을 물을 찾으러 나갔다. (…) 나의 마음과 같이 맑은 물이 아니면 빠지지 않겠다고 생각하면서 이곳저곳 찾아다니고 있었다. 그때 주인 아들의 울음소리에 깨어보니 꿈이었다.

강상규는 "평소 내가 조선을 독립시키지 않으면 안 된다고 바라고 있던 나머지 이 꿈을 꾸었"다고 했다. 경찰은 그가 "혁명운동에 대한 의식의 앙양" 차원에서 「청아한 나의 꿈」을 썼다고 봤다.[65] 꿈을 실현하기 위한 계획은? 해를 넘겨 1월 겨울방학이 끝나갈 무렵 강상규는 맏형에게 경성으로 이사하여 공부도 철저히 하고 정세도 파악하여 혁명 계획을 진행하자고 했다가 호되게 혼난 적이 있다.[66] 1939년 1월 중순 방학이 끝나자 상경하여 「10년간 예정 장지壯志 실현」이라는 계획서를 작성했다.

경찰은 그의 10년 계획에 대해 "아주 면밀하고 합리적으로 교묘하게 만들어졌다. 누구에게 배워서 만들었는가, 아니면 『육도삼략六韜三略』 등 병서에 의한 것인가" 물었다. 강상규는 그게 아니라 유충렬전이나 조웅전 등 영웅전을 읽은 기억을 골자로 하고 자신의 사색을 덧붙여서 창정創定했다고 대답했다.[67] 특히 유충렬과 조웅이 『육도삼략』이나 『손오병법孫吳兵法』의 깊은 뜻을 연구해서 전술·용병술에 뛰어나고, 또 각지를 유랑하는 중에 땅의 이점을 알고 부단히 금곡金穀을 저축하여 만일의 유사시에 대비하였다는 대목에 착안했다고 한다.

계획은 지리 파악, 병법 및 무기 제조술 터득, 사람 획득 등의 항목으로 나뉘는데, 대략 제5년도(1943년)를 기점으로 전반기는 기초 준비 단계, 후반기는 실행 준비 단계로 구분할 수 있다. 예를 들어 지리 파악은 전반기에 지도를 구입하여 각 도의 요지要地 조사를 마치고, 후반기에는 일본의 군사시설을 조사하고 적절한 지역에 군량을 비축한다. 병법은 전반기 빠른 시일 내에 터득하며 후반기에(7년째)에 복습하고, 중요한 무기 제조술은 전·후반기에 걸쳐(2년째부터 7년째까지) 완성한다. 사람 획득은 전반기에는 지도해줄 선생을 찾고 후원자(부자)와 사귀며, 후반기에는 실행에 필요한 책사를 찾고 학생·지원병 등 여러 층에서 함께 행동할 유지자를 모아

〈표 1〉 강상규의 '장지(壯志) 실현' 10년 계획

연도	사항	연도	사항
제1년도 1939년	(1) 경기도·전라남북도 지도 구입 (2) 『육도삼략六韜三略』 독파 (3) 전라북도의 요지 조사 (4) 부자와 교섭 준비, 인기 집중에 힘씀 (5) 관련 서적 여러 권 독파 (6) 선생 구함	제6년도 1944년	(1) 지원병 도모 개시 (2) 사방 국경 상세 조사 (3) 적의 군사시설 기관 및 소재지 조사 개시, 병기 제조 대부분 터득 (4) 책사·선각자 구함
제2년도 1940년	(1) 경상남북도·황해도 지도 구입 (2) 손오孫吳 독파 (3) 전라남도의 요지 조사 (4) 부자와 교섭 완성, 인기 집중 (5) 병기 제조에 대한 연구 (6) 선생 구함	제7년도 1945년	(1) 지원병, 조선인 장교, 유지의 심정 살펴 대사 도모 (2) 유지 단체 조사 (3) 『육도삼략六韜三略』·『손오병법孫吳兵法』 철저 독파 연구 (4) 병기 제조술 대부분 성취, 도적의 군사시설 계속 조사
제3년도 1941년	(1) 평안남북도·강원도 지도 구입 (2) 남선南鮮 지방의 군사상 요새지 조사 (3) 관련 서적 독파, 병기 연구	제8년도 1946년	(1) 교제한 부자들, 요지에 군량 배치 준비 개시 (2) 유지 단체 등 심복화 (3) 지원병 간의 연결 (4) 재외 조선인 중 유력자 조사 (5) 도적의 군사시설 조사 종결
제4년도 1942년	(1) 함경남북도·만주국 대지도 구입 (2) 중부 조선의 요새 지대 답사 (3) 병기 제조 착착 실현 (4) 용병술 연구, 천문학 체득 (5) 인심 파악	제9년도 1947년	(1) 군량 배치 계속 (2) 심복, 중요처 잠복 개시 (3) 조선인 학생 중 중등학교부터 대학, 전문학교까지 내응 개시 (4) 재외 조선인의 내응 개시 (5) 지방 각 단체의 내응
제5년도 1943년	(1) 지리상 만반에 대해 마음속 계획 수립 (2) 북부 조선의 요새 지대 답사 (3) 책사 구함	제10년도 1948년	(1) 군량 배치 및 배치지 대개 완성 (2) 심복의 주요처 잠복 대개 종료 (3) 재외 조선인 유지자 및 재내 각 단체, 학생 단체, 지원병 등의 완전 일체화 (4) 조선인 중 친적자親賊者 철저 조사 (5) 일촉즉발의 형세 준비

자료: 國史編纂委員會 編, 『韓民族獨立運動史資料集 67−戰時期 反日言動事件 Ⅱ』, 2006, 54~55쪽, 88·09쪽. 제10년도의 '친적자親賊者'는 친일자親日者를 말한다.

심복을 만들려 했다.

그는 10년 계획에 따라 「쇼와昭和 십사년도 나의 예정」이라는 1939년 세부 계획도 세웠다. 크게 '학교 공부'와 '기타 공부'로 나누고, 학교 공부는 "첫째, 잡지(『과학화보科學畫報』, 『삼천리三千里』, 『킹』 혹은 『신청년新靑年』) 구독, 둘째, 매주 토요일 도서관에 감"을 목표로 삼았다. 기타 공부에서는 10년 계획에 따라 매월 지도 구입과 여행, 선생 교섭, 병서와 위인전 읽기, 저축 등에 관한 일정을 수립했다. 그는 세부 계획에 대해 두 공부가 서로 조응하여 "인격을 완성하고 혁명을 완성하는 데 가장 적당한 인간"이 되려는 고심에서 나온 것이라 했다.[68] 민족해방운동의 역사에서 유례를 찾아보기 힘든, 개인 생활과 밀착된 구체적인 계획서다. 그는 이 계획을 실행하다가 검거되었던 것일까? 그의 독립 열망을 가로막는 것은 일제만이 아니었다.

병서와 히틀러를 읽고

경찰과 검사는 강상규가 1939년 1월에 세운 독립운동 '10년 계획'(「10년간 예정 장지 실현」)과 '1939년 예정'(「쇼와 십사년도 나의 예정」) 계획에 따라 다음 세 가지를 실천했다고 보았다. 첫째, 병서兵書 연구 및 위인전 읽기. 둘째, 지도 구입 및 요지 조사. 셋째, 주변 사람 사상 조사와 선동.[69]

그는 병서를 사려고 시내 책방을 돌아다녔으나 찾지 못하고 장곡천정(현 소공동)에 위치한 조선총독부 도서관에서 『손자』를 필사했다. 1939년 2월 10일 '개인 일기'에 "다른 사람들은 도서관에 와서 상급 학교 시험 준비에 바쁜데 나는 손자병서만을 발췌하였다"고 적었다. 권두부터 필사하여 원고지 15매 정도를 베꼈으나, 이후 더 이상 진행하지 않았다. 중단 이유에 대해 그는 집안 형편상 학업을 내버려두고 운동에 전념할 사정이 아니었으며, 학력 취득과 독립운동을 병행해야겠다는 생각에 따른 것이라 했다. 그러던 중 7월 말쯤 관훈정 헌책방 '삼중당'에서 『육도직해六韜直解』를 발견하고 25전인가 30전에 사서 읽기 시작했다. 잡지처럼 술술 읽히지는 않아도 틈틈이 봤다. 1941년 1월 3일 '개인 일기'에 "'육도'를 소리 높여 낭독하니 힘이 난다. (…) 밤은 고요히 깊어가고 기개는 점점 일어난다"고 썼다. 『육도』는 고대 중국 주나라의 문왕과 무왕의 물음에 강태공이 답변하는 형식의 정치·병법서다. 강상규는 그중에서 '용도龍韜' 권의 '수국守國' 편을 많이 읽었고, 각종 무기를 다루는 '호도虎韜' 권을 가장 중요하다고 여겨 붉은 글씨로 주를 달았다. 그는 자신의 호를 '또 낚는다'는 뜻의 '우조又釣'라 지었는데, 아마도 세월을 낚았던 강태공을 본받자는 의도였을 것이다.[70]

병서 외에도 『나폴레옹전』을 읽을 예정이었으나 경제 형편이 넉넉지 않아 이미 1938년 12월에 화신상회 서적부에서 구입한 『히틀러전』으로 대신했다.[71] "히틀러든 나폴레옹이든 어느 쪽이나 위대한 혁명가이므로 나도 항상 그들의 언행을 본받아서 (…) 조국을 위하여 진력하자, 위대한 혁명가가 되자"는 생각이었다. 그는 히틀러가 쓴 『국민적 세계관國民的世界觀』도 이미 같은 해 9월에 80전을 주고 사 보았다. 이 책은 일본의 한 출판사가 『나의 투쟁』에 해설을 붙여 출간한 것이다.[72] 나치의 만행과 파시즘의 폐해를 알고 있는 우리가 보기엔 강상규의 그러한 독서가 이상하지만, 당시 히틀러는 세계적으로 인기 있는 정치가였다. 또한 독일에 우호적인 일본의 언론과 출판계는 히틀러를 많이 다루고 있었다. 민족 차별이 만연한 식민지 상황에서, 히틀러가 고난을 이겨내고 독일 민족의 단결을 주창하여 통합을 이뤄내는 대목은 감동을 주기에 충분했다. 많은 학생들이 히틀러를 읽고 민족의식을 고취하여 결사에 나섰다.[73] 강상규에게 독일은 식민지 조선의 처지를 비춰보는 거울이었다. 독일에 비해 조선은 주체가 약한 반면 정세는 더 엄했다.

1940년 1월 7일 (일)

　나는 오늘 아침 일어나서 즉시 『히틀러전』을 읽었는데 다음과 같은 것을 깨달았다. 즉 우리 조선에는 히틀러보다 몇 배의 용맹아勇猛兒, 전진아前進兒, 용의주도한 사람이 아니면 도저히 독립운동은 꿈에도 생각할 수 없는 일이다. 그 이유는 첫째로 우리 조선은 이조 500년부터 지금까지 인심이 타락해서 독일과 같이 자각한 인사와 우국 인사가 적은 것, 둘째로 독일은 대전 후라 하더라도 일국 안의 일이고 또 당을 얻는 것은 그다지 부자유가 아니며 용이하였다. 그러나 우리 조선은 저 더러운 왜적이 방방곡곡에 맹렬하게 활동하고 있어서 국내에서도 그 일을 준비할 수가 없다. 결국 폭발과 같은 급변을 이용하지 않으면 안 된다. 세계대전 때 연합국이 아무리 혹독하게 독일을 압박하였다고 하여도 우리 조선에 비하면 평화로운 편이다. 우리 조선에는 추적醜敵의 사단師團이 2개나 있다. 그리고 우리 민족은 무기라고는 다만 철권뿐이다. 우리들은 장래 두 주먹으로 적의 대포와 비행기와 전차와 대부대를 격파

하지 않으면 안 되는 형세이다. 일어나라! 반도의 동포여, 우리들 개개인의 승리자가 되자.

1940년 1월 8일 (월)
나는 오늘 오전 중 『히틀러전』을 다 읽었다. 무엇인지 모르나 전신에 넘쳐나는, 이상하게도 상쾌한 기분이 든다. 나라에 대한 걱정은 점점 깊어진다.[74]

독서 취향 : 대중성과 전통성

잠시 강상규의 독서 취향을 알아보자. 신문조서에 나와 있는, 그가 읽었거나 읽으려 했던 책은 이렇다. 보통학교 시절에 『유충렬전』과 『조웅전』, 중학교 입학 이후 『육도직해』와 『국민적 세계관』, 『히틀러전』, 『나폴레옹전』, 『조선명현록』, 『이태조실기 李太祖實記』, 『조선문학전집』(심훈 편), 그리고 『나는 고양이로소이다』 등. 신문은 〈동아일보〉를 구독했고, 잡지는 『과학화보』, 『삼천리』, 『킹』 혹은 『신청년』 등을 구독할 계획이 있다. 이 외에도 친구나 형과 나눈 대화를 보면 한학을 바탕으로 여러 동양 고전을 섭렵했음을 알 수 있다. 위의 책들이 그가 접한 모든 책이 아니라는 점을 감안하면서 당시 독서 경향과 비교해보면 두 가지가 두드러진다.[75]

첫째, 대중성은 높고 사상성, 특히 계급성은 낮은 편이었다. 『이태조

실기』를 비롯하여 딱지본 책이나 잡지『킹』은 전형적인 대중서다. 춘천 중학교 학생들이 조직한 비밀결사 '상록회'의 한 회원은 1938년 농촌에 강연을 나가 농민들에게 "『유충렬전』을 읽지 말고 무엇인가 이득이 되는 책을 읽으라"고 타일렀다. 충고를 받아들인 한 농민은 심훈의 『상록수』를 읽고 강한 민족이 되어야겠다고 생각했다. 강상규도 심훈의 작품을 읽고 "감명 깊게 분기"한 적이 있었다.[76] 반면 1920년 전라북도 부안군의 가난한 농가에서 태어나 서당과 보통학교 3년이 학력의 전부인 허영철은 일제 말기에 『상록수』를 읽고 허망한 느낌이었으나 『공산당 선언』을 읽는 순간 모든 것이 트이는 것 같았다고 했다.[77]

둘째, 당시 청년 학생들이 외국 소설이나 번역물을 많이 읽었던 것에 비해, 강상규는 영웅전류를 포함하여 역사·고전류를 더 많이 보았다. 당시 외국 번역물의 범람은 일본이나 조선의 근대화 방식과 지적 식민지성을 보여준다. 하지만 강상규는 친구들과 대화할 때 주로 역사와 고전을 인용하며 이야기를 풀어갔다. 어려서 서당 교육을 받은 덕택에 한시를 쓰고 점괘를 볼 정도였다. 만약 자주적으로 천천히 근대화가 이루어졌다면 강상규 쪽이 더 평범하지 않았을까.

지도를 들고 들로 산으로

독립운동 '10년 계획'에 따르면 제1차년인 1939년은 경기도, 전라남·북도의 지도를 구입하고 전라북도의 요지를 답사하기로 되어 있었다. 이에 맞춰 '1939년 예정'에도 월별 지도 구입과 8월 전주·부안·정읍 여행이 계획되었다. 강상규는 그해 1월부터 7월까지 공평정 지도전문점 동아상회東亞商會에서 1부에 18전씩 주고 지형도 14장을 샀다. 경성·둑도纛島(뚝섬)·광주廣州·북한산·개성·부평·부안·고산高山·군산·무안·공주·부여 각 1매, 의정부 2매.[78] 의정부는 잘못하여 중복 구입했고, 돈이 없어 더 이상 구입하지 않았다. 예정에 없던 공주와 부여 지도를 산 것은 여름방학 귀성길에 해당 지역을 여행하기 위해서였다.[79]

강상규는 봄부터 '무전여행'을 계획하며 설레는 마음으로 여름방학을 기다렸다. 그가 여행을 전후하여 썼던 '하기 휴가 프로그램'에는 여행 목적으로 다섯 가지가 쓰여 있다. 첫째, 호연지기 기르기. 둘째, 고적과 명승을 찾아 옛날을 생각하고 장래의 학문에 참고하기. 셋째, 각지 풍속과 인정 관찰. 넷째, 기행문 작성. 다섯째, 훗날을 위한 지리적 조건 조사. 경찰은 마지막 목적에 초점을 맞추어 신문했고, 강상규도 이 여행은 조선민족혁명을 위해 지리의 요해要害를 파악하기 위한 것이었다고 인정했다.

원래 방학 기간 전체를 이용해 충청남·북도와 전라북도를 돌아볼 예정이었으나, 몇 차례 계획을 수정해 여행지를 귀성길 연변의 충청남도로 좁혔다. 첫 여행이라 두렵기도 했고, 근로봉사로 실제 방학 기간이 단축되었기 때문이다. 그런데 원래 계획에 따르면 충청남·북도는 군사적 요지가 없기 때문에 지도 구입과 답사가 예정되었던 지역이 아니다.

방학이 시작되자마자 전교생은 '근로보국작업'에 동원되었다. 3학년은 7월 21일부터 30일까지 용산 육군묘지를 개수改修했다.[80] 고대하던 여행을 가로막는 근로 작업인지라 인고단련忍苦鍛鍊이니 총후보국銃後報國이 몸시 싫었다. 경찰은 어찌 그럴 수 있냐는 투로 신문했지만, 그는 "장래의 대성大成을 위해 어쩔 수 없이 일본이 세운 학교에서 학과 공부는 하지만, 그 외에 육체적으로 정신적으로 일본에 협력하는 것은 민족의 도덕상 허용될 수 없으니 싫어하는 것이 당연하다"고 밝혔다.

7월 30일 '근로보국작업'이 끝나는 날, 경성역은 귀성하는 학생들로 북적댔다.[81] 강상규도 밤 11시 천안행 기차를 탔다. 원래 무전 도보여행을 계획했지만, 기간도 단축되고 당시 중·남부 지방은 최악의 가뭄을 겪고 있어서 유전 반 무전 반, 도보 반 탈것 반으로 수정하여 여비 5원을 준비했다. 여정은 다음과 같다.

7월 30일 오후 11시 경성역 출발.

7월 31일 오전 2시경 천안역 도착, 역전 조선인 여관에서 휴식→오전 8시경 기차로 출발→오전 9시경 온양역 도착, 온천 입욕→오전 10시경 도보로 출발→오후 5시경 소정리小井里 도착→기차로 오후 9시경 대전 도착, 역 부근 조선인 여관에서 일박.

8월 1일 오전 8시경 도보로 출발→유성온천 입욕→오후 6시경 계룡산 도착, 동학사에서 일박.

8월 2일 오전 8시경 도보로 출발→오후 6시경 부여군 초촌면에 귀성 중인 학우 지인하池寅夏 집에 도착, 일박.

8월 3일 오전 9시경 승합차로 출발→부여 도착, 사적 답사→오후 1시경 도보로 출발→오후 6시경 칠산七山에 도착, 배를 놓쳐 선착장 대합실에서 일박.

8월 4일 오전 8시 30분경 배편으로 출발, 오전 11시경 군산에서 하선, 옥구군 본가 도착.

그는 계룡산과 부여에 깊은 인상을 받았다. 계룡산은 『정감록』에 다음 왕도王都로 적혀 있는 상서로운 땅으로, 조선 독립의 뜻을 품은 그가 보고 싶던 곳이다. 그리 높지 않으나 매우 험준하게 솟아서 천험의 요새라고 생각했다. 다만 부근에 하천이 없는 점이 흠이었다. 부여는 백제의 사적이 많이 남아 있어 옛일을 생각하기에 좋았다.

여행을 하면서 무엇보다 큰 가뭄으로 인한 농촌의 피해상이 그의 뇌리에서 떠나지 않았다. '하기 휴가 프로그램' 제4쪽에 '피폐'라는 제목 아래 "대한해大旱害의 영향 — 불과 같은 태양 아래 콩밭에서 제초하는 여자들, 더구나 노인이 아침밥도 제대로 먹지 못하고 제초함, 전염병의 유행"이라 적었다.

1939년 중·남부 지방(경기, 충남·북, 전남·북, 경남·북)의 큰 가뭄 피해는 조선 흉년의 역사에 유례가 없을 정도로 심각했다. 조선총독부는 벼농사의 경우 모내기를 아예 못하거나, 했더라도 수확이 전무하거나 70% 이상 줄어든 경우만을 '피해'로 간주했는데, 전체 논 가운데 피해 면적이 중·남부 7도 평균 61%고 충남은 67%였다. 강상규가 거쳐간 곳은 모두 7도 평균보다 높았으며, 충남 평균보다 높은 곳도 많았다(〈그림〉 참조). 실수확고는 평년의 1/3~1/4에 그쳤으며, 농가의 70% 전후가 이재罹災 농가로 분류되었다. 콩 농사의 피해도 컸는데, 전년 대비 수확고가 7도 평균 49%로 절반에도 못 미쳤으며, 충남은 제일 낮은 27%를 기록했다. 굶주릴 수밖에

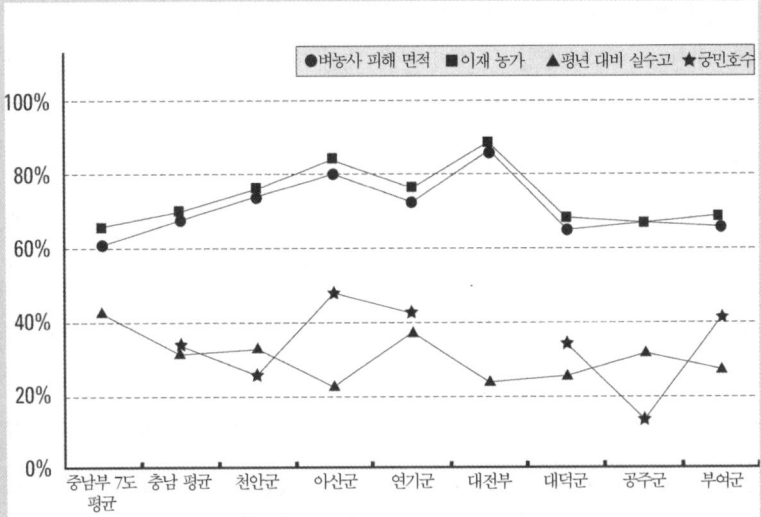

1939년 여름의 가뭄 피해를 보도한 당시 신문
좌측이 1939년 8월 2일자 7면, 우측이 8월 3일자 7면이다. 각지의 가뭄 소식 가운데 "한발(旱魃)을 모르는 해수욕장, 무창포는 대혼잡"이라는 기사 제목(8월 2일자 중간)이 눈에 띈다. 해수욕장을 찾는 사람은 거개가 도시 거주자다. 도시화의 진전에 따라 농촌과 도시의 생활이 분리되고 있음을 보여준다.

〈그림〉 1939년 여름 강상규 여행 지역의 가뭄 피해 상황
* 출처: 朝鮮總督府司政局社會課, 『昭和十四年旱害誌』, 1943, 64쪽, 67~68쪽, 106쪽.
* '중남부 7도'란 경기도, 충청남·북도, 전라남·북도, 경상남·북도를 말한다. 천안군부터 부여군까지는 강상규가 거쳐간 순서대로 배열했다.

없었다. 충남의 총 호수 중 1/3이 '궁민'이고, 그중 1/5은 하루에 한 끼만 먹거나 구걸해야 되는 처지였다. 아플 수밖에 없었다. 물 부족과 영양 부실로 이질이나 장티푸스 같은 전염병이 유행했다.[82]

강상규는 '하기 휴가 프로그램'의 같은 쪽에 '나의 제창'이라는 제목 아래 "당국자여, 사상을 건전하게 하려면 농촌을 진흥시켜라. 생활의 안정이 가장 필요, 옛날 맹자의 말에 무항산無恒産이면 무항심無恒心이라"고 썼다. 결국 완성하지는 못했지만 그는 「기행 남북 600리」라는 기행문에 농촌의 피폐를 기록하여 뒷날 총독정치를 비판할 자료로 쓰려고 했다. "큰 가뭄 때 귀성하면서 농촌의 피폐를 목도"하고 조선의 독립을 위해 노력하자는 생각을 더 강하게 가졌다.[83]

원래 계획했던 전라북도의 요지 답사는 어떻게 되었을까? 귀성한 뒤 부친에게 계획을 말씀드렸으나, 반대하며 여비를 주지 않아 결행할 수 없었다. 부친이 돈이 아까워서 반대했던 것은 아닐 거다. 전라북도도 가뭄 피해가 만만찮았다. 이럴 때 여행이라니, 낭패 보기 십상이다. 학교에서 보내온 통신문도 마음에 걸렸다. 상급 학교 진학을 위해 학과 복습이나 체력 단련에 힘쓰도록 방학 중에도 '규율적 생활'을 지도하고 밤낮으로 감독하란다. 2학년 때까지 성적이 나빴던 것은 아니지만 더욱 다잡아 놓을 필요가 있다. 통신문에서 부쩍 '시국'을 강조하는 것도 마음에 걸린다.[84] 그러고 보니 맏이 종갑이 상규를 대하는 태도가 어째 수상했다.

형의 이해를 바라다

경찰이 많은 시간 동안 집요하게 신문했던 것은 주변 사람들에 대한 선동과 결사 여부였다. 치안유지법을 걸 수 있는지, 얼마만큼 구형할 수 있는지는 전적으로 여기에 달렸다. 결론부터 말하자면 결사는 없었고, 선동도 드러날 만한 성과가 없었다. 강상규는 경찰의 숱한 신문을 받은 뒤 검사의 첫 신문(1941. 5. 15)에서 5명에게 선동한 사실을 인정하며 이렇게 정리했다.

> 어느 사람에 대해서도 선동하였던 것은 거의 같았다. 조선은 긴 역사를 가지고 있는 나라이고, 더욱이 고구려 시대에는 만주·중국까지 그 세력을 뻗치고 있었고, 또 도요토미 히데요시豊臣秀吉의 군사를 격파해서 크게 이겼다. 이와 같은 조상의 피를 이어받은 우리들은 결코 약한 것이 아니다. 그런데도 독립하지 못하는 것은 눈앞의 일만을 생각하고 조국을 돌아보지 않기 때문이며, 조선인이 일치단결해서 이 일에 부딪쳐간다면 조선 독립은 용이하므로 우리들은 이 목적을 향해서 매진해야 하지 않겠는가. 이렇게 말하고 동지의 획득에 노력하였다. (…) 김용태金容太는 찬성하고 크게 노력하자고 맹세했으나 김재원은 찬성이라고도 불찬성이라고도 말하지 않았고, 그 밖의 사람(강종갑, 강한규, 김윤수—인용자)은 불찬성이었다.[85]

먼저 형에게 얘기했다. 1938년 말과 1939년 초의 겨울방학 때 큰형 종갑에게 두 차례 말을 꺼냈다. 당시는 독립운동 '10년 계획'을 구상하던 때로 한창 몸이 달았지만, 형의 반응은 차가웠다. 어렵게 유학 보냈더니 괘씸하다, 그런 쓸데없는 생각할 틈이 있다면 열심히 공부나 해라, 자꾸 그러려면 학교를 그만둬라. 강상규는 그 뒤로도 기회 있을 때마다 형에게 설득하는 편지를 보냈다. 강상규가 충청남도 여행을 마치고 귀성했을 때, 형은 앞으로 괘씸한 편지를 또 보내면 찢어버리겠다며 몹시 화를 냈다. "마귀에 홀린" 동생과 "완고하고 사리를 모르는" 형의 대화를 읽으면서 드는 의문은 왜 첫 번째 선동 대상이 맏형이었을까. 강상규는 "가장의 위치에 있는 큰형 종갑을 설득해서 동의받는 편이 장래 운동을 진행시키는 데 여러 가지로 좋겠다"고 생각했다.[86] 독립운동을 하는데 먼저 가장을 설득한다?

같은 겨울방학 때 선동을 받았다는 사촌 동생 강한규는 "상규가 종형이기도 하고, 더구나 머리가 좋은 것을 알고 있으므로 그가 말하는 것을 신용"했다. 그 뒤로도 귀성 때 종종 해준 얘기를 믿었다며 경찰에게 미안하다고 증언했다. 강상규는 한규에 대해 "아직 구각舊殼(케케묵은 제도나 관습)을 벗어나지 못하고 있으나 보통의 청년보다는 조금 다르다. 장래 수양만 쌓으면 향상할 소질이 있다"고 일기에 썼다. 형과 달리 자신의 얘기에 동의해주었고 소질도 있어 보였지만, 선동하기를 그만두었다. 집안이 넉넉하지 못한데 독립운동으로 검거라도 된다면 더 어려울 것이라는 생각에 적극 지도하기 어려웠다고 한다.[87] 그렇다면 자기 집은 형이나 자신이 검거되어도 괜찮았을까?

경찰과 검사는 선동으로 몰아갔지만, 강상규가 형에게 한 얘기는 어떤 행동을 유발하려는 선동이 아니다. 자신의 후원자에게 자기 마음을 이해해달라고 한 것이다. 이해받지 못해도 어쩔 수 없겠지만, 이해해준다면 더 힘이 날 것이다. 형의 냉담에도 불구하고 계속 편지를 보낸 이유는 여기에 있다. 뒷날 법정에서 판사가 형을 "동지로 삼을 생각이었는가" 물으니, 그는 "동지로 할 생각은 없었다. 다만 내가 독립운동을 하는 것을 양해받을 생각"이었다고 대답했다.[88]

도시, 상대적 박탈감과 유흥

형제의 대화에서 주목되는 점은 강상규의 강한 도시지향성이다. 형에게 "현재 구태여 이런 시골에 들어앉아서 고생하며 돈에 곤란을 받기보다는 차라리 이 기회에 재산을 정리하여 경성에 거처를 장만하는 것이 어떤가. 우리는 지금부터 닥쳐올 조선 독립의 혁명에 대비해서 여러 가지로 준비하지 않으면 안 된다. 혁명을 지도하기 위해서는 교육도 철저하게 받지 않으면 안 되고, 또 그렇지 않은 사람이라도 이러한 시골에 틀어박혀서는 세계 정세를 모른다. 혁명운동에 착수하는 사람은 우선 무엇보다도 정세를 통찰하는 것이 필요하다"며 이사를 건의했다. 형은 집이야 겨우 장만한다고 해도 그 뒤에는 뭘 먹고 사느냐며 퇴짜를 놓았다.[89]

강상규가 본 경성은 교육의 중심지이고, 정보가 빠르게 유통되는 곳이다.[90] 또한 부자들이 살고 모이는 곳이다. 옥구에서는 주변과 구별되는 부농의 아들이었지만, 경성에 유학 온 뒤 강상규는 자신의 가난하고 빈곤한 처지를 말하는 경우가 많았다. 친구들도 수긍하는 분위기인 걸 보면, 경기중학교 학생들은 대체로 잘사는 집의 자식이 많았던 것 같다. 그는 학비를 조달하기 위해 선생의 주선으로 하급생 백남일의 집에 입주하여 가르친 적이 있는데, 부친은 유수의 기업가 백낙승으로 그 집 막내 백남준은 캐딜락 자가용을 타고 유치원에 갈 정도였다.[91] 급우 김용태는 백 몇 십 원을 들여 아코디언을 샀는데, 강상규는 학비를 보충하기 위해 가정교사를 하면서 월 30원을 받은 적이 있다. 그는 "경기중학생은 전부 이기주의이고 하나도 단결심이 없고 친근미가 없다"고 했다. 또한 경성은 대일 협력자들이 사는 곳이고 조선총독부가 있기 때문에 정벌해야 할 곳이다.[92] 상대적 빈곤과 박탈감은 어떤 형태로든 그의 저항 의식에 영향을 끼쳤을 거다.

그러나 한편으로는 물질적인 풍요나 도시 문화와 유흥이 싫진 않았던 것 같다. 그에게서 고학생의 모습을 발견하기는 어렵다. 1940년 초 강상규는 계동에서 하숙비로 25원을 냈는데, 한 해 전 경성 유학생의 하숙비를 조사한 통계에 따르면, 조선인 학생의 91%가 18원 내외의 하숙비를 냈다. 조선인 거주지로서 중심지인 계동과 가회동 일대는 하숙비가 18원 정도였다.[93] 강상규의 하숙집은 학교에서 가깝고 시설이 좋았던가 보다. 그 하숙집에 동숙하며 잠시 그에게서 배웠던 2학년생 최강崔岡은 강상규가 "화필로 비눗물을 발라 얼굴을 면도하고, '우데나 크림'을 바르고 술을 마시며, 나에게도 화장품을 사라고 권유"했다 한다. 경성 유학 첫해인 1937년의 창경원 벚꽃놀이 때는 망국의 한으로 눈물이 났지만, 유학 4년째인 1940년 벚꽃놀이 때는 여러 차례 급우들과 무리지어 노래 부르고

구경 온 여자들을 희롱했다.[94]

불만을 토로하고 생각을 나눌 친구가 필요해

　검경이 강상규가 선동했다고 파악한 학우는 김용태, 김재원, 김윤수다. 모두 전라도 출신으로 김용태와 김재원은 1938년 2학년 때부터, 김윤수는 3학년 때부터 같은 반이었다. 김용태와는 1939년 3월에 같이 하숙하게 되면서 얘기를 나누기 시작하여, 그가 휴학했다가 다시 상경한 1940년 3월부터는 더욱 친하게 지냈다. '국어상용' '내선일체' '창씨개명' 등을 비판하고 국제 정세를 논하며 조선 독립의 필요성을 얘기했다. 강상규는 재판에서 김용태가 '너의 이야기는 당연하다'며 찬성했던 것은 사실이나, 독립운동의 실행에 관해서는 둘 사이에 더 이상 진전된 얘기가 없었다고 했다.[95] 그런데 김용태가 유급과 건강을 이유로 그해 5월에 자퇴했다.

　"김용태는 퇴학하고 시골로 귀향하였고, 당면해서 나의 평소 생각을 완성하여가는 데 동지로서 상담 상대가 없었다. 그래서 전부터 김재원은 오히려 인물도 견실하였던 바여서 이를 동지로 획득하려고 생각하고 은근히 기회를 엿보"았다.[96] 수학을 잘하는 김재원에게 공부 도움을 받으려는 생각도 있었다. 김재원이 기억하기로 강상규가 독립 얘기를 꺼낸 것은 1940년 2월이 처음이었다. 이후 10월에 〈민족의 제전〉을 볼 때까지도 김재원의 반응은 미지근했다. 12월에 강상규가 급우들에게 설문 조사한 결과를 놓고 둘이서 토론할 때, 김재원은 너의 운동을 방해하려는 것이 아니다, 나도 공감한다, 그러나 지금 이대로 나서면 실패는 뻔하다, 우선 실력을 키우기 위해 학교 공부에 전념하자고 달랬다. 강상규는 친구의 뜻에 수긍하고 만족했다.[97]

강상규가 김윤수에게 독립을 얘기한 것은 1940년 9월 어느 날 점심 무렵 쉬는 시간에 학교 뒷동산에서 한 번뿐이다. 장래 얘기를 하다가 가정 형편상 낙향하여 농사짓겠다는 김윤수에게 '인텔리 청년'의 사회적 역할을 강조하면서 나왔다.[98]

'국어상용'과 이중 언어생활의 피로

강상규는 경찰과 검사에게 학교의 '내선일체' 정책에 대한 반감으로 더욱 조선 독립을 열망하게 되었다고 밝혔다. 그가 친구들에게 자주 얘기하고 제일 격렬하게 비판했던 문제가 '국어', 즉 일본어 상용 문제였다. 1938년 '조선교육령' 개정(칙령 제103호, 1938. 3. 3)에 뒤이어 제정된 '중학교규정'(총령 제25호, 1938. 3. 15)에서 "조선어는 수의과목隨意科目", 즉 선택과목으로 전락했다.[99] 경기공립중학교는 그해 9월에 13년간 근속했던 조선어 교사를 퇴직시켰으니,[100] 1939년부터는 학교에서 조선어를 사용하는 학생에게 벌을 주었다.[101] 1939년 여름방학 때의 가정통신문을 보면, 학교는 그해 봄부터 '국어상용'을 지표로 삼아 지도한 결과 두드러진 성과를 거두었으며 학생의 귀성 중 '국어상용'이 저하될까 걱정되니 유의해 주시기 바란다고 학부모께 협조를 당부했다.[102] 이 문제에 대한 강상규의 시각은 이렇다. "당국은 지금 일본의 국어를 상용하게 하기 위하여 조선어를 사용하는 학생을 엄벌하는 방침이지만, 이것은 오천 년 훌륭한 역사를 가진 조선 민족에 대한 큰 모멸이다. 일본으로서는 조선 민족을 형식적으로 없애는 정책이겠으나 제1차 구주전쟁歐洲戰爭의 참패국 독일에서도 감히 이와 같은 폭거는 행하지 않았다. 이것도 조선에 군주가 없기 때문이다. 이와 같이 조선 동포는 말까지 자유롭게 쓰지 못하게끔 일본에게서 압박받고 있으므로 조선이 독립하지 않는 한 참다운 조선 민족의 행복은 얻을 수 없다."[103]

식민지라고 해서 누구나 지배자의 언어인 일본어를 배워야 하는 것은 아니다. 그러나 일본이 만들어 놓은 교육체계를 통해 입신출세를 꾀하는 자에게 일본어는 필수였다. 이때 일본어 학습은 체제가 강요한 것이지만, 개인의 자발·자율에 기대어 수용되기 때문에 그다지 저항을 받지 않았다. 강상규는 보통학교에 통학하면서도 일본어가 필요한 학과 시간 외에는 조선어를 사용했을 거다.[104] 경기중학교에 입학해서도 마찬가지였다. 공식적으로 일본어가 많이 사용되었지만, 교내라도 사적으로 일본어를 사용하는 일은 드물었다.[105] 이런 상황에서 1938년 이래 학교 당국이 펼친 '국어상용'운동은 일상생활에까지 일본어를 강요하여 조선어 영역을 교란하고 축소시켰다.

권력이 사적 영역에 침투하여 간섭함에 따라 강상규의 언어생활은 피곤해졌다. 때와 장소, 상대와 주위의 시선, 대화 내용에 따라 언어를 선택해야 했다. 먼저, 학교에서 학과 시간 외에 친구들과 대화할 때도 말을 가려 써야 했다. 학교에서 처벌하기도 했고, 같은 반 학생이 "우리들은 당연

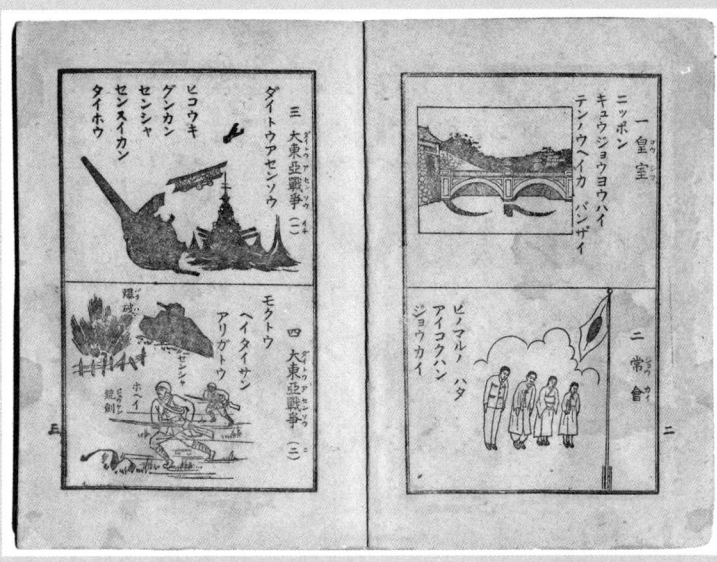

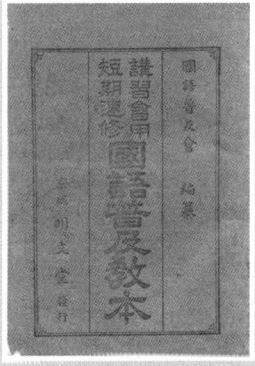

강습회용 단기 속수 국어보급교본(1942)
학생들이 아닌 일반 조선인을 대상으로 일본어를 가르치기 위해 만들어진 교본.
발음에 충실한 현대식 표기로 되어 있다. 황민화 정책의 일환으로 일본어 상용을 위해
단기 속성반인 일본어 강습회가 수시로 개최되었다. (ⓒ 민족문제연구소)

히 국어를 상용하지 않으면 안 된다. 나의 반에는 일부러 조선어만 사용하는 자가 3, 4명이 있는데 참으로 유감이다. 치욕이다"라는 작문을 제출하는 상황이었다.[106] 이런 상황에서 강상규도 "굽힐 수밖에 어찌할 도리가 없"었다.[107]

학교 밖이라 해도 마음 놓고 조선어를 쓸 수 있는 형편이 아니었다. 학교 권력을 대행하는 시선은 많았다. 최강의 증언에 따르면, 하숙집에서 강상규는 지인하·김용태와 대화할 때 조선어로 했으며, 김재원과는 일본어로 얘기했다. 이는 그 시점의 친소 관계가 반영된 것이거나, 아니면 대화 내용 때문에 최강의 시선을 의식한 결과일 수 있다. 강상규가 가르치던 최강의 아버지 최창홍崔昌弘은 평안도 보안과장을 지냈던 총독부 관리다. 그의 가족은 평소 일본어를 상용했으므로 최강은 조선어에 능숙하지 못했다. 강상규와 김용태·지인하의 대화는 최강이 잘 알아듣지 못하는 '불온'한 내용이고, 김재원과의 대화는 주로 최강이 들어도 상관없는 학과 공부에 관한 것이었을 가능성이 높다. 방과 후라도 조선인 선생과 학생의 대화는 조심해야 했다. 1940년 2월에 강상규는 자신의 1학년 때 담임이자 가정교사 자리를 주선해주었던 채관석蔡官錫 선생을 방문하고 나서 불쾌했다. 자신은 조선어로 얘기하는데 선생은 끝까지 일본어로만 얘기했기 때문이다.[108]

학과 시간처럼 일상생활에서도 일본어를 상용하려면 뭔가 내적 동기가 필요할 것이다. 위의 사정으로 보건대 강상규는 학비 충당을 위해 가정교사로 나선 이상 최강과 일본어로 대화했을 거다. 조선어를 잘 못하는 최강에게 "조선인이 조선의 언어를 구사하지 못해서 어떻게 하느냐"며 한

글 잡지를 준 적은 있지만, 최강과 일본어로 대화하는 그 자체를 문제 삼은 것 같지는 않았다. 일상생활에서 일본어를 상용하도록 내적 동기를 부여하려 했던 사람이 3학년 학급 주임인 가와모토였다. 1940년 3월에 강상규와 김재원이 교토 제3고등학교 진학 문제를 상의하러 방문하자, 그는 조선인 학생은 일본어에 익숙하지 못하니 진학하려면 일본어로 마음껏 의사를 발표할 수 있도록 숙련할 것을 충고했다. 일본어 상용을 학생들의 진학 욕구에 접목하려 했던 것이다. 김재원은 선생의 충고를 좋은 교훈으로 받아들였지만, 강상규는 일본인으로 귀화시키려는 간계라 보고 분노했다. 강상규가 보기에 일상생활에서 일본어를 사용하는 것은 스스로 조선인임을 잊는 일이었다.[109]

창씨를 할 바에는 개명까지?

강상규는 일본의 대표적 압제 정치로 '국어상용'과 함께 '창씨創氏' 문제를 꼽았지만,[110] 양자에 대한 반응은 차이가 컸다. 1940년 5월 하순에 그가 김재원에게 창씨 여부를 물으니, 김재원은 "시골의 형이 절차를 밟기로 되어 있는데 아직 수속을 하지 않은 모양"이라고 대답했다. 강상규는 "나도 창씨는 할 것이고 수속은 시골의 본가에서" 하기로 되었다고 했다. 그러면서 그는 '국어상용'과 마찬가지로 '창씨' 또한 "내선일체 정책에서 출발한 것"으로 "아무리 형식상으로 우리들에게서 민족의 언어나 성명을 빼앗아보았자, 혈액이 다르고 정신이 다른 우리 조선 민족을 야마토

和 민족으로 동화시키려고 한들 그것은 절대로 불가능한 일이다. (…) 우리들이 원하는 것은 형식적인 한 조각의 대우 문제가 아니다. 조국의 회복이고 조선의 독립이다"며 창씨가 기만책에 불과함을 설파했다.[111] '대우 문제' 운운은 당시 일본인과의 차별을 없애는 한 방편으로 창씨를 하자고 했던 내선일체론자들의 주장을 겨냥한 것이다.

1940년 6월쯤 시골집에서 창씨 의향을 물어오자, 강상규는 여름방학때 귀성하여 의논한 뒤 결정하자고 했다. 7월 하순에 귀성해보니 이미 집안에서 '오야마大山'로 창씨를 했다. 그는 "하는 김에 이름까지 일본인식으로 바꾸어"버리자며 개명改名을 제의하여 가족 모두 개명했고, 본인은 '다카미隆實'로 정했다. 그는 방학이 끝나고 학교에 '오야마 다카미大山隆實'로 창씨개명을 했다고 신고했다. 4학년생 89%가 창씨했다.[112] 그런데 개명하러 간 형에게 면사무소 직원은 창씨 수속이 한꺼번에 몰려 업무가 폭주하니 개명은 다음에 하라고 한다. 결국 개명은 이뤄지지 않았다. 따라서 호적상으로 강상규는 '大山祥奎'다. 반면에 김재원은 현재까지 검토한 자료에 따르면 창씨를 신고한 흔적이 없다.[113]

강상규가 창씨를 비판하면서도 창씨는 물론이고 개명까지 하려 했던 이유는 무엇일까. 전국적으로 창씨는 80%(호구 대비)가 했으나 개명은 10%(인구 대비)만 했다. 창씨의 경우 대부분의 가문은 일족이 집단적으로 기존의 '성'과 연관된 '씨'를 만들었다. 원래 일본식 '씨'는 가족 단위의 호칭인데, 조선인이 창씨한 '씨'는 종전의 '성'과 같이 동일 혈통을 의미하는 경우가 많았다. 표기만 바뀌었을 뿐 기존의 부계 혈통 질서는 유지되었다. 창씨 신고율이 80%에 달한 것은 이러한 집단적 대응이 크게 작용했다.[114] 그러나 개명은 다르다. 미즈노 나오키水野直樹에 따르면 개명하는 경우는 다음 세 가지였다. 첫째, '일본인화'를 통해 민족 차별을 피해보려 하는 경우. 둘째, 학교 등에서 자식에게 불이익이 없기를 바라며 자식만 개명시키는 경우. 셋째, 이 기회에 마음에 안 들었던 이름을 고치는 경우. 뒤의 두 가지 경우는 강상규에게 해당되지 않는 것 같다. 그러면 강상규는 차별을 피하기 위해 '일본인화'를 택했던 것일까? 아니면 홧김인가, 자기 조소인가?

강상규는 학교에 개명을 신고했으나, 최강은 그가 창씨한 사실은 알겠는데 개명한 것은 처음 듣는다고 했다.[115] 친구들과 대화하면서도 그가 창씨는 물론이고 개명을 썼을 것 같지 않다. 경찰과 검사의 신문조서를 봐도 제목에 창씨개명을 쓰고 처음 시작할 때 옛 이름과 병기해 놓았지만, 신문 과정에 들어가면 호칭이 강상규로 통일된다. 창씨개명한 이름은 서류용 또는 행정용일 뿐 경찰과 검사도 창씨개명이 불편했던 것이다.[116]

설문 조사와 급우들의 호응

강상규는 1940년 12월 초 2학기 말 시험이 끝나자 같은 반 학생 12명에게 설문지를 돌렸다. 모두 열네 가지 질문인데, 장래나 기호 같은 간단한 것에서부터 일본인에 대한 감상, 현재 조선에 대해 슬프다고 생각하는 점, 우리들 생활의 행·불행 여부와 그 이유, 금후 일본과 중국의 미래, 학교교육에 대한 감상 같은 미묘한 것도 물어보았다. 경찰과 검사는 이를 사상 조사로 간주했다. 강상규는 경찰 신문에서는 사상 조사를 하여 그중에서 소질이 좋은 자를 지도하려는 것이었다고 했다. 검사 신문에서는 조선 독립이 실현되는 날 중학교 시절의 동료가 어떤 생각을 가지고 있었는지를 책으로 펴내려고 자료로 모은 것이지 사상을 조사하려는 것은 아니었다고 했다. 한편 판사의 신문에는 조선 독립이 완성되었을 때 그 회답서에 따라 당시의 사상 상태를 파악하여 그에 상당하는 지위를 할당할 생각이었다고 말했다.[117] 그의 독립운동 '10년 계획'에 따르면, 그가 지도할 사람이나 동지 획득은 제5차년도 이후의 일이다. 예정보다 빠른 2년차인 1940년 겨울에, 그것도 설문 조사라는 공개적인 방법으로 동지를 획득하려 했다? 설문 조사의 주·객관적인 상황을 살펴보자.

먼저 주관적인 상황. 강상규는 1939년 초에 독립운동 계획을 세웠지만, 1940년 봄에는 교토 제3고등학교 진학 계획을 세웠다. 그 사이에 어떤 일이? 지도 구입은 1939년 7월로 중단했고, 요지 조사는 충청남도에 그쳤다. 독립운동 얘기는 형한테 꺼냈다가 혼만 났고, 친구 김용태에게만 맘 놓고 할 수 있었다. 이 와중에 11월부터는 학교 선생에게 부탁하여 가정교사를 하기 시작했다. 집안의 형편이 어려워졌을까, 아우의 독립운동을 괘씸하게 생각했던 형의 압박일까, 아니면 강상규의 씀씀이가 헤퍼진 것일까. 1940년 2월 초에는 몸까지 아파 시험도 잘 치르지 못했다. 3학년 최종 성적이 나왔는데 50등 밖으로 밀려나 64등을 기록했고, 수신은 74점이었으며, 특히 지리·화학·기하 점수가 낮았다. 뭔가 전기轉機가 필요했다. 강상규는 4학년에 진급할 무렵 "향리에서 부형과 협의"하여 상급 학교 진학을 결심했다.[118] 최강은 1940년 봄방학 때 강상규가 고향에서 학자금으로 60원을 받아왔다면서 참고서를 한꺼번에 10권가량 샀으며 형으로부터 금색 시계를 얻어 왔다고 증언했다.[119] 이즈음 강상규는 진학을 위해 여러 선생과 상담했다. 역시 진학을 희망하며 기하학를 잘하는 김재원과 급속히 친해졌다. 중학교 입학 전에 부친이 사준 '크롬테 손목시계'는 전당포에 맡긴 지 오래였는데, 새로 찬 금색 시계는 부형과 강상규 사이에 이뤄진 타협의 부산물이라 할 수 있다. 진학 공부에 전념하기 위해 가정교사도 그만두었다. 1940년 6월에 강상규는 일생을 3기로 나누어 20세까지는 공부, 40세까지는 부모 봉사, 40세 이후는 독립운동에 전념할 계획이라고 김재원에게 털어놓았다.[120]

강상규는 4학년 진급 이후 "자진해서 공부에 방해되는 혁명운동은 중지하였다"고 한다. 경찰은 믿지 않으면서 이 시기에 그가 쓴 불온한 일기를 들이민다. 그는 말한다. "내가 상급 학교의 시험 공부에 쫓기고 있던 관계로 평소 품고 있는 조선독립혁명을 실현할 수가 없었으므로 그것을 한탄해서 이와 같이 일기에 적고 스스로를 위로하고 있었던 것이다."

강상규의 마음에 다시 불을 댕긴 것이 1940년 10월 학교에서 단체 관람한 〈민족의 제전〉이었다. 독일의 감독 레니 리펜슈탈이 찍은 1936년 베를린올림픽 기록영화 〈올림피아〉는 1부 〈민족의 제전〉과 2부 〈미의 제전〉으로 구성되었다. 이 중 〈민족의 제전〉은 당시 조선에서 1개월 척장기 상영에 관객 10만 명, 수입 8만 원을 기록할 정도로 크게 흥행했다.[121] 조선인들은 무엇보다 영화의 대미를 장식하는 마라톤 장면에서 손기정의 활약에 환호했다. 강상규 또한 몹시 흥분했다. 그는 검사에게 민족의식을 갖게 된 세 가지 계기로, 어린 시절 동네 노인들이 들려준 영웅전, 전시기

왼쪽 : 영화 〈올림피아 제1부 민족의 제전〉 포스터
오른쪽 : 손기정의 마라톤 우승을 보도한 아사히신문사의 『올림픽사진화보』 제2집(1936. 9) 표지
일제 시기 영화가 대중화된 이래 학교는 학생들의 영화 관람을 엄격히 통제했고, 전시기 조선총독부는 할리우드 영화보다는 유럽 영화, 특히 동맹국인 독일의 문예영화를 권장했다. 〈민족의 제전〉 관람과 그로 인한 민족의식 고취는 정책 의도와 결과의 어긋남을 보여주는 좋은 사례다. 그러나 감독의 의도는 통한 것 같다. 레니 리펜슈탈이 조선인의 민족의식 고취를 의도하지는 않았지만, 영화를 통해 운동하는 신체의 아름다움을 잘 전달함으로써 학생들은 더 감동했을 것이다.

戰時期 학교 정책에 대한 반감, 그리고 〈민족의 제전〉 관람을 꼽았다.[122] 진학 공부를 위해 억눌렀던 민족 감정이 다시 솟아났다. "혁명 의식으로 뭉쳐 있는 나로서는 비참한 조선 동포를 눈앞에 바라볼 때 아무래도 그대로 꾹 참고 있을 수가 없었다." 2학기 기말고사가 끝나는 12월 초에 그는 설문지를 작성했다.[123]

자율 공간

다음은 설문 조사의 객관적 상황. 동지를 획득하기 위해서 설문 조사를 한다는 것은 어느 정도 자율 공간이 없다면 생각할 수 없는 방법이다. 자율 공간이 있다 하더라도 전시기戰時期는 권력이 침투하기 십상이다. 강상규는 처음에 직접 대면하여 조사하려 했으나, 설문지를 건넸다가 회수하는 간접 조사로 방향을 바꿨다. 그 이유로 '번잡'과 '위험'을 들었다. 위험은 만나서 얘기하다 보면 자신의 생각이 간파당할 수 있고, 상대방이 다른 생각을 가진 자라면 비밀이 폭로되어 자신의 처지가 위험하게 된다는 것이다.[124] 서면 조사라고 해서 이런 위험이 없을지도 의문이지만, 이런 일에 번잡하다는 이유로 방법을 바꿨다는 것도 선뜻 납득하기 어렵다. 미숙과 부주의를 말해주는 것일까.

학우들에 대한 설문 조사는 지금 우리가 생각하는 만큼 위험한 일이 아닐 수 있다. 학교 뒷동산에서 강상규가 선동했다는 김윤수는, 강상규가 다른 사람에게 말하지 말라고 입막음을 했는지에 대해 경찰이 묻자, 그런

적이 없다며 다음과 같이 말한다.

정직하게 내심을 말하겠는데 반도인은 마음속으로는 크든 작든 민족의식이 있으므로 여러 가지 일에 직면하면 이상한 감정이 나오기 때문에 피의자가 타인에게 말하지 말라고 하지 않아도 보통 우리들 반도인은 타인에게 말하는 자는 없고, 피의자도 역시 그것을 믿고 나에게 그러한 비밀을 털어놓았던 것이라고 생각한다.[125]

지배자가 모르는 피지배자 나름의 세계가 있듯이, 학교와 경찰로부터 거리를 둔 조선인 학생들의 자율 공간이 존재했다. 이런 예도 있다. 강상규의 1년 선배 중 한 명이 1939년에 일본으로 수학여행을 갔다가 남은 여비로 위문대慰問袋를 만들어 출정군인에게 보냈다. 이에 일본군으로부터 감사장을, 학교장에게서 표창을 받았지만, 학생들은 그를 백안시했다.[126] 규율 권력의 공간에서는 칭찬받을 일이 자율 공간에서는 따돌림감인 것이다.

설문 조사 결과도 그렇다. 답변에는 대부분 민족의식이 살아 있어 강상규가 고무될 정도였다. 물론 그들이 답변을 파기해달라고 부탁했던 것을 볼 때, 권력은 점점 자율 공간을 옥죄며 감시의 시선을 번뜩이고 있었다. 설문 조사에 위험을 감지한 사람이 둘 있었다. 한 사람은 친구 김재원이다. 조선인이라면 누구나 이렇게 듣기 좋게 답변한다, 그중에는 우국지사도 있을 것이나 대다수는 허영에 찬 말일 뿐이다, 그러니 답변 내용을 그대로 믿고 동지를 획득하려다간 배신자가 생겨 낭패를 볼 수 있다는 생각이다. 김재원이 말한 위험은 설문 조사 자체가 아니라 설문 조사에 근거한 실천(동지 획득)이며, 친구에 대한 우정 어린 충고다. 다른 한 사람은 설문 조사지를 받은 동급생 이철주李鐵柱이다. 그는 일제의 귀족 이달용 후작의 적손으로, 당시 강상규와 같은 반이었지만 친한 사이는 아니었다. 그는 진의를 파악할 수 없는 질문에 답하는 것은 일신에 위험할 수 있다고 생각하여 이렇게 회신했다. 설문지는 재미있게 봤으나 나로서는 어려운 문제이므로 답을 할 수 없다, 군은 어떤 의미에서 이런 질문을 했는지 확실하게 가르쳐달라. 이철주가 생각한 위험은 설문 조사가 아니라 자신의 신상이었다. 집안 때문이 아니다. 그는 당시 몇몇 동급생, 선후배와 함께 'M.H.회'라는 비밀결사에 참여하고 있었다. 어쨌든 설문 조사 자체는 그리 위험한 일이 아니었고, 설문 조사를 받은 학생 중에 스스로 학교나 경찰에 발설한 자는 한 명도 없었다. 권력의 시선이 느껴지긴 했지만 여전히 자율 공간은 살아 있었다.[127]

검거와 신문, 재판

이제까지 강상규가 혐의를 받았던 일은 거의 다 썼다. 강상규의 조선 독립에 대한 열망은 개인 일기와 계획, 메모 등에 강렬하게 나타난다. 그는 이를 약간 순화된 형태로 친족, 마을 청년, 친구들에게 얘기했다. 그 누구도 이것을 권력 측에 알리지 않았다. 주위에서 엿보거나 들은 자가 있었을까? 동숙했던 후배 최강이 강상규가 친구들과 독립에 대해 얘기했다고 말한 것은 경찰에 증인으로 끌려온 뒤였다. 경찰에 검거되기 전까지 강상규는 공적 영역에서 한 번도 학교나 총독부 정책에 저항은 물론 항의도 거부도 하지 않았던, 진학 공부에 열심인 모범생이었다. 그런데 왜, 어떻게 검거되었을까?

강상규의 학교 1년 선배 그룹인 임원빈·송택영·김준회·박찬오 등은 1940년 11월에 조선 독립을 달성하기 위해 사회주의와 민족주의를 결합한 조선인해방투쟁동맹(C.H.T.)을 결성하고 산하에 서기국·이론부·실천부를 두었으며, 세포단체로 계림공진회와 'M.H.회'를 조직했다. 이 중 'M.H.회'는 박찬오가 1년 후배인 이철주를 설득하여 조직한 연구단체다. 이철주는 같은 해 여름에 학교의 원산 임해훈련에 참가했다가 박찬오의 '불온' 연설에 공명했다. 그 역시 〈민족의 제전〉을 보고 민족의식이 농후해진 상황이라 제의를 받자 곧바로 동급생들과 후배를 모았다.[128] 어떻게 해서 이 조직이 발각되었는지는 알 수 없지만, 경찰은 이철주를 수사하면서 그의 일기(!)에서 강상규의 설문 조사를 인지했다.[129]

경찰은 1941년 1월 18일에 강상규를 임의동행하여 무려 네 달 넘게 조사한 뒤 6월 5일에야 검사에게 사건을 송치했다. '전말서'에 따르면 경찰은 강상규를 구 치안유지법 제3조 '국체 변혁의 목적으로 그 목적 사항의 실행을 선동한 자'로 보았다. 그 전, 5월 15일에 검사가 처음으로 신문을 하고 구류를 결정했으니 경찰에게 허용된 유치 기간 10일을 제외하더라도 100일 넘게 불법으로 인신을 구속한 셈이다. 검사는 세 차례 신문한 뒤 7월 12일 공판을 청구했다. 죄명은 위의 국체 변혁을 위한 선동 외에 군사에 관한 유언비어(육군형법 제99조, 해군형법 제100조)를 덧붙였다. 치안유지법만으로는 불안했던 걸까. 애초 검경은 강상규 건을 국체 변혁을 위한 결사로 몰아가려 했으나, 김용태는 소재가 파악되지 않았고 김재원과의 관계를 결사로 보기에는 무리였다. 그렇다고 개인의 불온 언동이나 유언비어로 그치기에는 만족스럽지 못했던 것일까. 〈민족의 제전〉을 보고 나서 강상규가 자기 심정만 토로했다면 유언비어겠지만, 김재원에게 친구로서 같은 민족으로서 협력을 바란다고 했으니 협의·선동에 해당한다고 보았다. 두 번의 구류 갱신을 거쳐 10월 24일 첫 공판이 열렸고, 검사는 징역 3년을 구형했다. 11월 12일 두 번째 공판에서 판사는 징역 2년을 판결했다.[130] 13일 강상규는 불복하고 상고했으나 이틀 만인 15일에 취하했다.[131] 강상규는 경찰의 신문을 받으면서 몇 차례 이번 일에 넌더리가 난다고 했다.[132]

모범과 불온, 양자를 봉합하는 학력주의

경찰에 검거되기까지 강상규의 20년 남짓한 삶은 운동이나 학업, 또는 생활 전반에서 성취와 한계를 논하기에는 너무 짧은 기간이다. 주어진 자료 또한 그를 '죄인'으로 몰아가려는 검경의 문서가 대부분이다. 삶의 단편, 시대의 편린을 엿볼 수 있을 뿐이다. 그것도 보는 사람의 시각에 따라 달라 보이기 마련이다.

그의 삶에서 가장 인상적인 대목은 모범과 불온의 동거다. 그의 학교 생활은 성적, 행동평가 등 학적부로 볼 때 모범생이었다. 갈수록 성적이 떨어지긴 했지만 4학년 때도 중상위권을 유지했으며 수신은 여태까지 중 최고 점수인 90점을 받았다. 강상규로부터 독립운동 애기를 들은 김윤수는 이렇게 증언했다. "크게 놀랐다. 피의자는 부급장이기도 하고, 우리들의 학교 선생은 거의가 일본인인데 선생에게도 신용이 있고 또 동급생에게도 인망이 있으며, 평소 언동에도 하등 별다른 점이 없어 주의자라고는 전혀 느끼지 않았다."[133]

반면 그의 개인 일기에는 나라 잃은 울분과 독립을 향한 열망, 총독부와 학교 정책에 대한 격렬한 성토, 일본인과 대일협력자에 대한 응징이 보인다. 일제 검경이 그런 부분만 발췌했다는 제한은 있지만 신문 과정에서도 드러나는 거침없는 볼온은 신문자를 당혹스럽게 만들었다. 마음을 털어놓았던 친구 김재원이 보기에 "평소 언동으로 보아 강상규는 몹시 농후한 애국주의자여서 도저히 지그시 참을 수가 있는 남자"가 아니었다.[134] 강상규의 '모범'은 식민 지배나 학교 정책에 대한 내면화 혹은 동일시라고 보기 어려우며, 자신의 이해관계에 따른 방편으로서 동조일 것이다. 그의 '불온'은 주로 개인적이고 부분적인 비순응이지만 체제 전복을 준비하는 저항까지도 내포한 것이었다.[135]

모범과 불온, 동조와 저항을 봉합하는 힘은 학력주의였다. 전근대에 출생이 곧 신분이라면 근대에는 학력이 신분이다. 종전의 귀족이나 양반들은 재빨리 학력 신분으로 갈아탔고, 가능한 평민들은 있는 자원 없는 자원 동원해서 학력 신분을 얻고자 애썼다. 경기중학교는 상급 학교 진학률로 학교의 가치를 평가받으려 했으며, 강상규의 모범 생활은 성적 향상과 진학을 위한 것이었다.[136] 학력은 '불온'에도 필요하다. 여러 대목에서 강상규는 독립운동을 지도하고 실패하지 않기 위해서는 실력을 쌓아야 한다, 그러기 위해서는 공부를 계속해야 된다고 다짐했다. 김재원도 설익은 불온을 억제하고 실력을 키워 미래를 기약하자고 했다. 미래에 학력이 출세의 발판이 될지(學歷) 운동의 무기가 될지(學力) 아무도 모르는 일이지만, 당시 강상규에게 보이는 모범과 불온의 불안한 동거는 이러한 학력주의의 이중성에 기반했음이 분명하다. 여하튼 출생 신분에 비해 학력 신분은 능력주의의 외관을 띠기 때문에 내면화하기 쉽다. 강상규도 성적으로 친구들을 판단했다.[137]

봉합의 기술은 삶의 분절화다. 삶을 나누어 모범이 필요한 영역과 불온이 통용되는 영역을 구분하고, 그에 맞게 이중의 삶을 사는 것이다. 대체로 전자는 학교, 학생 일기, 일본어 사용 공간 등 공적 영역이고, 후자는 친구들과 함께하는 일상, 개인 일기, 조선어 사용 공간 등 사적 영역이다. 공적 영역과 사적 영역의 구별·분리 자체는 당연한 것이다. 문제는 양자의 소통이다. 식민지 시기에는 지배 권력이 통치의 탄력성을 높이기 위해 분절을 요구하기도 하고, 피지배자가 생존과 방어를 위해 분절하기도 한다. 사적 영역에서 통용되는 가치가 공적 영역에서 통용되지 않고 그 역도 마찬가지라면, 분절된 이중적인 삶을 살 수 밖에 없다.[138]

입신출세와 민족, 자존감

강상규의 주변에는 유난히 당대에 일본에 협력하여 후대에 '친일파'

로 불린 자들이 많다. 앞서 언급한 최강의 부친 최창홍(1903년생)은 경성제국대학을 졸업하고 고등문관시험에 합격한 뒤 총독부 관료의 길을 걸었다. 최강의 외조부는 미국 대학을 졸업하고 돌아와 1920년대 도지사까지 지냈던 인물로, 당시 중추원 참의였던 김윤정金潤晶(1869년생)이다. 강상규는 그의 집에 불려가 최강의 모친에게서 가정교사를 그만두라는 소리를 들었다.[139] 전에 최강의 모친이 최강과 함께 있으라고 주선했던 하숙집의 주인 김옥규金玉奎는 남궁영南宮營(1887년생)의 첩이었다. 남궁영은 도쿄제국대학 법문학부를 나오고 1930년대 도지사를 지냈는데 1939년 2월 사망하자, 그의 첩은 소일거리로 하숙업을 했던 것 같다. 김윤정·최창홍·남궁영의 공통점은 최고의 학력을 바탕으로 입신출세의 길을 걸었다는 점이다. 김윤정 – 최창홍 – 최강으로 대물림되는 입신출세 전략은 이제 학력이 부와 사회적 지위를 재생산하기 위한 주요 통로가 되었음을 말해준다. 비단 총독부 관료 집안만이 아니다. 앞의 이철주·백남일의 경우가 말해주듯 왕족이든 기업가든 이 길을 따랐다.

 부농의 아들 강상규도 학력을 통한 입신출세를 바란다. 다만 그 세상은 일제의 세상이 아니라 민족이 독립한 세상이다. 입신출세에 민족은 걸림돌이 아니었을까? 그가 민족을 호명하는 방식에는 두 가지 대조되는 특징이 있다. 하나는 세속적인 욕구다. 그는 독립운동을 해서 자기 이름을 날리겠다는 말을 자주 했다. 판사가 왜 독립을 희망하는지 묻자 "훌륭한 정치가가 되고 싶고, 그러자면 조선을 독립시키지 않으면 안 된다"고 대답했다.[140] 조선을 독립시켜야 된다고 생각한 주된 이유가 무엇이냐는 물음에도 "조선에서 내가 마음대로 정치를 해보고 싶다"는 점을 하나의 이유로 댔다.[141] 이때 민족은 입신출세와 자아실현의 장이다. 다른 하나는 근원적인 욕구다. 일기나 신문조서를 볼 때 그에게 민족이 있고 없음은 행복과 불행, 자존과 모욕, 의미 있는 삶과 없는 삶을 뜻한다. 그에게 민족은 유형·무형의 '삶의 단위'다. 개인 일기는 식민 지배로 친숙했던 삶의 단위가 깨져버린, 그래서 귀속할 곳이 없어져버린 불안한 영혼을 숨김없이 보여준다. 펜으로라도 식민정책자와 대일협력자를 없애버리지 않으면 진정이 되지 않는 모습을 여러 곳에서 발견할 수 있다.[142]

   식민지 피지배민으로서 갖는 불안과 불만은 감수성이 예민한 청년 학생이라면 누구나 느꼈을 것이다. 강상규의 불온을 감싸주는 조선인 학생들의 자율 공간이 그런 공감대를 반영한다. 그런데 강상규는 다른 학생보다 민감했던 것 같다. 똑같이 일본인 선생의 말을 들었지만 강상규는 김재원에 비해 더 큰 모멸감을 느꼈다. 다른 친구들처럼 일제 강점 이후 태어난 식민지 세대이고, 독서와 여행이라는 근대적 개인의 배양기도 비슷하게 거쳤다. 차이는 강상규의 뿌리에는 서당에서 익히고 동네 노인들에게 들은 고전과 역사의 세계가 있다는 점이다.[143] 일찍부터 근대 교육체계에서 엘리트 코스를 밟은 학생과 전통적 교육체계에서 시작하여 그쪽으로 옮겨 갔던 강상규. 아무래도 피지배민이 전통과 역사를 알고 자존감이 있을 때, 식민 지배자의 시선에서 예민하게 그들의 경멸을 포착할 수 있을 것이다. 일제가 조선인의 역사와 전통을 없애거나 변용하려 했던 이유도 여기에 있다.

과연 권력이 이긴 걸까

　모범과 불온의 불안한 동거를 깨뜨렸던 것은 강상규가 아니라 검경으로 대표되는 식민지 권력이었다. 전시기 불온 언동 사건이 끊이지 않은 것은 식민지 권력이 기존에는 주의하지 않았거나 넘어갔던 일상생활과 사적 영역에 침투하여 규제하려 했기 때문이다. 그런데 어느 사회나 불온은 있기 마련이며, 특히 사적 영역이나 일상생활에서 더욱 그러하다. 권력이 그런 불온을 찾아내서 다 처벌하려면 끝도 없을 것이다. 검경은 증인으로 나섰던 김재원에게도 조선 독립의 희망이 있음을 알았고,[144] 김윤수에게선 조선인 학생에게 민족의식은 상식이라는 소릴 듣는다. 권력이 노리는 바는 강상규를 처벌함으로써 이들의 꿈과 상식을 억압하고 권력에 길들이려는 것이다. 학교 측은 조선인해방투쟁동맹 사건과 강상규 사건 등이 터지자 특히 모범생들이 많이 참가했다는 점에 크게 놀라 4, 5학년생을 모아 놓고 단단히 주의를 주었다.[145] 김윤수는 가정 형편상 예정대로 휴학했고, 김재원은 아무 탈 없이 졸업해서 상급 학교에 진학했다.

　강상규는 감옥에서 자신이 너무 개인 위주로 생각했던 점을 반성하고, '망사봉공忘私奉公'의 일본 군인 전사자에 관한 책을 읽으며 눈물을 흘렸다. 또한 가족의 은혜를 생각하며 황국신민이 될 것을 다짐하는 수기를 썼다.[146] 공판이 있기 전 1941년 10월 30일, 서대문형무소장이 경성지방법원 재판장에게 보고한 강상규의 동정을 보면 그는 전향한 모범수였다. 결국 식민 권력은 개인의 규율화에 성공한 걸까?

서대문형무소장의 강상규 동정 통보

- 관리에 대한 태도 : 양
- 처우에 대한 태도 : 순종
- 선동 혹은 사상 선전의 유무 : 없음
- 단결하여 일을 도모하려고 하는 경향의 유무 : 없음
- 기율에 대한 관념 : 준수
- 친족 및 옛 친구에 대한 사념思念 : 있음
- 사상 전향의 유무 : 전향자로 인정함
- 사상을 전향한 시기 및 그 동기·원인 : 1941. 7. 15, 가정애家庭愛 및 구금 중의 고통에 의한 반성
- 기타 참고가 될 만한 사항 : 입소 후 과거의 잘못을 깨닫고 근신 자중, 점점 더 국민적 교양에 노력하고 있음[147]

빼앗긴 들에 봄은 왔건만

　1943년 12월 5일 강상규는 만 2년 만에 서대문형무소를 나왔다. 출옥 뒤 강상규의 행방은 확실치 않다. 고향에서 탐문해보니 오지 않았다고 한다. 해방 이후는 확실히 서울에 머문 것 같다. 학교 선생을 했고 대학도 다녔다고 하는데, 아직까지 확인하지 못했다. 학적부 학업성적란에 국한문으로 "1941년 3월 24일 4년 수료생으로 결정함"이라 쓰여 있고, 이관섭의 도장이 찍혀 있다. 아마 강상규에게 학력이 필요한 어떤 일이 생겼기

때문이며, 이는 이관섭이 교장이 된 1946년 2월 이후의 일일 것이다. 한 자료에 그는 옥내공산주의자동맹獄內共産主義者同盟의 청소년부원이었던 것으로 나와 있다. 이 동맹은 투옥자를 조직하여 상호 연락하며 사상 강화와 옥내 투쟁을 전개하는 조직으로, 8·15 이후 출옥동지회로 전환되었다.[148] 이는 그가 해방 후 좌익 활동을 하다가 다시 투옥되었으며, 그 때문에 집안이 여러 모로 피해를 입었다는 친지들의 기억과 맥이 닿는다. 1949년 무렵 그는 다시 수감되었으며, 면회 온 부인에게 태내의 아이 이름을 지어주었다고 한다. 그 뒤 그의 모습을 본 사람도 없고, 그로부터 연락이 온 적도 없다. 그의 이름은 족보에서도 사라졌다. 한국현대사가 한 집안에 끼친 아픔의 크기를 짐작해볼 수 있다.

친구 김재원은 1942년 경기중학교를 졸업하고, 바라던 교토 제3고등학교는 아니지만 경성고등공업학교에 입학하여 1945년 졸업했다. 고향인 전라남도 여수로 낙향하여 학교 선생을 하다가 1947년 그만두었다. 일자리를 찾기 위해 상경을 거듭하다가 1949년 '공작工作교육연구회' 기술부원으로 취직했다. 그 뒤 남로당중앙문화부 조직원으로 활동하다가 검거되어 그해 12월 서울지방법원에서 징역 8년을 선고받았다. 이후 소식은 모른다.[149]

조선 왕족의 후예이자 일제 귀족의 손자로 'M.H.회'에 가담했던 이철주는 징역 2년 집행유예 5년을 선고받고 배재중학교로 전학 가 1945년 졸업했다. 1950년에 연희대학교 물리학과를 졸업한 뒤 1953년부터 1988년 사망할 때까지 연세대학교 교수로 재직했다. 2005년에 독립유공자로서 건국포장이 추서되었다. 강상규가 잠시 가정교사로 입주하여 가르쳤던 백남일은 해방 이후 두 차례 일본에 갔다. 한 번은 한국전쟁을 피해, 다른 한 번은 4·19혁명 이후 부정축재자로 지목되어 재산이 국가에 몰수되는 과정에서. 그 뒤 일본에 귀화하여 한국에 돌아오지 않았다. 일본 경찰이 강상규를 신문할 때마다 입회했던 도순사 남승희南昇熙는 1940년께 시국범죄 단속과 정보 수집 등의 공적을 세워 '지나사변支那事變(중일전쟁) 공로자'로 포상을 받았던 자다. 해방 이후 몇몇 기업에서 이사와 사장을 역임했으며, 1950년대 중반 지방 군수가 되었다.[150]

자소작농 김영배,
'미친 생각'이 뱃속에서 나온다

김영배의 집

1939년 8월 검사가 현장 조사를 할 때 끌려온 김영배는 집 앞에서 "옥내를 들여다보면서 얼굴을 두 손으로 가리고 눈물을 닦았다"고 한다. 여름이면 그의 집 앞 멍석자리에서 동네 청년들과 수다를 떨었다. 검찰은 그가 이곳에서 불온 언동을 했다고 기소했다.

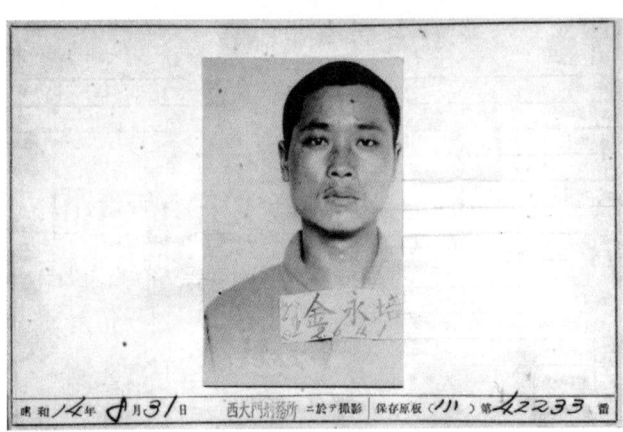

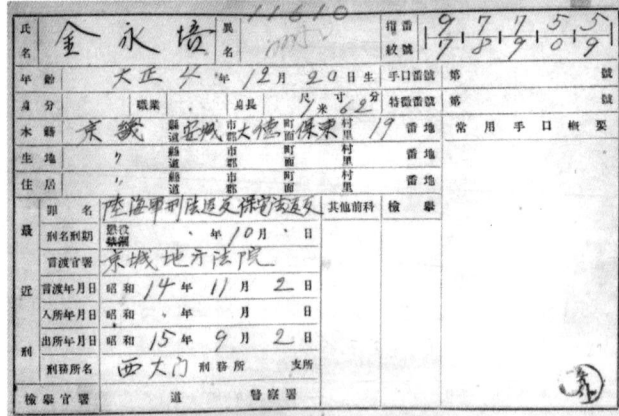

김영배 수형자 신상기록카드

현장검증 사진에 보이는 김영배는 다른 청년들과 확실히 다른 멋쟁이였다. 수형자 기록카드를 보면 멋쟁이 김영배가 어느새 영락없는 범죄자로 전락했다. 그해 이 마을에 무슨 일이 있었던 걸까.

대덕초등학교(구 대덕심상소학교)

김영배가 살던 마을의 현재 마을회관

대덕심상소학교(현 대덕초등학교)는 1939년 7월 근로보국단 결성식이 열렸던 곳이다. 일제 강점기 김영배는 마을의 농촌진흥회 간사로서 생활개선이나 야학에 열심이었다. 농촌진흥회 회장은 권력 가문에서 맡았다. 현재 '마을회관'이 서 있는 곳이 원래 그 가문의 땅이었으며, 농촌진흥회 회장의 아들이 현재 노인회 회장이다. 권력 가문은 여전한데, 김영배의 집은 자취도 없이 사라지고 일가족은 뿔뿔이 흩어졌다.

모든 것은 근로보국단 결성식이 있던 날 밤 김영배의 사랑방에서 시작되었다.

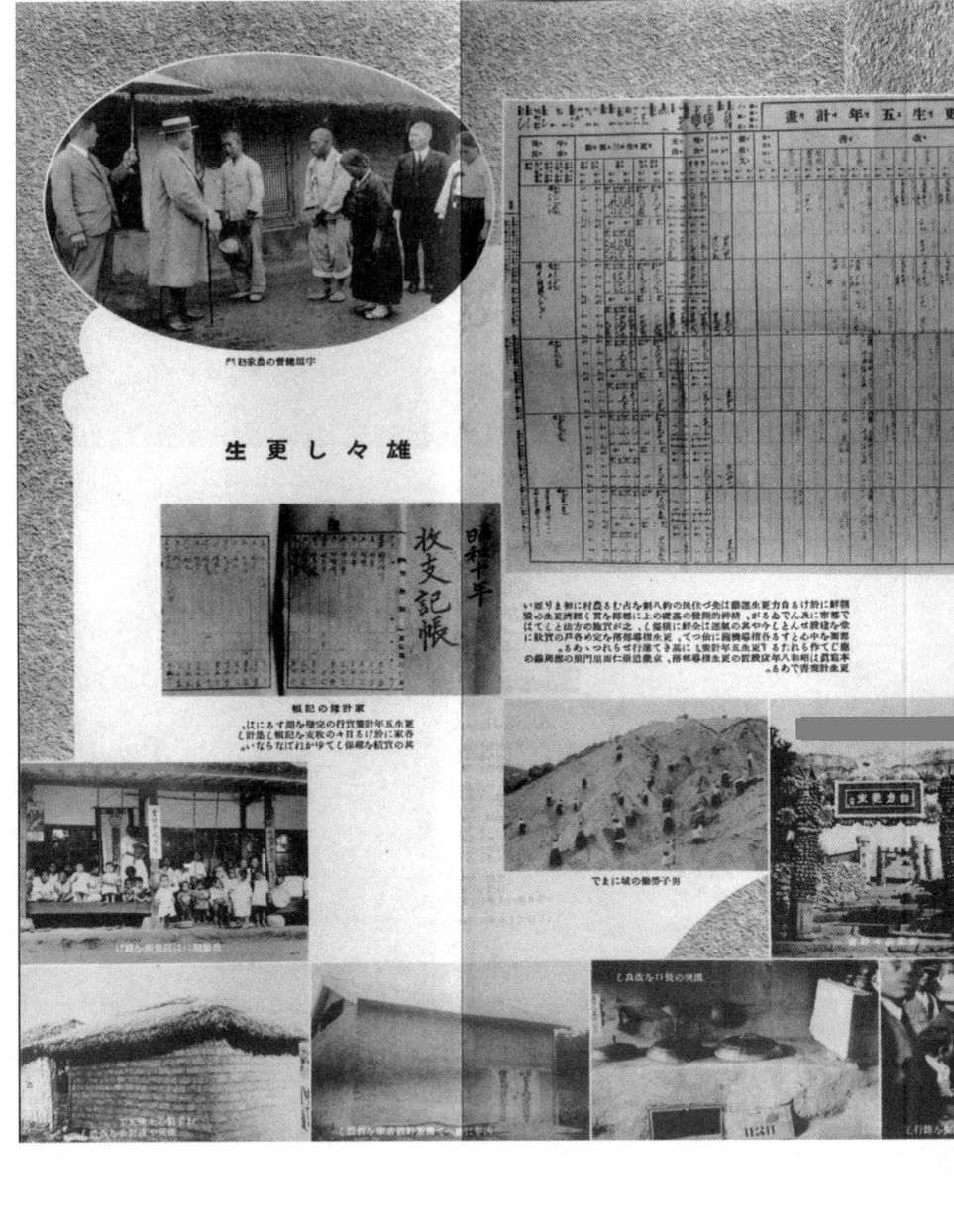

일제의 농촌진흥운동 선전 화보

일제는 농가 경제 갱생을 명목으로 매년 수확 목표와 수지 목표 등을 기입한 '갱생 5년 계획'을 농가마다 작성해 이장에게 검사를 받도록 했다. 1970년대 새마을운동에서 보았던 공동탁아소 운영, 초가지붕과 아궁이 개량, 부녀자 근로 동원, 단발과 색깔 옷 착용, 합동결혼식, 갱생부락(모범부락) 지정, 조기 청소, 생활 간소화 등이 농촌진흥운동에서 시작되었음을 알 수 있다. ⓒ 민족문제연구소

자소작농 김영배

마을 권력과 식민 권력의 공조, 그에 대한 김영배의 도전.
그는 마을 사람들에게 새로운 공공성을 제시하며
사랑방을 무대로 수다의 정치를 펼쳤다.

근로보국단 결성식이 있던 날 밤

1938년 7월 22일 밤 9시가 지나자 김영배의 집 앞뜰에 마을 청장년들이 하나둘 모여들기 시작했다. 여름이면 거의 매일 밤 멍석에 앉거나 누워 바람을 쐤다. 모두 낮더위에 지쳐선지 피곤한 기색이다. 김길현은 짬을 내 김을 매다가 막 밥을 먹어서 그런지 졸렸다. 언제나처럼 김영배가 말꼬를 텄다.

"더워서 머리 벗겨지는 줄 알았네."
"그러게. 그늘에라도 앉히지, 땡볕에 세워둘 게 뭐람."

이날 대덕공립심상소학교 운동장에서 안성군 대덕면 주최로 근로보국단勤勞報國團 결성식이 열렸다. 오전 9시에 시작되어 식이 끝난 뒤로도 군수, 금융조합 이사, 대덕면장, 사회주사의 강연이 이어졌고, 체조와 도로 제초 작업까지 오후 4시가 돼서야 끝났다. 날씨는 무더웠다. 이 날짜 신문은 각 지방의 '살인적 혹서酷暑'를 알렸다. '보洑 물싸움하다 살인!'이라는 제목도 눈에 띈다. 안성도 어지간히 더웠던가 보다. 김영배의 말에 이구동성이다. 흥이 났을까? 그는 슬쩍 예민한 주제를 던져본다.

자소작농 김영배, '미친 생각'이 뱃속에서 나온다

농촌에서 실시된 근로보국 활동
1938년 6월 '학생 생도의 근로봉사 작업 실시에 관한 건'이라는 통첩이 발표되면서 학생들을 근로보국대에 편입시켜 생산 활동에 투입했고, 각 도에서 일반인을 대상으로 한 근로보국대도 조직되었다. (진명여자고등보통학교 제26회 졸업기념사진첩, 1937. ⓒ민족문제연구소)

"로서아(러시아, 당시 소련)가 중국을 도와주고 있다는데, 일본이 지는 거 아니야? 중국이 쳐들어오면 어떻게 해야 하나, 도망가야 되나?"

여러 귀가 솔깃하다. 누군가 "도망쳐야지" 하고 맞장구치자 그는 더 나아간다.

"중국이 일본을 격퇴하는 틈에 우리가 만주를 점령하고 독립하면 안 될까? 조선이 독립하면 임금이 되어 돈이나 마음대로 써보고 싶네."

돈을 마음대로 쓴다는 대목에 몇몇이 입맛을 다셨다. 오늘따라 달빛이 알량하다.[1]

그로부터 1년 뒤, 1939년 7월 초 경성지방법원 검사국에 김영배의 '불온 언동'을 고발하는 투서가 들어왔다. 담당 검사 다마나 도모히코玉名友彦는 안성경찰서에 수사를 지시했다. 경찰은 김영배와 마을 사람들을 한 달 넘게 조사하여, 위의 얘기 외에도 김영배가 두 차례 더 비슷한 '불온 언동'을 했다며 8월 23일 경성지방법원 검사국에 사건을 송치했다. 검사는 다시 김영배와 증인들을 신문한 뒤 8월 30일 정치에 관한 불온 언동과 군사에 관한 유언비어로 치안을 방해했다며 '육군형법·해군형법·보안법 위반'이라는 죄목으로 공판을 청구했다. 재판은 경성지방법원에서 10월 13일 시작되었고 11월 2일 검사의 의견대로 징역 10개월이 선고되었다.

김영배의 말이 얼마나 불온한 것인지, 과연 치안을 방해했는지에 애써

주의할 필요는 없다. 어차피 경찰이나 검사가 임의로 판단했을 뿐이다. 1942년 경성지방법원 검사국 검사 이토 기요시伊藤淸가 신문 좌담회에서 한 말을 들어보자.

경성에 사는 사람이 학남에 사는 사람에게 50원인가 100원을 꾸어주었습니다. 경성에 사는 사람은 돈을 받는 수단으로서 요즘 경성에는 매우 쌀이 달리고 있는데 쌀을 구해야겠으니 속히 돈을 돌려달라고 하였던 것입니다. 여기에 대하여는 역시 (경성에 사는 사람에게 징역—인용자) 6개월에 처했습니다. 여기서 한 가지 말씀하고 싶은 것은 유언비어의 죄 가운데서, 가령 그것이 사실이라고 하여도 인심을 어지럽히는 언동에 대하여서는 금지되어 있으므로 다만 사실이니까 무엇이든지 말하여도 좋다고는 할 수 없는 것입니다. 그러한 말을 하는 그 자체가 근본이 사실이라 하여도 인심을 어지럽히는 결과가 되는 것 (…) 이 점에 대하여도 일반 민중은 잘 알아두어야 할 것입니다.[2]

우리 사전에 '유언비어'는 '근거 없이 떠도는 말'로 정의한다. 검사의 사전엔 근거가 있더라도 인심을 어지럽히면 유언비어다. 인심이 어지러워졌는지는 어떻게 알까? '유언비어'를 들은 사람은 대부분 그 때문에 마음이 흔들렸다고 경찰 앞에서 말하지 않는다. '불온'에 물들었다고 자백하기보다는 경찰이 원하는 애국심을 보여주기 마련이다. 김영배의 말을 들은 증인들도 대부분 '바보 같은 소리'라고 생각했단다. 오직 한 사람만이 걱정되었다고 했다.[3] 이 정도가 '유언비어'고 인심을 어지럽힌 것이라면, 경성에 쌀이 부족하다는 것을 신문 좌담회에서 밝혀 세상에 널리 알린 검사의 말은?

김영배의 말 자체보다는 그 말이 우리에게 들린 과정에 주목해보자. 투서가 없었다면 검사는 김영배의 언동을 몰랐다. 누가 왜 투서를 했을까? 마을엔 무슨 일이 있었던 것일까? 김영배는 어떤 인물인가?

식민지 권력과 마을이 만나다 : 행정과 자치의 공조

김영배의 마을[4]은 안성읍에서 북서쪽으로 20리쯤(약 8km) 떨어진 거리에 남쪽으로 산을 등지고 북쪽으로 개천을 바라보며 자리한다. 북향이기 때문에 집들이 볕을 좇아 산기슭에서 개천 쪽으로 약간 내려와 앉았다. 개천을 사이로 펼쳐진 들이 마을 사람들이 땀을 바치고 양식을 얻는 곳이다. 마을은 광산 김씨 집성촌으로, 김영배에 따르면 친척이 40호쯤이다.[5] 그의 집 앞뜰이나 사랑방에 모였던 것으로 파악되는 10명 남짓의 사람들 중에서 타성他姓은 한 명뿐이었다. 현재도 전체 65~70여 호 중에서 약 5호만 타성이고, 그도 대부분 사돈 간이라고 마을 어른들은 말한다. 광산 김씨가 이 마을에 터를 잡기 시작한 것은 200~300년 전이라 한다.[6] 1872년에 제작된 지방지도에 마을명이 나오며, 1914년 일제의 행정구역 통폐합 때 주변 3개 마을과 함께 하나의 행정촌인 B리로 통합되어, 역시 기존 4개 면이 통합된 대덕면大德面에 속했다.[7]

식민지 행정과 마을이 만나 형성되는 질서에 관해 최근 연구는 유지

有志가 주도하는 마을 정치가 조선총독부가 전개한 면 행정에 쉽사리 통합되거나 해소되지 않는 '이원 구조'를 강조한다.[8] '이원 구조'의 구체적인 양상은 마을마다 시기마다 다를 것이다. 김영배의 마을은 '이원 구조'를 이루는 두 축, 즉 마을 유지와 식민지 권력의 협조 관계가 눈에 띈다. 흔히 이원 구조의 증거로 행정 책임자인 구장과 실제 마을 대표자의 불일치를 드는데, 이 마을은 전쟁 말기를 제외하면 양자가 일치했다.

동성동본의 집성촌이라 해도 그 내부를 들여다보면 친소 관계나 응집력에 따라 몇 개의 소집단으로 나뉘는데, 보통 사대봉사四代奉祀, 즉 고조高祖를 공동 조상으로 하는 집단(이하 당내堂內라고 함)이 하나의 단위인 경우가 많다. '큰집', '작은집'이라는 호칭도 당내의 종가와 지가支家를 가리킬 때 쓴다.[9] 김영배의 마을에서 가장 힘 있는 세력은 영永 자 항렬을 기준으로 기서基瑞를 고조로 모시는 당내였다. 김두선의 후손인 '큰집'과 김두호의 후손인 '작은집'이 이 지역 광산 김씨를 대표하는 최대 지주다(〈표 3〉 참조). 구장과 면협의회원 같은 행정리의 대표 자리도 독식했다. 1927년 구장 김봉현과 면협의회원 김국현은 '작은집'의 형제 사이다. 1935년과 1939년에 면협의회원으로 당선되고 1939년 사건(김영배 사건) 당시 구장이었던 김영기는 이들에게 '큰집' 조카다(〈그림〉의 가문 계보도 참조).[10] 1930년대까지 B리 구장은 이 당내가 맡았으며, 나이도 40~50대로 실질적인 대표자라 할 수 있다. 조선총독부는 줄곧 구장이 명실상부하게 동리의 대표자이길 바랐는데, B리는 이에 부응했다.[11]

1940년 이후 태평양전쟁에 따른 총동원 정책이 본격화되자 조선총독부는 더 효과적인 동원을 위해 동리에 거물급 구장과 전임 직원을 두어

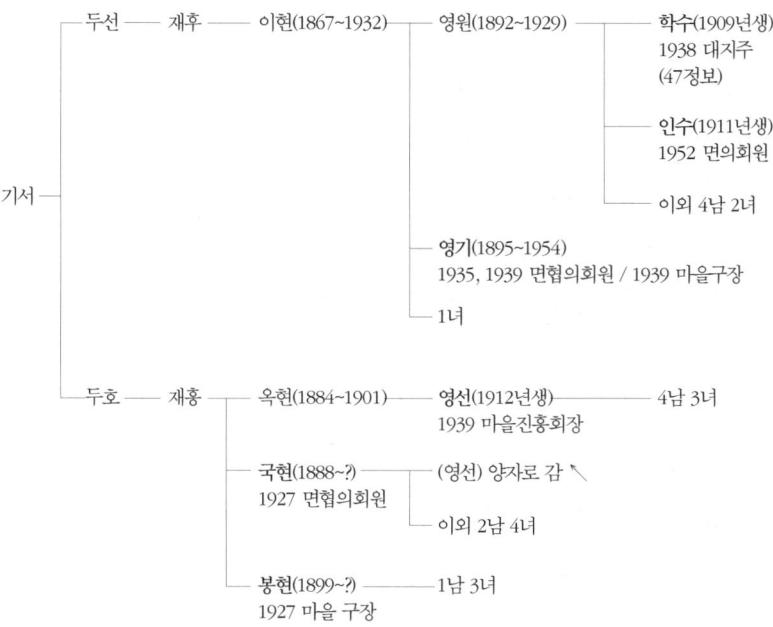

〈그림〉 마을 권력 가문(핵심 당내)의 계보도 및 이력

자료 : 『光山金氏良簡公派譜』 4卷, 81~82쪽 및 同 12卷, 505~510쪽 ; 미주의 10과 112의 자료.

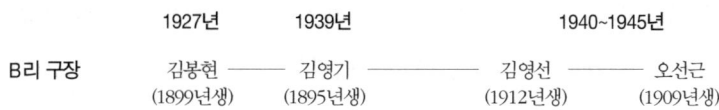

자소작농 김영배, '미친 생각'이 뱃속에서 나온다

'이원 구조'를 해소하려 했다. 안성군 역시 1944년 읍내에 중추원 참의 출신 등 거물급 구장을 선임하고 이를 적극 선전했다.[12] 반면 B리 구장은 1940년대에 들어서면 연배가 30대로 내려가고, 징용이 확대되는 일제 말기에는 타성으로 바뀐다. 김영선은 김국현의 아들로서, 마을 어른들의 증언에 따르면 김영선이 구장을 했다는 측과 안 했다는 측으로 갈린다. 여하튼 일제 말기에 오선근이 구장을 맡았다는 데는 의견이 일치한다. 구장으로서 차마 일가를 징용할 수 없기에 타성에게 넘겼다고 한다. 그렇다고 이 당내에서 구장 자리를 아주 포기한 것 같지는 않다. 오선근은 '큰집'이 외가인 자로 어려서부터 마을에서 자랐다. 명의만 구장이지 실제 일은 김인수가 다 봤다는 소리도 있다. 김인수는 '큰집' 김영기의 조카다. 일제 말기 마을의 권력 가문은 조선총독부의 정책 의도와 달리 '이원 구조'를 지배의 완충재로 이용했던 것 같다. 해방 이후 오선근은 다른 마을로 쫓겨 갔다.[13]

농촌진흥회나 야학에 열심이지만 공출이나 동원은 싫다

조선총독부는 마을의 이원 구조를 해소하고 행정력을 관철하기 위해 고심했다. 1920년대부터 보통학교 졸업생을 중견 인물로 양성해 1930년대 농촌진흥운동의 견인차 역할을 맡겼다. 과연 총독부의 의도대로 마을의 질서가 중견 인물 중심으로 재편되었는지는 논란이 있다.[14] 농촌진흥회는 자발적 참여를 유도하기 위해 자치의 전통이 강한 마을 단위로 조직되었는데, 1939년 사건 당시 김영배 마을의 농촌진흥회장은 '작은집'의 김영선이었다. 그는 양성공립보통학교를 졸업하고 경성에서 배재고등보통학교, 경성공학원을 다니다가 중퇴했다.[15] 그의 마을에서 유지, 구장, 중견 인물은 세대나 학력으로 구별은 되지만 전부 한 당내에서 나왔다. 중견 인물의 외연을 농촌진흥회 간사로 넓혀보면 다른 인물이 나오는데, 바로 김영배다.

농촌진흥회의 간사제는 소수 중견 인물에 일이 몰리는 과부하를 해소하고 주도층과 운동을 확산하기 위해 고안되었는데, 보통 몇 명의 간사가 분야를 나눠 업무를 담당했다. 김영배는 "면사무소에서 진흥회에 여러 가지를 말하면 진흥회가 우리들 간사에게 말하여 진흥회의 일을 회장과 함께 해왔다"고 했다.[16] 마을에서 김영배 외에 누가 또 간사를 맡았는지는 모르겠지만, 그가 담당했던 간사 업무는 교육이었던 것 같다. 1935년부터 농한기에 마을 아이들에게 한글, 일본어, 산술 3과목을 가르쳤으며, 경찰이 "재미있냐"고 묻자 "매우 취미가 있다"고 대답했다. 그는 보통학교 5년을 수료했을 뿐이지만 마을의 졸업생들이 나서지 않자 자발적으로 야학 교사를 맡았다.[17] 농촌진흥위원회는 1935년부터 보통학교가 설치되지 않은 지역에 간이학교, 야학회, 강습회를 열어 "갱생 계획을 읽고 가계부를 쓸 수 있을 정도의 계몽운동"을 추진했는데,[18] 김영배의 야학 활동은 이에 딱 들어맞는다.

이 외에도 마을 어른들은 김영배의 사랑방에 있었던 풍물 도구와 그 집 근처의 우물을 기억한다. 이는 당시 농촌진흥운동에서 마을 개량을 위해 갖춰야 할 표준 설비로 제시한 농악기나 개량 우물과 관련된 듯하다.[19] 경찰이 한 증인에게 김영배가 정신병자냐 똑똑하냐고 묻자 "똑똑하다고 생각한다. 농촌진흥회의 간사도 하고 있다"고 대답했다.[20] 당시 간사라면 마을에서 인정받았다.

김영배는 야학이나 생활개선과 관련된 농촌진흥운동에는 적극적이었지만 곡식과 힘을 축내는 공출과 동원은 싫어했다. 앞의 근로보국단 결성식이 있기 전 7월 17일 밤 같은 자리에서 그는 군량(馬糧) 공출 얘기를 꺼냈다. "면사무소에서 보리를 내라는 통지가 진흥회장에게 온 모양이다. 금년은 보리가 흉작이라 다들 어렵다. 그런데도 보리가 없으면 시장에 가서 사서라도 내지 않으면 안 되는가 보다. 우리 마을이 보리를 많이 할당받은 것은 마을 진흥회장이 면사무소에 잘 말하지 못해서다."[21] 그는 식민지 권력만이 아니라 마을 권력에도 화살을 돌렸다. 외가 쪽이 공격을 받아서인지 오선근이 반론에 나섰다. "당연히 사서라도 내야 한다. 나도 할당된 5두¾ 중 1두가 부족해 사서 낸다."[22] 경찰이 그날 모임에 참석했던 사람들을 신문해보니, 공출량은 빈부에 따라 차등을 두었고 몇몇은 보리 대신 마초로 냈다. 한 증인은 공출하고 난 뒤 양식이 모자라 빌려 먹어야 했지만 경찰 앞에서는 겨우 2두 5승 가지고 불만이냐, 공출은 국민의 의무라고 말했다.[23] 없는 사람은 면제되니 다른 마을에 비해 낫다는 의견도 있었다.[24] 하지만 당시 그 자리에서 김영배의 말에 반론을 폈던 이는 오선근뿐이다. 그에 따르면 "보리가 흉작이어서 매우 어렵다"고 모두 말했다.[25] 오선근과 김영배를 제외하면 참석자 대부분이 그날그날 호구하는 소작농이었다(⟨부표 1⟩ 참조). 김영배는 그들의 힘든 처지를 대변하며 마을 권력의 기민하지 못한 대응을 문제 삼았던 것이다.

또한 김영배는 같은 날 같은 자리에서, 면에서 7월 22일 학교로 모이라는 통지가 왔는데 무슨 일인지 모르겠지만 면 사람들이 많이 모인 김에 학교를 때려 부수면 좋겠다고 했다. 공출이야 워낙 생활과 직결되는 문제이기 때문에 그 할당과 분배를 둘러싼 불만이 많았고, 이 마을 저 마을에서 구장이 욕을 먹거나 누가 얼마를 내느냐는 문제로 밤새 격론이 벌어졌다.[26] 반면 '학교를 때려 부수자'는 주장은 '유언비어'나 '불온 언동'으로는 드문 예다. 이미 학교는 지위 상승이나 유지의 공인된 통로였고, 운동회나 면민대회 등이 열리는 공공 자산이었다. 증인들도 "일부러 몇 만 원을 들여서" "우리의 자제를 위하여 만든" 학교인데, 부쉈다가는 "큰일"이라며 김영배의 말을 "어리석은" "바보 같은" 소리로 보았다.[27] 물론 경찰 앞에서다.[28]

김영배가 학교를 때려 부수자고 한 이유를 세 가지로 추정해볼 수 있다. 첫째는 농민을 기만하는 총독부 행정에 대한 막연한 불신이다. 그는 "아무것도 모르는 인민들을 학교에 모아서 무엇을 시킬 것인지 걱정"이 되어서 그런 말을 했다고 한다.[29] 둘째는 각종 동원, 특히 부역에 대한 염증이다. 행사 이후 면민들은 도로 수선 작업에 동원되었다. 당시 일본에도 식민지 대만에서도 없었던 전근대적인 부역은 농민들에게 큰 부담을 주는 노동 조세였으며, 1930년대 각 도의 '도회'에서 폐지론이 제기되었다. 그러나 중일전쟁 발발 이후 폐지론은 '근로보국론'에 밀려 사라지게 된다. 1938년 7월 경기도지사는 '정신총동원운동'을 도로 수선에 유치하라는 훈시를 내렸다.[30] 7월은 김매기로 바쁜 철이다. 셋째는 보통학교를 중도에 그만두어야 했던 좌절감의 표출이다. 그는 서당을 다니다가 양성 공립보통학교 2학년에 편입하여 5학년을 수료하고 퇴학했다. 이유는 부친 작고 이후 집안일을 돌봐주던 외숙이 본가로 돌아가면서 그 대신 가장 역할을 맡을 사람이 필요해서였다. "공부를 좋아했냐"는 경찰의 질문에 김영배는 성적이 좋았다며 아쉬워했다.[31]

경찰, 마을을 들락거리다 : 시국좌담회

조선총독부는 면을 농촌 행정의 거점으로 삼으려 했지만, 면까지 일본인 관리를 파견하지는 못했다. 면 단위에서는 면사무소보다 경찰주재소의 힘이 셌다. 총독부도 "지방에서 가장 강력한 지도력을 지닌 것은 경찰주재소"라고 했다.[32] 마을 주민들의 가슴에 '지배자 일본인'을 각인시킨 것은 행정력보다는 군대·경찰의 물리력이었다. 청일전쟁의 첫 전투지가 바로 안성 근처 성환이다. 이후 일본군은 동학군과 의병을 진압하기 위해 안성 지역에 적잖게 출동했다. 김영배가 4세 때인 1919년 4월 1일과 2일, 이웃 양성면과 원곡면에서 만세운동이 일어나 일제의 치안과 행정을 마비시켰다. 조선주차헌병사령부가 파견한 검거반과 경찰은 각 마을을 돌아다니며 불을 지르고 사람을 때리고 죽이고 붙잡았다. 폭력이 얼마나 심했는지 일제는 4월 말 진료반을 보내 주민 치료에 나서기도 했다.[33] 이로부터 8년 뒤 김영배는 학생들이 만세를 부르고 검거반이 야영했던 양성공립보통학교 2학년에 편입했다.

양성초등학교 안에 있는 3·1운동 발상지 표석
1919년 3월 11일 양성공립보통학교 학생들이 교정에서 '독립 만세'를 불러, 이후 양성·원곡 지역에서 일어난 3·1운동의 계기가 되었다. 김영배는 1927년 이 학교에 편입했다. 선배들의 전설을 들었을까.

〈표 1〉 1936년 무렵 안성군의 경찰 기구

시설 (개소)	경찰서							
	1							
인원 (명)	경부警部		경부보		순사		지방 위생기수	계	순사 1인당 군郡 인구
	일본인	조선인	일본인	조선인	일본인	조선인			
	1	1	1	0	22	28	1	54	1,699

시설 (개소)	주재소
	9

자료 : 京畿道, 『京畿道道勢槪要』, 1936, 691~696쪽.

안성에 경찰 기구가 들어선 것은 1906년 안성분파소가 처음이며, 1909년쯤 경찰서가 세워졌다.[34] 1936년께는 경찰서 1개소, 주재소 9개소로 확대되었다. 당시 군郡의 순사 1인당 인구수는 1,699명으로, 군직원(군속 이하 준고원까지 총 29명) 1인당 2,931명(면장 12명을 포함하면 1인당 2,073명)에 비해 조밀했다. 더욱이 일본인의 비중은 순사가 44%로, 군직원 24%에 비해 두 배 정도 높았다. 참고로 군 전체 인구 중 일본인 비중은 0.5%였다.[35] 조선총독부가 지방에서 식민 권력의 보루로 삼은 것은 경찰이었다.

경찰은 행정 기구를 능가하는 조직력을 바탕으로 치안 외에도 여러 사무를 통해 대민 접촉면을 늘려가며 지배의 제일선을 담당했다.[36] 이는 각종 부작용을 낳았다. 원곡면에서 만세운동에 참여했던 이성율은 판사가 "총독정치에 대해서 불만이 있는가" 하고 묻자 "순사가 남의 집에 함부로 출입하는 것이 불만"이라고 답했다.[37] 김영배는 경찰의 신문에 "순사들은 아무런 할 일이 없어서 심심풀이로 돌아다닌다", "경찰관은 농민들을 못살게 굴기 위해서 놀이 삼아 순찰 등을 한다" 말했고, 왜 그렇게 생각하냐고 묻자 "청결 검사 등을 할 때 머리를 때리거나 발로 차거나 한다는 말을 들은 일이 있기 때문"이라고 했다.[38] 물론 잡혀 와서는 생각을 고쳤다고 했지만, 주민이 보기에 경찰은 너무 힘이 셌고 그래서 안하무인인 경우가 많았다. 경찰의 횡포는 당시 신문 기사에 자주 등장하는 단골 소재였다.[39]

1937년 중일전쟁 이후 경찰은 '시국 인식'을 보급하기 위해 '소부락' 단위의 시국좌담회를 자주 개최했다. 1940년 말에는 그 참석자 누적 수가 당시 전 조선 인구 2,400만 명을 넘어서는 2,600만 명에 이르렀다.[40] 김영배의 마을에서도 1938년 여름에서 다음 해 여름까지 그와 증인들이 밝힌 것만 5번의 간담회가 열렸다.[41] 순사부장이 온 적도 있었다. 참석은 집 단위로 동원된 것 같다. 한 증인은 자신이 세 번 참석했고 다른 때는 아버지가 참석했다고 한다.[42] 김영배는 "늘 여기저기를 여행하고 있었으므로" 한 번만 참석했는데,[43] 나머지는 동생들이 참석했을 가능성이 높다. 마쓰다 도시히코松田利彦는 시국좌담회에 대해 경찰이 대민 접촉 범위를 넓히고 그를 통해 민심을 파악하는 데는 성공했을지 모르지만, 시국 인식의 철저라는 점에서는 경찰과 민중 사이의 넘을 수 없는 장벽을 확인하는 자리였다고 평가했다.[44] 김영배의 마을에선 어땠을까?

김영배는 근로보국단 결성식 날 외에도 1939년 1월 13일 자기 집 사랑방에서 여러 사람과 모여 새끼를 꼬다가 "요즈음 신문에 일본이 점령했다는 보도가 없는 것으로 보아 일본이 중국에게 지고 있는 게 아닌가. 중국은 로시아가 도와주고 있다. 세계대전이 일어나면 일본이 질 것"이라는 얘기를 했다.[45] 전쟁이 확대되면 결국 일본이 질 것이고, 그러면 우리에게 독립의 기회가 온다는 인식은 '불온의 세계'에서는 상식에 속하는 얘기다.[46] 특히 소련의 동향과 전쟁의 추이를 관련짓는 인식은 1938년 7월 20일께 두만강에서 터진 장고봉張鼓峰 사건을 계기로 더욱 확대되었다. 소련과 만주의 동부 국경인 장고산의 귀속을 두고 벌어진 전투에서 소련군은 일본군을 압도했으며, 이 소문은 북에서 남으로 빠르게 퍼져 나가 조선 전체가 술렁거렸다. 이미 같은 달 23일쯤 가평의 한 농촌진흥회장은 동회에서 장고봉 사건을 거론하며 소련군의 조선 공격을 걱정했다. 이후 동회에 참석했던 어떤 이는 근로보국단을 조직하는 것도 전쟁터에 보내기 위해서라고 수군거렸다.[47]

경찰도 소문과 불안을 진화하기 위해 힘썼다. 김영배의 마을에도 그 흔적이 나타난다. 김영배의 말을 듣던 한 사람이 "일본도 독일과 이탈리아가 배후에 있다"는 말을 시국좌담회 때 들었다며 "결코 일본이 지는 일은 없"다고 했다.[48] 이 증언은 김영배의 '불온 언동'에 마을 사람들이 동요하지 않았음을 입증하기 위한 말이지만, 농민이 시국좌담회에서 들은 정보를 자기주장의 근거로 활용했음을 알 수 있다. 아마 각종 매체를 접할 기회가 적거나 문맹인 자는 그럴 여지가 더 크다. 그런데 증인이 김영배에게 한 여러 번의 충고를 잘 들어보면 다음 세 가지 의미가 담겨 있다. 첫째, 일본이 안 진다. 둘째, 이기느니 지느니 말하지 마라. 셋째, 그런 말을 사람들 앞에서 하지 마라.[49] 첫째뿐만 아니라 둘째, 셋째까지 감안하면 경찰의 선전에 대한 믿음보다는 경찰의 단속에 대한 걱정과 두려움이 앞서 있다.

"가끔 미친 생각이 뱃속에서 나와": 불온의 근원

김영배는 행정선行政線을 타고 내려오는 조선총독부의 정책에 대해서는 선택적으로 접근했다. 그에 비해 경찰 기구에 대해서는 반감이 컸다. 시국좌담회에도 참석하지 않을 때가 많았고 경찰의 말도 믿지 않았다. 그렇다고 불만의 근원이 경찰은 아니었다. 경찰이 반감의 원인을 추궁하자, 그는 경찰이 아니라 나라에 반감이 있다고 했다.

문 그러면 그대가 반감을 갖고 있었다고 한 나라는 무엇을 말하는가.
답 쇼와昭和천황을 나라라고 생각한다. 그래서 쇼와천황 이하 나라의 일을 하고 있는 사람이나 일을 하는 곳에 대하여 반감을 가지고 있었던 것이다.
문 어떤 반감을 가지고 있었는가.
답 생활 안정의 바탕이 되는 돈(이 많지 않은 것—인용자)과 조선의 독립이 되지 않는 것에 대하여 늘 반감을 가져왔다.

(…)

문 반도 동포로서, 아니 일본인으로서 고맙다고 진정으로 느낀 적이 있는가.
답 없었다. 이번에 경찰서에 와서 비로소 생각했을 뿐이다.[50]

그는 공출에 대해서도 "진흥회장보다 나라에 불만이 있다. 나라는 백성을 잘 다스려야 한다. 나라를 다스리는 사람은 왕인 쇼와천황이다. 천

궁성요배 모습
조선인들은 아침에 일어나면 의무적으로 동쪽을 향해 예를 올려야 했다.(寫眞報道 戰ふ朝鮮, 1945. 6. 20. ⓒ민족문제연구소)

황에게 불만이 있다"고 대답했다.⁵¹ 이러니 궁성요배나 황국신민서사 제창은 귀찮을 따름이다. 자진해서 요배나 제창을 할 생각은 없었다. 경찰의 "싫은 것이냐"는 질문에, 그렇다면서 "조선의 독립을 바라고 있었기 때문"에 하고 싶지 않았다고 했다.⁵² 이렇게 신문을 끝낼 수는 없다고 생각했는지 경찰은 집요하게 천황에 대한 '고마움'을 강요했다. 마지막 청취에서 경찰은 또 묻는다. 무엇이 제일 고맙다고 생각하는지. 김영배는 대답했다. "별로 생각나지 않는다. 이번만 용서해주면 고맙다고 생각한다." 반복되는 질문. "궁성요배를 할 때는 어떤 기분이 드는가?" 결국 김영배는 "천황폐하에게는 절을 해야만 한다. 고맙다고 생각하고 절을 한다"고 대답했다. 경찰이 다시 그렇게 고마운 것을 알면서 그런 바보 같은 생각을 말했는가 묻자, "죽을죄를 모르고 가끔 미친 생각이 뱃속에서 나와서" 그랬다며 지금은 "일본 국민이라는 생각이 뱃속에 생겼다"고 했다.⁵³

왕(천황)이라면 마땅히 나라를 잘 다스려 백성의 생활을 안정시켜야 하는데 그렇지 못하니 불만이다. 이런 간명한 생각은 독립에 대해서도 나타난다. 그가 독립을 바라는 데는 다른 이유 없다. 부자가 되고 싶어서다. 임금이 되고 싶은 것도 돈을 많이 쓸 수 있기 때문이다.⁵⁴ 독립하면 부자가 될 수 있을까? 그는 6촌 조부에게 세배 드리러 간 자리에서 '병합' 이전에는 돈이 많았다는 얘기를 들은 뒤, 독립하면 돈이 많아져 잘 돌 테니 부자가 될 수 있을 것이라 희망했다.⁵⁵ 그의 희망에 후대의 우리는 여러 각도에서 많은 토를 달 수 있을 거다. 당대의 경찰도 검사에게 그를 "극도의 물질적 관념"이 있는 자로 보고했다.⁵⁶ 과연 이것이 그만의 문제일까? 다음 신문을 보자.

문 그대의 취미는 무엇인가.
답 농사가 잘 되어 돈이 많이 생겨 생활이 좋아지기를 바란다.
문 평소에 무엇을 제일 좋아하는가.
답 농사가 좋다.
문 왜 농사가 좋은가.
답 나는 지식도 없고, 또 회사나 공장에 일하러 갈 수도 없으니 농사가 제일 적당하다고 생각한다.
문 훌륭한 사람이 될 희망은 없는가.
답 그런 생각은 있지만 지식이 없으니 바랄 수가 없다. 그러므로 농사를 짓고 있다.
문 책을 읽고 싶지는 않은가.
답 보통 잡지라도 사서 읽고 싶지만 돈이 없어서 살 수가 없다.
문 부자가 될 방법은 없는가라고 생각해본 적은 없는가.
답 생각한 적은 있지만 가망성이 없다.
문 어떻게 생각해보았는가.
답 금광이라도 하면 돈을 벌 수 있을 것 같아서 해보았으나 손해만 보았다.
문 언제 해보았는가.
답 쇼와 13년(1938년—인용자) 음력 2월경에 양성면 산정리에서 사금을 파보았는데 100원쯤 손해 보았었다.
문 다시 해볼 희망은 없는가.
답 해보고 싶은 희망은 있지만 자산이 없어서 할 수가 없다.[57]

전체 신문 과정 가운데 경찰이 김영배를 동정하는 거의 유일한 부분인데, 농업·농촌·농민을 경시하는 풍조가 짙게 느껴진다. 맨 위에 지식을 가진 훌륭한 사람이 있고, 그 다음에 그나마 돈을 잘 벌 수 있는 회사나 공장에 다니는 도시인이 있으며, 맨 밑바닥에 농민이 있다. 한마디로 식량 생산은 중요하지만 농민은 훌륭한 사람이 아니다. 밑바닥에서 위로 올라가는 사다리는 결국 돈이고, 지식도 돈이 있어야 얻을 수 있다. 근대화의 물결을 타는 곳이라면 어느 나라에서나 볼 수 있는 세태다. 관념이 아니라 현실이다. 이런 상황에서 인생 역전을 노리는 투기는 매혹적일 수밖에 없다. 1930년대 한반도를 휩쓸던 금광 투기가 김영배를 사로잡았다 놓았을 때, 그에게 남은 것은 손해와 미련뿐이었다.

상대적 빈곤

김영배는 면사무소에서 보면 마을 농촌진흥회 간사로 중견 인물이지만, 검경이 보기에는 "독립이 되면 유복한 생활을 할 수 있다는 망상"에 빠진 빈곤한 농민이다.[58] 그러나 마을에서 보면 "원만한 중류의 생활"자다.[59] '소행 조서' 상으로 논 1,600평, 밭 1,000평을 소유하고 있었다〈표 2〉 참조). 당시 안성 인근에서는 "자기 땅 10마지기(논 2,000평 — 인용자)면 부자 소리"를 들었으니,[60] 김영배가 소유한 논 1,600평은 결코 적다고 할 수 없다. 자신이 빈곤하다는 김영배의 의식은 어디서 나온 것일까?

첫째는 아버지 대에 비해서 자신이 대폭 줄었기 때문이다. 1911년 김

〈표 2〉 김영배 집안의 자산 변동표

단위 : 평, %

	1911(김웅현) ㉮	1939(김영배) ㉯	증감	㉯/㉮	1939 소작 면적
논	2,405	1,600	-805	67%	3,400
밭	3,232	1,000**	-2,232	31%	1,000
소계	5,637	2,600	3,037	46%	4,400
대지	1,353	500	-853	37%	
임야	?	6,000	?		
가족	2~3인	7인			

출전 : 安城警察署, 「金永培 素行書」, 1939(國史編纂委員會 編, 『韓民族獨立運動史資料集 66－戰時期 反日言動事件 I』, 2006, 208~209쪽 수록); 朝鮮總督府臨時土地調査局, 『土地調査簿(安城郡大德面 B 里, 安城郡陽城面防築里)』, 1911.

* 논은 1두락=200평으로 환산했다. 1911년 김웅현의 토지는 B리와 방축리 분을 합산한 것이다. 따라서 다른 인근 지역 토지도 보유했다면 표의 수치는 과소평가된 것이다. 임야의 경우 그럴 가능성이 높아 증감 수치를 구하지 않았다.

** 김영배의 진술에 따르면 1939년 밭의 소유 면적은 1,500평이었다(國史編纂委員會 編, 『韓民族獨立運動史資料集 66－戰時期 反日言動事件 I』, 2006, 141쪽).

영배의 부친 김웅현은 논·밭 5,637여 평을 소유했으며, 대지·임야까지 합쳐 마을에서 5번째로 많은 토지를 가졌다. 1939년 김영배에겐 그 절반도 못 되는 땅이 남았다. 부친 사망 이후 관리 부실인지 농업경영이나 농외 투자의 실패인지 원인은 모르겠지만, 그 정도면 체면을 잃기에 충분하다. 둘째는 자산의 축소와 반비례하여 가족이 두세 배 늘었기 때문이다. 1911년이면 맏이인 김영배가 태어나지 않았을 때다. 족보상의 부인 둘을 포함해도 가족은 3명이다.[61] 자작했다면 머슴을 두었거나 날품을 많이 써야 했을 거다. 1939년 가족은 확대되었다. 모친, 김영배 부부와 딸, 결혼한 아우 부부, 결혼 안 한 아우까지 모두 7명이었다. 이전의 생활수준을 유지하기 위해서는 소작이 불가피했다. 지주에게 고개를 숙여야 했다. 동생 둘의 분가를 생각하면 더 굽실거려야 할지 모른다. 그럴수록 어릴 적 집안의 지위나 수준이 자꾸 생각날 것이다. 셋째는 많은 빚 때문이다. 그는 생활 상태를 묻는 판사에게 "빚이 많아 빈곤한 생활을 하고 있다"고 대답했다.[62] 당시 그는 '소행 조서'상 1,300원, 본인 진술로는 1,200원의 빚을 지고 있었다. 양성금융조합에 700원, 김학수에게 500원. 김학수는 마을 최대 지주로 '큰집' 종손이다.

빚은 왜 졌을까? 김영배에 대한 증인들 평판 중에서 모순되는 부분은 그가 일을 '잘한다'와 '못한다'이다.[63] 못한다는 평판은 대부분 농사와 관련 있다. 따라서 잘한다고 할 때는 농사 외의 일일 가능성이 크다. 예를 들면 앞서 언급된 사금 캐기. 부채는 못하는 쪽은 물론이고 잘하는 쪽에서도 발생할 수 있다. 특히 '잘한다'가 일을 잘 벌인다는 의미일 경우. 개중에는 위세나 교제와 관련된 것도 있을 거다. 그는 사랑방이 너무 헐어서 1939년 250원을 들여 신축했다.[64] 여행도 많이 다녔다. 또 그는 안성, 평택, 용인의 여러 사람에게 돈을 빌려 주었는데, 총 175원에 달한다.[65]

가진 자와 못 가진 자 : 지주제, 온정주의, 동족 의식

김영배와 대조적으로 땅이 증가한 사람도 있다. 1911년 당시 마을의 최대 지주는 김이현·김영원 부자로 총 41,917평(약 14정보)을 소유했는데,

<표 3> 1911년 무렵 B리 광산 김씨의 토지 소유 상황

단위 : 평, 정보(1정보=3,000평), 명, %

B리 (가)	광산 김씨 (나)	(나)/(가) (B리)	2정보 이상						1~2정보		0.5~1 정보 (소계/나)	0.5 정보 미만 (소계/나)
			소계/(나)	김이현	김영현	김국현	상위 3인/(나)	김두익 외 4인	소계/(나)	김응현		
논 172,902	66,891	39% (38)	75%	15,110	17,395	11,169	65%	6,505	16%	2,405	6%	4%
밭 136,178	48,822	36% (31)	37%	5,835	3,577	5,749	31%	2,681	29%	2,637	24%	11%
합 309,080	115,713	37% (35)	59%	20,945	20,972	16,918	51%	9,186	21%	5,042	13%	7%
명의 (방축리 소유 경지)	31명		4명 13%	(6,742)				(2,881)	5명 16%	(595)	7명 23%	15명 48%

출전 : 朝鮮總督府 臨時土地調査局, 『土地調査簿(安城郡大德面 B里, 陽城面防築里)』, 1911.
* 토지 소유자의 성이 김(金)이지만 항렬이 동떨어진 경우는 광산 김씨로 간주하지 않았다. (나)/(가)의 괄호 안 수치는 B리 거주자만의 비중이다. 소유 규모별 칸의 %는 광산 김씨 소유 경지에 대한 비중이다. 명의는 편의상 공동 명의도 1명으로 간주했다. 하단의 괄호 안 수치는 해당자가 방축리에 소유한 경지(평)이다.

1938년 그들의 손자이자 아들인 학수는 안성군에 그보다 2.8배가 늘어난 47정보(논 35, 밭 12)를 소유하고 95명의 소작인을 두었다.[66] 김이현과 사촌으로 당내의 일원인 김국현(1927년 면협의회원) 역시 1911년 16,918평(약 5.6정보)을 소유했다.[67] B리 경지의 37%를 광산 김씨가 소유했으며, 그중 절반(51%)은 당내(상위 1~3위) 것이었다. 마을 권력의 독점은 경지 소유에 기반하고 있었다. 1910년 '병합' 이전부터 이들의 재산은 눈에 띄었다. 1908년 12월 마을에 '폭도'(의병)가 침입하여 김용오金龍五라는 자의 집에서 4원을 강탈했다. 김이현의 자가 용오用五이므로 동일인일 가능성이 높다.[68]

광산 김씨들 사이의 소유 집중도 심해, 〈표 3〉을 보면 총 경지 소유자 31명[69] 중 1정보 이상 보유한 9명(29%)이 80%의 경지를 보유했다. 0.5정보 미만을 보유한 15명(48%)은 겨우 7%의 경지만 보유했다. 한정된 땅이 이렇게 소수에게 집중되면 자연히 땅이 없는 사람이 많기 마련이다. 31명 중 B리에 거주하는 개인 명의 22명을 세대주로 간주하고 1934년 B리의 광산 김씨 세대수 80호와[70] 거칠게 비교해보면, 호수의 27.5%만 토지를 소유했고 나머지 72.5%는 토지를 갖지 못했다는 계산이 나온다. 그들이 대부분 농민임을 감안하면 72.5%가 순 소작농인 셈인데, 경기도의 농가 호수 중 소작농의 비중은 1928년 59%, 1935년 69%, 안성군은 각각 67%, 72%였다.[71] 정밀한 비교는 아니지만 이른 시기부터 B리 광산 김씨들 사이에 경지 소유의 편차가 컸음을 알 수 있다.[72]

마을 어른들은 "잘살고 못살고 차이가 컸"다고 한다. 그럼에도 "다른 마을에 비해 잘사는 편"이라며, 오래전부터 토지가 없거나 부족한 자들은 대부분 권력 가문의 땅을 소작했다고 한다. "그렇게 많이 굶었는데 아직도 살"아 있다는 한 노인은 그 가문 덕에 살았다고 한다.[73] 권력 가문은 마을 소작농이 기댈 언덕이었던 것이다. 동족에 대한 온정적 배려는 다른 형태로도 이루어졌다. 1911년 『토지조사부』를 보면 공동 명의의 경지가 많았다. 〈표 3〉의 '김두익 외 4인'은 인근 방축리의 땅까지 포함하면 12,067평(약 4정보)의 경지를 소유하고 있었다. 그 4인 중 한 사람은 권력 가문의 김영원이다. 2정보 미만 중에도 김씨들의 공동 소유 경지가 있었다. 이 공동 소유지들은 문중 땅이며, 소작자는 땅을 갖지 못한 광산 김씨일 가능성이 높다. 현재도 문중 땅이 있으며 일가에게 소작을 줘 가종 경

비를 마련한다고 한다.[74]

　권력 가문은 소작농에게 돈이나 곡식을 빌려 주거나 금융조합의 대부를 알선했다. 권력 가문인 김학수와 김영선은 동족 소작농에게 직접 돈을 빌려 주었다. 마을계는 소작농 김영옥에게 곡식을 빌려 주었는데, 주민의 구성상 마을의 계는 거의 문중계였을 거다.[75] 다수 소작농이 양성금융조합 지소에서 대출을 받았는데, 대개 지주 또는 연고자의 담보 제공이 있어야 가능했다.[76] 대부 조건을 알 수 없어서 그것이 수혈이었는지 채혈이었는지는 판단하기 어렵지만, 어쨌든 그날그날 호구하는 소작농에겐 절실했다. 마을 소작농의 재생산은 마을 유지 및 동족 조직과 밀접한 연관을 맺으며 이루어졌다(부채 상황은 〈부표 1〉 참조).

　김영배의 마을은 동족 간에 잘살고 못살고 차이가 컸다. 그로 인한 균열을 봉합했던 것이 동족에 대한 지주와 문중의 소작지 제공과 대부였다. 이런 온정주의와 동족 의식이 상호작용하면서 마을의 경제적 불평등을 가렸고, 다른 마을에 비해 잘산다고 생각하게끔 했다. 마을의 질서와 운영의 중심에는 대지주인 권력 가문이 있었다.

　그런데 무엇이 문제인가. 마을 주민이, 특히 사회적 위세를 중시하는 집성촌의 주민이 외부인에게 마을의 격을 떨어뜨리는 문제점을 쉽게 노출하진 않는다. 보통 상호부조 등 동족 집단의 경제적 기능을 강조하지만, 그것이 과장되었다는 주장도 있다. 일반적으로 집성촌은 각성 마을에 비해 빈부의 차가 적고 생활이 안정되었다는 인상이다. 그래서인지 일제 시기부터 집성촌을 연구했던 김두헌은 "극빈極貧, 거부巨富, 어느 거나 동족 집단의 성원으로서는 부적자不適者"라 했다.[77] '잘살고 못살고 차이가 컸지만, 다른 마을에 비해 잘사는 편'이라는 이야기는 때로 '다른 마을에 비해 잘살았지만, 잘살고 못살고 차이가 컸지'로 들린다. 날 때부터 남의 온정으로 살고 싶은 사람이 어디 있겠는가.

사랑방, 재담꾼 김영배의 무대

이제 마을 사람에게는 일상적인 공간이지만 바깥 사람에게는 은밀한 공간인 장소로 들어가보자. 김영배의 집 앞뜰 멍석자리나 사랑방에서 있었던 모임이다(이하 '사랑방 모임').[78] 김영배의 '불온 언동'은 모두 이 사랑방 모임에서 이루어졌다.

경찰과 검사는 불온 언동이 있었다고 의심되는 세 차례의 모임을 집중 수사했는데, 모임에 많게는 13명, 적게는 6명이 참석했다고 진술되었다. 신문·재판 기록에서 들리는 사랑방 소리는 작고 김영배의 독백에 가깝다. 다른 동석자는 무반응이었다고 한다. 두 증인이 자신의 반론과 충고를 강조할 뿐이다. 이런 경향은 수사가 후반에 접어들고 재판이 진행됨에 따라 더욱 심해진다. 문제를 김영배 개인으로 국한하는 것이 김영배나 마을에게 유리할 것이다. 김영배의 언동에 대한 반향이 크면 클수록 그의 죄는 커지고 마을 사람들은 많이 다친다.

수사 초기 기록, 특히 김영배나 유일하게 타성이었던 증인 오선근의 진술을 들으면 사랑방은 좀 더 소란스러웠다. 서로 대화하고 공감하며 맞장구를 놓는다. 내용도 불온 언동 몇 가지에 국한되지 않았다. 여름이면

집 앞뜰에서, 겨울이면 사랑방에서 여러 가지 세상이나 농사에 관한 이야기를 했다.[79] 김영배는 붙잡혀 가 처음 조사를 받을 때, 모인 사람들과 "잡담 말미에 가뭄, 중일전쟁, 모심기에 대한 군청 지도의 불만 및 우리들 생활에 관한 것, 만주 이민 이야기, 마량馬糧(말먹이: 말을 먹이는 꼴이나 곡식) 이야기를 하고, 끝에 일본이 망하고 조선이 만주를 점령하는 편이 좋다고 말한 사실이 있다"고 진술했다.[80] 이것이 사실에 가까울 것이다. '말미' 이전의 '잡담'은 무슨 얘기였을까? 그들은 밤마다 모여서 무엇을 그렇게 떠들었을까?

당시 사랑방은 간혹 야학의 교실로도 쓰였다.[81] 계몽과 오락이 섞인 경우도 있다. 인정식이 1943년에 발간한 『조선농촌잡기朝鮮農村襍記』를 보면 실내 오락으로서 '소설 읽기'를 이렇게 소개한다. "겨울의 긴 밤 등 독서력이 낮은 무학 농민이나 노파 등이 누군가의 내방內房 혹은 사랑방에 모인다. 그러면 그중 학문할 수 있는 자가 1인 뽑혀 춘향전이나 심청전, 장화홍련전 등과 같은 유명한 전래의 소설을 소리 높여 읽는 것이다. 사람들은 한마디 말이라도 놓치지 않기 위해서 열심히 얻어듣는다. 그리고 모두가 감격이나 즐거움을 함께하는 것이다."[82] 김영배의 사랑방에서도 글 읽을 줄 아는 누군가 인쇄 박성칠서점에서 펴낸 『삼국지』나 『임장군전』을 읽어주었는지 모른다. 수다 자체가 목적인 경우도 있다. 당시 이무영은 농민문학을 쓰기 위해 농촌으로 들어갔는데, 그의 체험담이 녹아 있는 「흙의 노예」의 봉놋방 장면을 보자.

매양 방 안에는 열 명 이상의 농군들이 모였다. 어떤 때는 이십 명

가까운 사람들이 들끓을 때도 있었다. 마치 상자 속에 과자를 주워 담은 것처럼 포갬포갬 앉는 수도 많았다. 한쪽에서는 코를 드르렁드르렁 골면 한쪽에서는 「조웅전」이니 「추월색」 같은 이야기책을 보고 이 모퉁이에서는 계집 이야기를 하면 저 구석에는 먹는 이야기다. 그러나 매양 화제가 집중되는 데는 역시 음식 타령이었다. 모두가 장정들이요, 모두가 일 년에 한두 번밖에 허리끈을 끌러놔보지 못하는 그런 축들이다. 놀음 이야기, 나무하다 산감한테 경친 이야기, 읍내 이야기, 이렇게 어수선하던 화제도 어떤 구석 누구 입에서든지 음식 이야기가 한번 나면 그대로 좌중의 귀가 다 그쪽으로 기울어진다.[83]

소설을 보면 먹을거리와 함께 타 지방 이야기도 인기가 있었다. 여행을 쉽게 할 수 없었기 때문이다. 농민 생활을 이해하기 위해 봉놋방에 가서 살던 주인공은 "그들을 위해서 서울 이야기로 밤도 새"웠고, "남대문에 써 붙인 큰 대大 자가 아래로 처졌더냐 위로 올라붙었더냐"며 "싸우는 머슴들한테 끌리어가서 남대문이라고 씌어 있지 않다는 것을 증명"해주기도 했다. 김영배의 마을엔 주막이 없었으니 사랑방이 봉놋방 구실을 했을 거다.

오락거리가 많지 않았던 당시 농촌에서는 대부분 스스로 그것을 만들어냈다. 밤에 모여서 격의 없이 나누는 잡담이나 이야기도 그 하나다. 재담꾼은 마을의 연예인 또는 사랑방의 왕이라 할 수 있다. 김영배를 좋아하건 싫어하건 한결같은 평가는 이야기를 잘하고 많이 한다는 것이며 웃길 줄 알았다는 것이다.[84] 마을 주민은 어수룩한 산골의 농민이 아니다.

틈만 나면 다녀올 수 있는 거리에 안성장이 있으니 이야기에 대한 기대 수준이 높다. 또 사랑방 모임에는 경성에서 점원 생활을 2년 정도 하여 도회지 물을 먹은 오선근도 있으며, 학력이 김영배보다 높은 자들도 있었다[85](〈부표 1〉 참조). 이런 상황에서도 김영배는 옛날이나 요새를 가리지 않고 농사에서 시국까지 여러 시기 여러 주제를 풀어내 인정받았다. 이야기의 재료는 발품에 많이 의지했다. 김영배에 대한 또 하나의 한결같은 평은 그가 잘 돌아다녔다는 점이다. 두 가지 평은 표리 관계에 있다. 오선근은 이렇게 요약한다. "여기저기를 잘 다니는 사람으로, 들은 것을 마을 아이들에게 잘 말하므로 마을에서는 무엇이든지 말을 잘하는 사람으로 평판이 있다."[86] 안성장에는 상시 출입했던 것 같고, 1938년 말에는 자전거를 타고 온양온천에 갔다 왔다. 1939년 봄에는 목포에 기차 여행을 갔다. 이게 뭐 대단하냐고? 경찰이 경력을 물으면, 평생 경성에 한번 갔다온 것을 특별한 일로 꼽는 농민의 세계다.

사랑방 수다에서 '불온'한 시국 얘기가 어느 정도 비중을 차지했는지는 확실치 않다. 경찰이 조사한 바에 따르면 1년간 3건이었다. 이는 최소치겠지만 그들이 나눈 시국 얘기가 일상적인 주제였는지 선호하는 주제였는지는 모르겠다. 경찰은 어떤 자세로 말했는지에 대해 추궁했지만, 피의자와 증인들은 "심심해서 말하는 김에", "누워서", "웃으면서" 등 별로 심각하지 않았음을 강조한다.[87] 물론 금지된 것을 말하고 듣는 즐거움은 컸으며, 단조로운 삶에 긴장과 흥분을 주었을 것이다. 간혹 독립과 부자가 되는 단꿈에 젖기도 했다. 더 나은 삶에 대한 꿈을 누가 막으랴. 어쨌든 재담의 생명은 듣는 사람의 관심이다. 반응이 안 좋으면 주제를 바꿔야 한다. 김영배는 말한다. "그러나 모두 전혀 공명하지 않았으므로 다른 이야기로 바꾸었다."[88]

수다의 정치학, 통합과 배제

수다는 오락과 함께 정치의 기능도 있다. 수다를 통해서 사람들을 통합하기도 하고 특정인을 배제하기도 한다. 우선 통합의 대상은 모인 사람들이다. 김영배의 사랑방에 모였던 사람들은 오선근을 제외하면 대부분 12월 무렵 양식이 떨어지는 탓에 "그날그날 호구"해야 하는 소작농이었다(〈부표 1〉 참조). 세 차례 모임 중 1939년 1월 모임 때는 김영배 가의 제삿날이어서 제삿밥을 얻어먹을 생각으로 모인 사람도 있었다. 물론 마을 권력 가문인 김인수나 김영선의 사랑방에 가면 먹을 것도 많고 등도 더 따스울 것이다.[89] 그러나 아무리 사랑방이라도 지주의 집에서 소작농은 소작농이다. 김영배의 집에서처럼 현장검증 사진과 같은 자세를 취하기는 힘들다. 눕고 엎어지고, 산만한 시선들. 사진은 이들이 수평적 관계였음을 보여준다.

김영배의 사랑방은 마을의 소작농·자소작농이 하루의 일과를 마치고 편히 쉬며 노는 곳이었다. 근로보국대 결성식 날 밤 심실현은 심인수 집에 가는 김에 김영배 집까지 갔다. 그는 낮의 행사와 부역으로 피곤했고, 게다가 김매기까지 해서 마음 편히 쉬고 싶었을 거다. 그러기에는 지주 김인수보다는 김영배의 사랑방이 더 나았다. 그는 검사에게 "낮의 피로

김영배 사건의 현장검증 사진
1939년 8월 17일 촬영됐으며 원 사진에 이름이 기입되어 있다. ①과 ②는 각각 1938년 7월 17일과 7월 22일, 김영배 집 앞뜰 멍석에서 바람 쐬고 있는 모습을 재현한 것이다. ③은 1939년 1월 13일 김영배의 집 사랑방에서 새끼 꼬며 대화하는 모습을 재현한 것이다.

때문에 매우 졸려서 가물가물 잠이 왔으므로" 김영배가 무엇을 말했는지 확실히 기억하지 못한다고 했다.[90] 김영옥이나 김백현은 이무영의 「안달소전」 주인공과 가장 비슷한 처지다. 집에 쉴 곳이 마땅치 않아 이웃 사랑방에서나 편히 누울 수 있는데, 그날따라 먼저 자리를 잡고 누운 사람들이 미웠을 거다. 김영배 바로 뒤에 자리 잡고 누웠던 김덕현은 눕자마자 자기 시작해 닭이 울 무렵에 깨어보니 아무도 없었다.[91] 사랑방은 한 푼이라도 아쉬운 그들에게 부업의 공간이기도 했다. 농한기 때는 새끼도 꼬았다. 부업 알선도 이루어졌다. 김철현은 근로보국단 결성식 날 밤 "농사를 거들어줄 인부를 부탁"하러 김영배 집에 갔었다.[92]

    김영배는 마을에 친척이 40호라고 했는데, 사랑방에 많을 때는 13명까지 모였다. 대부분 세대를 대표하는 장정이니 적은 수는 아니다. 마을의 중하층 농민들은 사랑방을 통해 일종의 자율적인 계층 문화를 공유했으며, 그 중심에는 김영배의 재담이 있었다. 김영배는 이들 앞에서 누구를 다른 편으로 배제하려 했을까? 자료에 유일하게 드러난 사례가 앞의 공출 문제에서 본 농촌진흥회장 김영선이다. 크게 보면 김영배의 화살은 개인이 아니라 식민지 권력과 그에 협조적인 마을 권력을 향했다. 이 선동은 오선근의 반격으로 참석자들의 호응을 얻지 못했다. 경찰 앞의 증언이라는 점도 감안해야 하지만, 실제 농민들은 김영배가 제기한 공출 문제에 공감하면서도 오선근 앞이라 호응하기 힘들었는지도 모른다. 오선근은 대지주인 권력 가문과 선이 닿은 인물로, 까딱 말이 잘못 들어갔다간 밥줄 끊길 수 있다.

공공성 경쟁

김영배의 수다정치가 지향하는 바는 무엇일까. 수사 과정에서 드러난 다툼을 통해 추측해볼 수는 있다. 사건이 있기 3~4년 전에 김영배는 김창현(당시 45세)과 도로 개수 문제로 다퉜다. 1939년에는 이웃한 김인수와 논에 물 대는 문제로 싸웠다. 이 정도로 그가 말썽꾼이었는지를 가늠할 수는 없다. 피의자의 문제점을 캐내기 마련인 경찰 수사 기록이나 재판 기록에서 이 정도면 약한 편이다. 또한 아전인수我田引水에 어느 편이 옳았는지도 알기 어렵다. 싸움의 발단이 물이나 도로라는 점에 주목해보자. 경찰이 작성한 '소행 조서'에 지적된 추문도 산지기네와 관련된 것이다.[93]

물, 도로, 산은 마을의 대표적인 공공재로 소농민의 재생산에 필수적인 요소다. 이러한 공공재를 관리하는 데 누구의 입김이 센가는 마을 권력의 소재를 알려준다.[94] 어떻게 관리하는가에 따라 마을 권력의 타당성이 시험받는다. 공출 할당량의 조정도 마을의 이익과 직결된 문제다. 김영배는 1935년쯤부터 매년 농한기마다 혼자서 마을 아이들을 가르쳤다. 1938년 여름에는 마을 입구에 원두막을 지어 사람들이 바람을 쐬며 쉴 수 있게 했다.[95] 1939년에는 마을 청장년이 밤에 모여 놀고 쉬는 사랑방이 너무 헐었다며 거금 250원을 들여 신축했다.[96] 그는 기존의 공공성을 통할하는 마을 권력에 도전하고 새로운 공공성을 제시하며 마을 사람들을 자신의 편으로 만들고 싶었던 것 같다.

사랑방 문화로 볼 때, 궁극적으로 그가 지향했던 마을 질서는 권력 가문이 장악했던 질서보다 수평적이었을 것이라 추측해본다. 오직 성공하여 집안과 자신의 위세를 회복하려는 목적이 있었다면, 같은 자소작농인 오선근처럼 권력 가문에 기대어 종속 발전의 길을 추구했을 수도 있다. 회장을 돕는 진흥회 간사, 필요한 소작지, 많은 대부금 등은 그러한 길도 가능했음을 보여준다. 그러나 사랑방 모임을 통한 빈농과 유대, 가끔 "미친 생각이 뱃속에서 나오는" 불온한 성격은 다른 길도 보여준다. 후대의 우리에게는 흥미롭고 다채로운 모습이지만 당사자에게 닥쳐올 미래는 가혹했다.

투서, 공모, 그리고 사실

1939년 7월 9일자 소인이 찍힌 투서 한 통이 경성지방법원 검사국에 배달되었다. 그에 따르면 김영배는 일본이 멸망하고 적국이 득세하면 좋겠다고 말하는 자로, 구체적으로 적병 수만 명이 출동하여 '쇼와천황'과 총독을 먼저 베고, 다음으로 내무와 외무과장을 베고, 각 검사국장·형무소장·경찰서장·판사를 죽여서 권세를 획득했으면 좋겠다고 여러 사람에게 얘기했다는 것이다. 투서자는 또 김영배가 "왕가王家(천황가를 이르는 듯함—인용자)가 멸망하길 좋아하는 역적"이며, '입으로 하는 말이 그대로 이뤄진다'는 속담도 있으니 속히 엄중 처벌하길 바란다고 썼다. 그러고는 "모질고 독하기가 고추 같은 사람이로소이다"라는 말로 끝냈다.[97]

김영배는 경찰에서 투서의 배후로 자신과 싸운 경력이 있는 김인수·김창현을, 투서를 작성한 자로 필적이 유사한 김영선을 지목했다. 김영선

불온한 말을 하는 김영배를 처벌하라는 투서
경찰은 이 투서를 같은 마을 거주자의 소행으로 보았다. 투서 용지 하단에 'KYOKUTO'는 '극동極東'의 일본어 발음으로, 당시 일본 사노佐野노트주식회사의 상표명이다. 노트를 사용하는 학력자가 관계되었을 가능성이 높다.

은 김인수와 사촌 간으로 마을 권력 가문의 일원이며, 김창현과는 가까운 친척은 아니지만 친한 사이였다.[98] 경찰은 투서자를 "B리 거주자"로 추측했다.[99] '불온 언동' 사건은 그 특성상 경찰이 신고나 투서에 의해 간접적으로 알게 되는 경우가 적지 않다. 신고는 신고자가 노출되기 쉬우며, 때로는 무고로 역습당할 수도 있다. 그래서 신고자는 일본인이거나, 조선인인 경우 격한 싸움의 감정을 억제하지 못해서, 또는 원한 관계인 경우가 많다.[100] 원한 관계라 하더라도 기존 인간관계나 주위 시선을 생각하면 신고는 쉽지 않은 선택이다. 1939년 경성의 한 장년은 종중宗中 재산을 다투면서 상대편에게 자주 "너희 젊은 놈들이 힘이 있다면 왜 일본 놈을 죽이고 이왕가를 만회하지 않는가"라고 말했다가 붙잡혔다. 동성동본인 상대편이 신고했기 때문이 아니라 때마침 그 자리에 있던 사복경찰관에게 발각되었던 것이다.[101] 아무리 감정의 골이 깊거나 충심의 '황국신민'이라도 일가를 신고했다가는 비난받기 십상이다. 김영배에 대해 투서했던 사람도 무슨 이유에서든 자신을 꼭꼭 숨겨야 했던 사람으로, 마을의 동성동본일 가능성이 높다. 투서는 마을에서 대놓고 김영배를 벌주기에는 명분이 없다는 증거다.

경찰 내부에 공모자가 있었을 가능성도 높다. 안성경찰서가 검사의 지휘를 받아 김영배를 연행한 것은 7월 14일. 다음 날부터 나흘간 그를 세 차례, 오선근·김길현을 불러 각각 한 차례씩 신문하고 청취서를 작성함으로써, 김영배가 세 차례 사랑방 모임 때 '불온 언동'을 했다는 사건의 뼈대가 구성되었다. 이상한 것은 투서의 내용에 의거한 질문은 수사를 개시한 지 열흘이 지난 7월 25일 처음으로 이루어졌다는 점이다. 김영배는 투서에 나온 말을 절대 한 적이 없다고 대답했다. 여러 차례 되묻자 그렇게 말한 적은 없지만 "그런 관리들이 죽어야 비로소 독립이 가능하다고 생각한다"고 답했을 뿐이다.[102] 이후 수사·재판 기록에 투서 내용은 나오지 않는다. 경찰은 김영배는 물론 증인들에게도 묻지 않았고, 검사·판사도 전혀 언급하지 않았다. 투서는 잊히고 그와 상관없는 '불온 언동'만 남았다. 당시 사적인 원한 관계로 '시국'을 이용한 무고誣告가 종종 있었던 상황을 감안하면,[103] 먼저 투서 내용의 진위 여부를 파악하는 것이 순서다. 그럼에도 경찰은 다른 '불온 언동'을 자백받은 뒤에야 물었다. 투서의 진위부터 물었다면 무죄방면도 가능했을 일이다. 투서는 수사를 착수시키는 데 목적이 있었던 것 같다.

투서의 익명성을 극대화하다 보면 그에 반비례하여 구체성이 떨어지고, 그러면 경찰이 수사에 착수할 가능성도 떨어진다. 상위 기관을 자극하여 그 힘을 빌리는 방법이 있겠다. '천황부터 검사·경찰까지 모두 죽이자' '벌주지 않으면 말대로 된다'는 말은 경성지방법원 검사의 신경을 건드리기에 충분했다. 지역 경찰서에 비해 경성지방법원이 익명성을 보장받기도 쉽다. 남은 문제는 수사의 초기 방향을 투서 내용에 국한하지 않고 확대할 수 있느냐였다. 경찰 내부에 공모자가 있다면 일이 쉽게 풀릴 것이다. 김영배는 연행되어 받은 첫 번째 조사(청취)에서 두 차례 불온 언동을 자백해야 했다. 이때 순사는 최성준 혼자였다.[104] 투서자는 순사와 교감을 나누던 사이일 가능성이 높으며, 김영배를 불러다 캐면 뭐라도 나올 것임을 잘 알았던 사람이다.

경찰은 8월에 들어 정식 형사 절차를 밟으면서 증거 보강에 힘썼다.

사랑방 모임에 참석했던 다섯 사람을 증인으로 불러 각 2회씩 총 10회 증인신문을 했다. 마을로 가 김영배의 평소 소행도 조사했다. 내용은 최악이다. '성질'은 "일견 온순한 것 같지만 음험하고, 또 간교하며 항상 타인을 비평하고, 마을에서 유언비어를 하고 말이 많은 편임"이며, '세평'은 "호주로서 일해야 할 처지에 있으면서 항상 시장 등을 나돌아 다니고 가사에는 나태하며 도박 또는 주색酒色을 좋아하고 유언비어를 잘함"이라 쓰였다. 그것으로 부족하다고 생각했는지 여자와 관련된 추문도 언급되었다. '개전 가능성 유무'에 대해서는 "엄벌로 다스리지 않고는 개전의 가망이 없음". 이렇게 평이 안 좋은데도 사람들이 김영배 집에 그렇게 모였단 말인가? 작성자는 순사 최성준으로, 평소 견문한 것과 구장 김영기에게 조사한 것을 조합하여 작성했다.[105] 이 외에도 김영배가 친했다고 하는 세 사람의 신원 조사가 실시되었는데, 오선근도 그렇게 좋지는 않았다. 악평이 있고, 도박죄로 과료 14원을 낸 적이 있었다. 다만 "주의, 사상, 언동은 온건"하고 참고 사항에 "본인은 이전에 도박한 사실이 있으나 근래에 개전하여 가장 선량한 사람임"이라고 쓰였다. 역시 작성자는 순사 최성준이다.[106]

8월 22일 사건이 송치되고 검사의 신문이 시작되자 김영배는 경찰에게 진술했던 것을 모두 부인하며 "경찰이 때려서 할 수 없이 거짓말"을 했다고 주장했다. 증인들의 진술도 약간 달라졌다. 모두 7명의 증인이 출두했는데 대부분 김영배가 '내란'이나 '궁성(천황)과 싸운다' '전쟁'과 같은 얘기는 하지 않았다고 했다. 이런 와중에 피의 사실 중 '천황에 대한 불경'이 슬그머니 사라졌다. 결국 검사는 첫 번째 사랑방 모임 전부와 '내란'

이나 '궁성'이란 말을 빼고 공판을 청구했다.

10월 13일 재판이 열렸다. 김영배는 혐의 사실을 모두 부인했을 뿐만 아니라 새로운 사실(?)을 말하기 시작했다. 첫째, 자신을 중상모략한 것은 전라남도의 나씨다. 그의 누이를 경기도에 사는 모씨에게 중매하고서 받은 돈을 나누는 과정에서 나씨와 다퉜다. 그리고 5일 뒤 경찰에 구속되었으니 그가 틀림없다. 둘째, 급한 볼일이 있어 근로보국단 결성식에 동생을 대신 보냈다. 자신은 집에서, 천안에서 약방을 하는 사람과 동업 건을 상의했다. 또한 "그 사람들이 왜 그런 말을 했는지 모르겠다"며 대질신문을 요구했다.[107] 오선근·김길현 등의 증언은 대략 전과 같았고, 판사는 검사의 손을 들어주었다. 11월 2일, 징역 10개월 선고.

재판이 더 진행되었다면 새로운 얘기가 더 쏟아졌을지 모른다. 혹시 우리가 마을의 음모에 놀아난 것일까? 김영배의 연기를 너무 믿었던 것인가? 현장검증 사진에서 드러나듯이 그는 주위 사람과 구분되는 머리 스타일과 용모를 지닌 '멋쟁이'였다. 앞의 '추문'은 '사랑'일지도 모른다. 그를 한량으로 기억하는 마을 어른도 있다.[108] 불온이란 체제와의 갈등이다. 마을 권력과 식민지 권력의 공조로 이루어진 체제와 김영배의 갈등을 여러 측면에서 최대한 개연성 있게 설명하려 했지만, 가끔 양측의 절실함이 가슴에 와 닿지 않았다. 김영배가 얼마나 잘못했기에 투서자는 검사와 판사의 힘까지 빌려 죄주려 했을까? 다른 방법은 없었을까? 김영배는 왜 마지막 순간까지 상황을 순순히 받아들이지 않았을까? 뭔가 다른 얘기를 하고 싶었던가?

사건의 숨은 주인공

1939년 8월 17일 현장검증 때, 김영배는 "자택 대문 앞에 서서 바깥들 및 옥내를 들여다보면서 얼굴을 두 손으로 가리고 눈물을 닦았다."[109] 김영배와 마을은 그 뒤 어떻게 되었을까? 해방 공간은 김영배에게 기회였을까? 두 차례에 걸쳐 마을 어른 여섯 명에게 얘기를 들었고, 전화로 몇 차례 보충 질문을 했다. 이름은 가명이다.

김민수(1934년생) 6·25가 나자 (경찰)지서에서 면내 보도연맹원들을—왜 지방 빨갱이들 있잖아—소집했어. 김영배도 그때 잡혀가 사살됐어. 지서 앞 논에서, 지금 고가도로를 놓고 있는 자린데, 묶어 놓지도 않고 쐈대 (…) 그집 막내도 6·25 때 인민군 편을 들다, 관에 잡혀가 죽었지. 【어떤 활동?—필자의 질문(이하 동일)】 활동도 별로 못해, 큰 역할하지 않았어. 둘째는 이러니 살 수 있나, 피해서 양성으로 이사 갔지. 【김영배 부인은?】 ○○리 홍씨에게 재취로 갔어. (안성)장에서 봤는데, 요새는 안 보이데. 죽었나봐. 딸은 용인 ○○면으로 시집갔다고 들었어. (…) 일정 때 경찰에 붙들려가 불어서 동네 사람들이 문초를 받았어. 그래도 마을에선 바른말 많이 하는 사람이라 평했어. 부자는 아니고, 그래도 지내는 편이었지.

— 2009년 3월 13일 안성 시내 다방, 3월 28일 마을회관에서 단독 면담

김수현(1929년생) 김영배는 독립운동 자금 사건이야 (…) 경상돈가 전

라돈가 그쪽 출신 여잔데, 만주에서 그 여자가 군자금 모으러 왔는데, 김영배가 말려들었어. 여자가 붙들려 가자 김영배도 따라 붙잡히고, 김영배가 불어 동네가 쑥대밭이 됐어. (순사) 최성준도 오고 일본인이 말 타고 왔어. 김영배는 여기저기 돌아다녀 돈 많이 까먹었어. 애국정신은 있었지. 징역 10년 살다가 해방 후 대전감옥에서 나왔어.【해방 전에 출옥하지 않았나?】아니야. 사상범, 중범은 모두 남쪽으로 보냈어.【김영배의 서대문형무소 수형자 신상기록카드를 보여주자】서대문이 아닌데, 서대문에 있다가 대전으로 갔나? 여하튼 해방 이후에 나와서 남로당에 들고, 전쟁 나자 순사가 묶어 갔어. 막내는 형 관계로 인민군 (점령) 때 날뛰다 미군에겐가 죽었어.【마을 사람들에게 피해를 줬나?】나쁜 일은 하지 않았어. 도리어 의용군에 붙들려가 고생했지. (…) 다 어른한테 들은 얘기지, 전설이지.

김영준(1933년생, 김수현이 얘기하던 중간에 입장) 김영배는 반일 투쟁, 애국자지. 8·15 해방 후 출옥했어. 해방되고 한두 달 뒤에.【김수현이 "항일 투쟁이지, 여자가 찌르는 바람에 붙잡혀 갔지. 김영선, 김인수는 잡혀갔다 돈으로 나왔다"고 하자】그들은 가담 안 했어. 돈 많아 잘살았지. 천석꾼이야. 김영배와 사상적으로 달라. 김영배도 잘살았지만, 남몰래 돈 쓰는 운동이니, 그래서 집안이 어려워졌지. (김영배의 집은) '큰 사랑舍廊' 집이었어. 풍물을 거기다 뒀지.【김수현은 집안 일로 퇴장】

김영진(1915년생, 김영배의 동갑, 계속 누워 있다가 질문에 응해) 나는 아무것도 몰라. 학교를 안 다녀서 사람 취급도 안 했어. 김영배는 똑똑해서 죽었어. 최성준이 동네를 쑥대밭으로 만들었지. 영배가 함부로 불어서 그래. (그래도) 최성준이 나는 잘 봐서 잘해줬어.【김영배의 사랑방에 출입하지 않았는지?】안 했어. 옛날엔 어른 앞에 함부로 가지 못했어. (…) 여러 사람 땅 부쳐 먹었지.【김영선의 땅도?】그랬지, ○○ 아버지(김영기) 덕으로 살았어. 그렇게 많이 굶었는데 아직도 살았어. (이후 김영진은 부자가 집안의 인물이다, 김영준은 부자라고 다 인물이냐며 설왕설래)

—이상 3월 13일 마을회관에서 3인 순차 면담

김동수(1938년생) 왜정 때 아버님(김영선을 말함)이 붙들려 고문당했어. 듣기로는 (앞의 사진에 나오는) 사람들이 각 집에 천황 모시는 것을 마을에서 하지 말자고 모의했는데, 투서가 들어가 잡혔나봐. 아버지는 (투서의) 필적과 유사하다고 붙잡혀 가 고문당했지. 고춧가루 고문 있잖아. (…) 나는 왜정 때 마을에 안 살아서 잘 몰라. 안성에 할아버지와 함께 함석 2층집에 살면서 유치원, 초등학교를 다녔어. 6·25 전에 할아버지와 함께 마을로 돌아왔지. (…) 아버지는 구장 안 했어, 골치 아프다고 딴 사람에게 넘겼어. 순사가 찾아오면 행랑채에서 대접했던 것은 기억나. 왜정 때 큰집과 우리 집이 동네를 좌우했지. 벼를 6칸짜리 겹광에도 다 못 쌓아 마당에 장작 놓고 그 위에 쌓았어. 토지개혁 때 자작 빼고, 소작하던 사람들에게 넘겨줬지. 이 마을회관도 원래 우리 집 마당 자리야. (…) (김영배의) 동생이 인민재판에 앞장섰지. 마을 인민재판에 일차로 큰집과 작은집이 싹 대상이 됐어. 어린 나까지도. 내일이 재판이라면 오늘 미군이 들어와서 살았어.

—3월 28일 마을회관에서 단독 면담

김영훈(1921년생, 김영배와 사촌 사이) 나이가 어리고 동네가 달라 몰라. 기억에 없어. 김영배는 집에 있지 않고 밖으로 쏘다녔어.

—3월 28일 집 앞 텃밭에서

마을 사람들의 기억 한켠에는 김영배가 경찰에 함부로 얘기해 마을에 피해를 줬다는 인상이 강하게 자리 잡고 있다. 마을 내부에서 투서한 것이 아니라 바깥에서 바깥 일로 투서했을 가능성도 있다. 만약 그렇다면 김영배는 그야말로 마을에 폐를 끼친 셈이다. 마을 사람들에게 1939년 여름은 미증유의 가뭄에 더해 경찰서와 지방법원에 증인으로 불려 다니느라 말 그대로 속이 타들어가는 시절이었다. 또한 해방 후 출옥했다는 마을 어른들의 기억이 워낙 강해서 다시 조사해보니 놀랍게도 김영배는 이후에 한 번 더 감옥에 갔다. 1945년 3월 3일 '국민징용(령) 위반'으로 징역 10개월을 판정받았다는 기록이 있다.[110] 그런데 앞서 보았듯이 이때 징용 선발을 맡았던 마을 구장은 오선근이며, 그를 뒤에서 조정한 것은 김인수였다고 한다. 과연 마을 바깥의 문제일까? 김영배를 가해자로, 마을 사람들을 피해자로 기억하는 것은 누구에게 유리한 기억일까?

기억의 다른 한켠에는 바른말 많이 한 사람, 애국자, 똑똑한 사람이라는 평이 있다. 지나가며 하는 말인 경우도 있지만, 마을 권력과 선을 그으며 헌신적인 애국사로 사리매김한 경우도 있다. 기억의 양극 시이에 점이

지대도 있다. 1938~1939년 김영배 사건을 가장 잘 알 법한 그의 동년배들(김영진, 김영훈)은 아래 세대와 달리 기억하기를 거부했다.[111] 이런 침묵은 김영배가 가해자라는 주류의 기억에 동조하는 것일까, 또는 다른 억압된 기억이 있는 것일까.

주류의 기억 뒤에서 이따금 다른 기억을 툭툭 던지거나 침묵하는 사람들이야말로 이 사건의 숨은 주인공이 아닐까? 먹고살기 위해서 마을 안팎의 질서(식민지, 지주제)를 따르며 바른말 참고 온순하게 살아야 했지만, 그래도 마음 한구석은 답답했을 것이다. 그들은 김영배의 위험천만한 말과 행위에 흥분하고 재미있어 하며 자신들의 욕구를 대리 해소하거나 더 나은 삶과 새로운 질서를 꿈꾸었는지 모른다. 김영배나 그 동생이 혼자 한 것처럼 말하고 자신은 뒤로 숨지만, 절체절명의 위기를 호소하는 주류(김동수)와 달리 의뭉스럽게 "큰 역할 안 했어" "나쁜 짓은 안 했다"며 김영배를 감싼다.

전쟁을 거치면서 김영배의 집안은 으께졌다. 현재, 그가 세웠다는 원두막은 물론이고 사랑방이나 집도 남아 있지 않다. 그가 투서의 배후로 지목했던 김인수는 1952년 면의회원에 당선되었다.[112] 6·25 이후 마을 사람들은 주로 김영선 집 사랑방에 모여들었다.[113] 마을 권력자는 위계질서가 관철되지 않는, 소란하고 수군거리는 김영배의 사랑방이 못마땅했는지도 모른다. 그런다고 수다가 사라질까. 여기에 바른말 잘하는 김영배 얘기를 전한다.

신설리패,
중국인 숙소에 불을 지르다

경성동북부, 1921

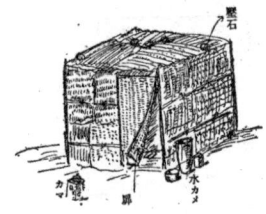 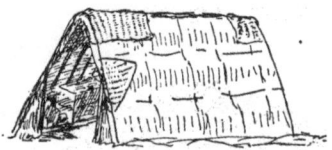 

토막의 형태

지번구획입대경성정도(地番區劃入大京城精圖) 제4호, 1936

두 지도를 비교해보면 1920~30년대 신설리·왕십리 지역의 변화상을 대략 알 수 있다. 특히 신설리(1936년부터 신설정)에 주거 지역이 늘었고 공장이 들어섰다. 이러한 도시화 과정에서 신설리는 도시 하층민이 거주하는 토막촌으로 이름이 났다. 그럼에도 여전히 주변에 농경지가 많았으며, 경마장 안도 농사 지역이었다. 그림에 보이는 토막은 일제 시기 하층민이 살았던 일반적인 집의 형태다(출전 : 京城帝國大學衛生調査部 編,『土幕民の生活·衛生』, 岩波書店, 1942).

현재 청계천에 성북천(안암천)이 합류되는 지점
청계천이 4시 방향으로 흐르고 아치형 다리 아래에서 안암천이 합수되고 있다. 가운데 건물 부근이 경마장 중국인 숙소가 있었던 곳으로, 신설리 패가 불을 질렀다. 합수되는 지점 바로 밑에 징검다리가 보이는데, 옛날에도 그 근처에 '검정다리'가 있었다. 이 지역 원주민이면 누구나 기억한다. 신설리 패는 이 다리를 건너 왕십리 중국인 집을 습격했다. 그들은 왜 그랬을까.

해방 직후 신설동 경마장 (1945. 10. 20)

한국마사회 동대문지점

1928년 신설리에 설립된 경마장은 해방 이후 한국전쟁이 발발하기 전까지 경기가 열렸고, 전쟁 이후 뚝섬(1954년)과 과천(1988년)으로 옮겨졌다. 신설동에 경마장은 사라졌지만, 현재 그 자리에는 한국마사회 동대문지점이 있어 스크린 경마가 열린다. 일제 강점기 유한층의 오락이었던 경마는 이제 대중의 오락이 되었다. 좋아진 것일까.

도시 하층민 신설리 패

1931년 반중국인 폭동은 일제의 계략인가, 민족주의 과잉 탓인가.
도시 근교에 새롭게 퇴적되고 있던 중국인과 조선인 하층 노동자 사이의 갈등.
이러한 갈등은 지금도 진행되고 있다. 오래된 미래.

왕십리와 신설리의 양 폭력단원 검거
―지난번의 소동을 기회로 하야, 수처數處에 방화한 악도惡徒

　지난번 조중인의 충돌 사건이 있었을 당시에 시외 왕십리 709번지 최봉길(25), 동 572번지 한계창(24), 동리 안원복(21), 이천길(24), 한갑동(18) 등은 왕십리 폭력단을 조직하고 시외 신설리 719번지 이복남(19, 본명 이호기―인용자), 동리 조경춘(20), 한추석(17), 이동천(23) 등은 신설리 폭력단을 조직한 후 부내 각 처에 있는 중국인에게 위해를 가하여 오든 중에 지난 6일은 두 폭력단이 협동하야 공모한 후 이복남이 주모자가 되어가지고 안암리 주재소 근처에 있는 중국요리점에다 불을 놓기로 하고, 우선 그것을 실행하려면 신설리 경마장 근처에 있는 중국인 집에다 불을 놓아 경관대와 소방대 등을 그곳으로 경계를 집중하게 하야 그 틈을 타가지고 안암리에다 방화를 하기로 하고 그날 밤 12시경에 신설리 경마장 근처에 있는 순칭푸孫慶富라는 중국인 집에 일단이 침입하야 모기장에다 석유를 끼얹어가지고 방화를 하야 1동 3호가 전소되었는데, 소관 동대문서에서는 이래 그 범인을 엄탐 중이든 바 14일까지 그 연루자를 전부 검거하야 방금 방화죄로 엄중한 취조를 거듭하는 중인데 4, 5일 내로는 검사국에 송치하게 되리라 한다.[1]

―〈매일신보〉 1931년 7월 16일자 2면

반중국인 폭동, 일제의 계략인가

〈조선일보〉 등은 1931년 7월 2일 중국 지린성吉林省 창춘長春의 만보산에서 조선 농민이 수로 문제로 중국인과 충돌하여 큰 피해를 입었다고 보도했다. 이에 격분한 조선인들이 7월 중순까지 조선 전역에서 중국인 가게와 집에 투석, 방화하고 중국인을 폭행한 사건이 일어났다. 앞의 〈매일신보〉 기사에 나오는 '조중인의 충돌 사건'이란 이를 말한다. 불을 지르는 데 그치지 않고 중국인을 때려죽인 경우도 있었다. 국제연맹의 조사에 따르면 당시 중국인은 사망 127명, 부상 393명, 재산 250만 원의 피해를 입었다.[2]

이 사건은 주로 '중국인 배척 사건', '화교華僑 배척 사건', '배화排華 사건', '배화 폭동' 등으로 불린다. 그런데 명칭에 중국인이 적절한가, 화교가 적절한가? 사건의 피해자에는 조선에 정주한 화교뿐 아니라 철따라 조선을 왔다 갔다 하는 계절노동자가 다수 포함되었다는 점에서, 또 오히려 그쪽이 사건의 핵심이라는 점에서 '중국인'이 더 적절하다. 다음으로, 배척인가 폭동인가? 배척은 너무 포괄적이다. 여러 가지 배척 행위 중 하나가 폭력일 텐데, 1931년에 일어난 일은 집단의 비조직적인 폭력 행위를 뜻하는 '폭동'에 가깝다. 굳이 명칭에 중립적이고 모호한 '사건'이란 단어를 쓸 필요는 없다. '반중국인 폭동'이라 이름 하겠다.[3]

그간 반중국인 폭동을 보는 시각은 크게 두 가지로 나뉘었다. 하나는 일제의 계략설로, 1978년 박영석의 연구가 이를 대표한다. 일제가 만보산 사건에 대한 과장 왜곡 보도를 사주하여 조선에서 조선인과 중국인의 충

반중국인 폭동의 피해
위 : 폐허가 된 평양의 화교 거리
아래 : 인천의 수용소로 피신한 중국인들
(출처 : 이옥련, 『인천 화교 사회의 형성과 전개』, 인천문화재단, 2008)

돌을 야기하고, 이것이 다시 중국 동북 지역에서 한국인에 대한 중국인의 보복으로 이어지면, 이를 구실로 중국 동북 지역을 침략한다는 계략으로 이 폭동을 유도했다는 것이다.[4] 이러한 일본 계략설은 당시에도 제기되었다.[5] 물론 당대 사람들의 인식은 그 자체로 연구 대상이지만, 그것이 다 사실에 들어맞는 건 아니다. 사건 하나하나가 일본의 대륙 정책과 무관한 것은 아니지만 각각이 각본처럼 연결된 것인지는 의문이다. 최근에는 계략설의 근거가 부족하고, 만보산 사건에서 '만주사변'에 이르는 연쇄의 인과관계가 확실하지 않다는 비판이 제기되고 있다.[6]

민족주의 때문인가

반중국인 폭동을 보는 또 하나의 시각은 민족주의 폐해론이다. 대표적으로 한홍구는 2003년 『대한민국史 2』에서 '평화를 사랑한 백의민족? 그 감춰진 역사'라는 제목 아래 첫 번째 소재로 반중국인 폭동을 다뤘다. 그는 "화교에게 가해진 압박과 차별과 불관용의 역사는 단일민족사회를 표방하는 배타적인 한국 민족주의의 부끄러운 자화상"이라면서 이 폭동을 "우리 민족의 순진한 동포애와 출로를 잘못 찾은 민족주의가 일본 제국주의에 이용당한 비극적인 사건"으로 보았다.[7] 앞의 계략설을 인정하면서도 어디까지나 문제의 초점은 민족주의에 두었다. 이후 이 사건은 한국 민족주의의 배타성과 폭력성을 증명하는 사례로 자주 회자되었으며, 역으로 이것이 기준이 되어 "민족의식의 오용"을 보여주는 이 사건에 대해 반성하지 않는 당대 작가들을 비판하기도 했다.[8] 민족주의 폐해론은 민족주의의 문제점을 환기하며 반성과 성찰을 유도한다는 긍정적인 측면이 있다. 물론 이 사건에 '동포애'나 민족 감정이 크게 작용했다는 점은 부인할 수 없다. 그러나 민족주의가 사건의 핵심일까.

애초 이 사건을 보는 틀로 민족주의를 제시한 것은 조선총독부 측이었다. 조선총독부가 1932년 국제연맹의 방문 조사에 대비해 작성한 문서와 그 바탕이 된 자료를 보면, 사건의 원인으로 조선 농민에 대한 중국 관민의 계속되는 압박, 이에 따른 조선인의 "맹렬하고 예민"한 "민족적 감정과 반감"을 들었다. 이러한 상황에서 만보산 사건 보도→민족 감정 자극→"보복적 폭행"이 일어났다는 것이다. 사건의 책임은 우선 중국에, 그 다음은 조선인에게 있다는 소리다.[9] 이러한 민족주의 프레임이 숨기는 것은 무엇일까.

사태 파악을 위해 1923년 일본 관동대지진 때와 비교해보자. 그때 일본에서 수천 명의 조선인이 학살되었다. 그러나 조선에서 그로 인해 보복 살해된 일본인은 한 명도 없었다. 1931년 만보산 사건에서 실제 조선인은 한 명도 죽지 않았는데, 조선에선 중국인 100여 명이 보복 살해당했다. 이 차이는 무엇을 말해주는가?

첫째는 정보와 물리력을 쥐고 있는 조선총독부의 역할이 중요했다는 점이다. 관동대지진 때 보여준 조선총독부의 기민한 대응(정보의 통제와 단속, 역선전, 재일 조선인 및 재조 일본인 통제 등)[10]은 반중국인 폭동 때의 느슨한 대응과 대조된다. 1931년 조선총독부 경무국 보안과장이었던 다나카 다케오田中武雄가 "조선인을 괴롭혔으니 뭐 중국인이 조금 당해도 이는 자업

자득이 아닌가" 하고 생각해 단속을 늦췄다는 증언은 유명하다.[11] 살인이 가장 많이 일어난 평양 지역의 경우 폭동이 격렬해진 7월 5일 밤 치안 책임자들은 태평하게 연회를 즐겼음이 밝혀졌다.[12] 조선총독부의 직무 태만이 '일제'의 계략 아래 치밀하게 계획된 것인지는 모르겠지만, 폭력을 방지하지 못한 책임은 조선총독부에 있었다.

둘째는 어떠한 상황에서도 발현되는 한결같은 민족주의나 민족 감정은 없다는 점이다. 관동대지진 때 조선총독부가 아무리 통제하고 단속했어도 조선인 학살 소식은 곧 한반도에 알려졌다. 그러나 사소한 충돌은 있었지만 이렇다 할 보복은 없었다. 조선총독부 당국자는 3·1운동에 필적하는 봉기가 일어나지 않을까 걱정했지만 전체적으로 평온하게 지나가서 안도했다.[13] 1923년과 1931년 사이에 갑자기 조선인들의 동포애가 깊어진 것이 아니라면, 민족주의 또는 그 배타성·폭력성도 결국 관계의 산물이라고 생각하는 쪽이 더 합리적이지 않을까. 분노와 폭력은 대상에 따라 억제되거나 발산되었다.[14] 민족 감정 자체보다는 그것이 작동되는 관계와 구조에 주목할 필요가 있다.[15]

또 다른 시각, 도시화와 갈등

1931년 반중국인 폭동의 원인으로 중국 노동자의 급격한 유입과 그로 인한 조선 노동자와 갈등에 주목할 필요가 있다.[16] 이러한 계급 내 갈등을 조장했던 측은 중국 노동자의 유입으로 이득을 본 자본가, 지주, 인력 브로커와 조선총독부였다. 구조적으로는 노동청부제, 식민지 자본주의에 기인하는 바가 크다. 폭동의 원인과 구조에 대한 분석은 다른 자리를 빌려 하기로 하고, 이 글에서는 폭동의 행위 주체와 공간에 좀 더 집중해보겠다. 그럴 경우 시야에 들어오는 것은 도시 하층민과 도시 주변 지역이다. 이 사건으로 유죄판결을 받은 자들의 직업을 보면 각종 고용인, 직공, 노동, 그리고 무직으로서 도시 하층민에 해당하는 경우가 많았으며,[17] 주소도 신설리·왕십리 패처럼 도심보다 근교가 많았다. 중국인도 대부분 도시와 그 근교에 거주하였다. 1920년대 초반 자료를 보면 그들은 "농촌보다도 오히려 도회지와 그 근교에 생활의 본거를 두고 상업 농업 노동 등"에 종사했다.[18] 반중국인 폭동 당시 중국인의 일자리는 공사장과 탄광의 위치에 따라 도시에서 멀리 떨어진 경우도 있었지만, 여전히 도시와 도시 근교에 많았다.

페르낭 브로델Fernand Braudel이 "도시가 존재하기 위해서는 아무리 작더라도 자신의 제국을 지배해야 한다"고 말했듯이, 도시의 본질은 인구의 많고 적음과 같은 수치가 아니라 주변 지역과의 권력관계이다.[19] 도시는 종속적인 주변 지역이 필요하며, 주변 지역에는 도시를 지탱하는 각종 일을 하면서 생계를 유지하는 사람들이 모여든다. 도시화 과정에서 이 주변인들, 도시 하층민 사이에 갈등이 나타나곤 하는데, 갈등의 근원을 파헤치다 보면 그 뿌리가 도시, 즉 권력(자)에 닿아 있는 경우가 많다. 1931년의 반중국인 폭동도 도시화의 긴 역사 속에서 일어나는 사회 갈등 중 하나이다. 계급 내 갈등 위에 민족 간 갈등이 겹쳐진 식민지 조선의 도시 폭동으로 볼 수 있다. 앞의 방화 사건은 당시 반중국인 폭동이 한 사례에 불과하고 전형적 모습이라 하기도 힘들지만, 폭동 전체의 특징들이 곳곳에 나타난다.

신설리·왕십리 패: 직공과 야채농

앞의 방화 사건은 조선총독부의 한글판 기관지 〈매일신보〉에만 실렸다. 보도된 7월 16일이면 폭동이 진정되고 중국인들이 서서히 일자리에 복귀할 때다. 같은 신문에는 평양 대동강 토목공사장에서 일하는 중국인 인부의 사진도 실렸다.[20] 같은 날 조선총독부 경무국은 "평정한 상태"로 되돌아갔다고 판단하여 그간 보도 금지했던 사건 내용 일부를 해제하고 그때까지 파악한 사망자 수를 발표했다.[21] 이제 폭행자를 잡아 벌주는 일만 남았다. 그래서인지 신문 기사 표현이 과격하다. 이전의 "동포애"로 흥분한 "군중"이 "폭력단", "악의 무리"가 되었다. 다행히 당시 이들을 취조한 검경의 신문조서 및 재판 기록이 남아 있어 좀 더 자세한 상황을 알 수 있다.[22]

이 방화 사건으로 처벌받은 사람은 신설리 패 5명, 왕십리 패 3명이다 (〈부표 2〉참조). 이들의 거주지는 경성부에 사는 두 사람을 제외하면 고양군 숭인면 신설리, 같은 군 한지면 상·하왕십리로 경성부의 동쪽 근교다. 이곳은 1936년에 가서야 경성부에 편입되었다. 경성부 2인의 주소도 숭인동과 창신동으로, 근교와 맞닿아 있는 변두리다. 이들의 직업을 보면 직공 2인(고무공과 철공), 목공·고인雇人·무직 각 1명, 야채 재배 및 판매자 3명이다. 폭동 중 두려워서 중간에 돌아온 신설리 패 2인의 직업도 직공(가구공, 고무공)이고,[23] 죄가 경미하여 처벌받지 않은 왕십리 패 2인의 직업도 직공이었다. 직공이 가장 많고 다음이 야채농·야채상이었다. 수입은 전부 월 20원 이하였다. 떡집에 고용살이하는 이동천은 하루 30전밖에 못 받았다. 1934년 경기도 지역의 성인 노동자 평균 임금이 1일 1원 2전, 한 달에 25일 작업한다고 가정하면 월 25원 50전이었다.[24] 이렇게 보면 그들은 평균 이하의 임금을 받는 자들로, 노동시장의 하층에 속했다. 집안 형편도 그리 좋지는 않았던 것 같다. 근대 초등교육을 어느 정도 이수한 사람이 한추석, 이호기 정도다. 월사금을 낼 형편이 아니었던 것이다.

직공이 많았던 것은, 이곳에 공장이 있기도 했지만 도심에 일자리가 있더라도 거리가 가까운 편이라 출퇴근하기 편했기 때문이다. 하층 노동자일수록 교통비와 긴 통근 시간은 부담스러울 수밖에 없다. 또한 이 지역의 야채 재배는 유래가 오래되었다. 조선 후기 '동부채東部菜 칠패어七牌魚'란 표현에서 알 수 있듯이 야채는 한성 동부 지역의 것을 제일로 쳐주었고, 특히 왕십리 미나리가 유명했다.[25] 일제 시기 이 지역의 야채 재배를 대표하는 상징물이 용두리의 경성부 오물처분장이다. 7월 6일에 앞서 4일에 신설리 패는 청계천가 '경성부 오물 운반 궤도'를 따라가다 중국인 숙소에 진입했다. 7월 6일 왕십리 패 역시 그랬다(현장검증 지도 ① 참조). 경성부에서 배출된 분뇨는 일단 동대문 근처에 모았다가 궤도를 통해 안암천(현 성북천) 건너 용두리 오물처분장에 부려졌다. 경성비료회사는 이 분뇨를 주변의 야채농에게 판매했다.[26] '왕십리 똥파리'의 진원지이다.[27] 요컨대 신설리·왕십리 패는 주로 직공과 야채농·상으로, 도시 주변에 살며서 도시에 필요한 노동력과 식량을 공급하는 하층민이었다.

불황의 최저점

반중국인 폭동의 배경으로 1931년이라는 시점도 중요하다. 일제 강점기 경제는 1919~1915년 정체, 1915~1920년 성장, 1920~1931년 불황과 잇단 공황, 1931~1937년 성장, 1937~1945년 전시 경제의 형성과 붕괴로 나눠볼 수 있다. 1920년대는 불황의 연속이었다. 쌀값 지수는 1919년 100에서 1931년 38로 하락했다. 이 시기 농민은 살기 위해 도시로, 만주나 일본으로 이주하였다. 1926년 전체 인구 가운데 11%를 차지하던 세민細民·궁민窮民·걸인은 1931년 28%로 늘었다. 실업도 늘어나 1920년대 이후 총인구 대비 무직자의 비중이 지속적으로 증가했으며, 1930년대 초반 3년간은 무려 10% 이상 급증했다.[28] 사건이 일어났던 1931년은 불황의 최저점이었다.

불황에도 그나마 일자리가 많은 곳은 도시와 그 주변이었다. 1920년대에 들어서면 거의 모든 도시에서 꾸준히 인구가 증가했다. 1920년에서 1930년까지 14개 부府의 인구는 평균 88% 총 55만 6,131명이 증가했으며, 자연 증가를 뺀 사회 증가가 43만 3,000명을 넘었다. 대부분 농촌에서 도시로 전입한 경우다. 경성은 같은 기간 59.3%, 14만 6,000여 명이 늘었다. 경성은 특히 부府 구역보다 주변 면·리의 인구 증가율이 높았다. 같은 기간에 인접 면은 평균 140% 증가했다. 신설리는 무려 191% 증가했고,

상·하왕십리는 55~59% 증가했다. 처음에는 근교나 경기도에서 이주해왔으나 점차 중·남부 지방과 같은 먼 지역으로부터 이주도 늘었다. 농촌을 떠나 도시 주변으로 모여든 이들은 도시 빈민이 되어 토막촌을 형성하기도 했다. 신설리는 대표적인 토막촌이 있던 곳이다.[29]

이런 불황의 판에 등장한 것이 중국 노동자였다. 조선 내 거주 중국인의 수는 1920년 2만 3,000여 명에서 1930년 6만 7,000여 명으로 증가했으며, 그 사이 직업의 중심이 상인에서 노동자로 변화했다. 더욱 주목되는 현상은 봄에 왔다가 겨울에 돌아가는 계절노동자다. 1920년대 말이면 인천항에 매년 들어오는 '제비'가 만 명을 넘어섰다. 그들에게도 나름 절박한 이유가 있다. 대개 산둥 지역 출신이 많았는데, 전란과 자연재해로 먹고살기 막막했던 것이다.[30] 이들은 각종 공사장에 고용되어 도시 하층민의 생계를 위협했다. 한 신문은 "민족적 감정에서가 아니라 생존권의 자위"를 위하여 중국 노동자를 배척해야 한다고 주장했다.[31]

경마장과 중국 노동자, 조선 소작농

이런 시대상은 고스란히 사건 현장에 응축되어 있다. 방화가 일어난 다음 날 7월 7일, 경찰은 현장을 검증하고 지도를 그렸다. 현장 지도를 보면 방화된 건물은 경마장 울타리 안에 있다. "경마장 근처에 있는" "중국인 집"이라는 신문 보도와 다르다. 경마장과 중국인은 어떤 관계인가? 경찰은 같은 날 경마장 관리인 마쓰모토松本隆雄를 증인으로 불러 물었다.

"경마장 구내에 거주하는 중국인은 경마구락부 고용인가, 중인 개인의 고용인가?" "경마구락부 사용인이다." "어젯밤 소실된 건물은 거주 중국인 소유가 아니고 경마구락부 소유인가?" "그렇다."[32]

경마장 관리인 마쓰모토의 증언을 종합해보면 이렇다. 경마장 구내는 경마 코스 이외는 거의 경지로, 농민에게 소작을 주었다. 대부분 조선인이 소작했지만, 수년 전부터 중국인에게 소작을 주었다. 그들의 거주용으로 3년 전 경마장 안에 숙소를 세웠다. 중국인들은 봄에 와서 가을 수확이 끝나면 귀국했다가 이듬해 봄에 다시 왔다. 1931년 그해에는 중국 산둥성에서 순칭푸孫慶富(39세), 주진시朱金錫(35세)와 그의 처, 그 외 몇 명이 와서 2정보가량의 땅에 야채를 재배했다. 급료로 1인당 한 달에 18원을 지급했는데, 실제 순씨와 주씨가 데리고 온 자들에게 얼마를 주었는지는 알 수 없다. 관리인은 순씨와 주씨 외엔 처음 보는 사람이라며, 이름도 모르고 몇 명인지도 헷갈렸다. 증인으로 재판에 출석한 순칭푸에 따르면 총 8명이었고 본인은 3년 전부터 이곳에서 일했다.[33]

신설리 패와 왕십리 패가 불 질렀던 집은 경마장의 중국인 농업노동자 숙소였다. 이곳에 경마장이 세워진 것은 1928년이었다.[34] 1922년 설립된 사단법인 조선경마구락부朝鮮競馬俱樂部는 주로 한강변에서 경마 시합을 벌였으나, 잦은 범람으로 시합할 수 없는 날이 많았다. 안정적인 경기장을 확보해야 했다. 결국 동양척식주식회사(이하 '동척')로부터 신설리 남쪽 청계천 변에 5만 평가량의 부지를 대여받아 경마장을 짓고 1928년 가을부터 시합을 개최했다.[35] 순칭푸의 증언으로 볼 때 조선경마구락부는 초기부터 중국인을 고용하여 경마장 안의 경지에서 야채를 재배했던 것 같다.

동척은 어떻게 이 땅을 소유했을까. 동척은 1908년 설립될 때 대한제국에게서 출자 형태로 1만여 정보의 토지를 획득했고 1910년대 그 주변의 땅을 매입했는데, 이쪽 지역은 대한제국의 소유지가 많았기 때문에 그 과정에서 동척이 땅을 소유하게 된 것 같다. 토지를 이용하는 조선인들은 동척과 마찰이 잦았다. 1923년에는 용두리와 신설리의 동척 소유지에 살던 주민들이 동척이 다른 땅 주인에 비해 집세를 너무 많이 받는다고 항의했다. 1평당 경성부는 지세 1전 4리씩, 다른 조선인 지주들은 아예 안 받거나 7전가량 받았으나, 유독 동척만이 1921년 15전을 시작으로 매년 5전씩 올려 받아 1923년에는 25전을 징수하려 했다. 이에 주민 일동은 조선총독부에 진정서를 내고 이 기회에 신설리에 소작인상조회 지부를 세워 동척과 교섭하려 했다.[36] 이들은 대부분 동척 땅에 집을 짓고 동척 땅을 부쳐 먹는 소작농이었다. 신설리 패 조경춘의 집도 땅 주인은 동척이었다(부표 2) 참조).

경마장 설립 이후 그 땅에서 농사짓던 소작농은 어떻게 되었을까? 1928년 12월 〈조선일보〉는 '동대문 밖 경마장으로 다수 주민이 살길 막연'이라는 제목의 기사를[37] 실었는데, 이렇게 시작한다.

> 시외 동대문 밖에 있는 경성경마장으로 말을 하면 금년 봄부터 개설된 것인데 돈 있고 시간이 남는 일부 계급의 좋은 향락 기관이 되어오든 중, 원래 그 땅으로 말하면 사만여 평의 토지 전부가 동양척식주식회사의 소유지로 사오십 명의 조선인 소작인들이 매년 그 땅에 값비싼 소작료를 물어가며 갈아오던 것을 동척에서 하루아침에 전부 해약을

신설리 패, 중국인 숙소에 불을 지르다

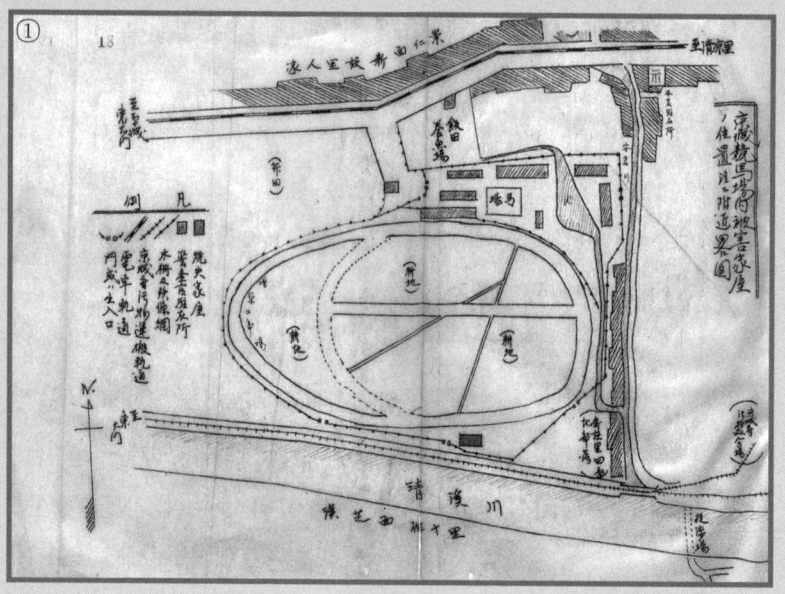
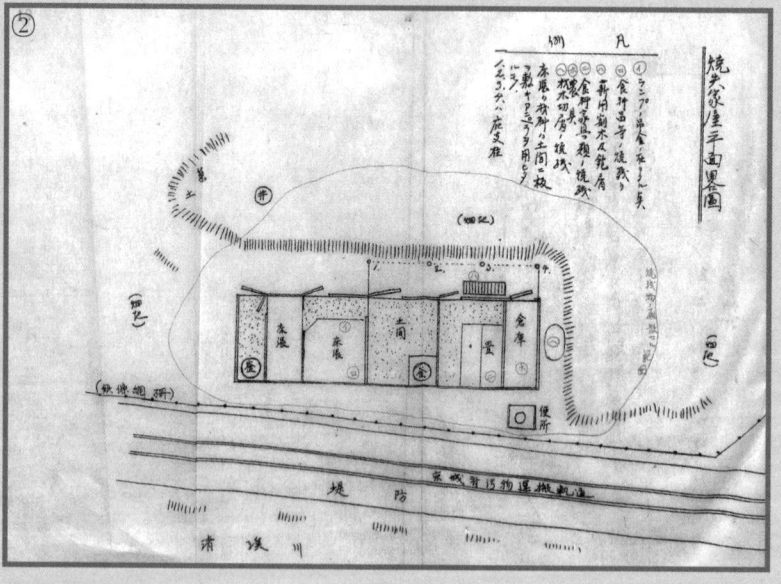

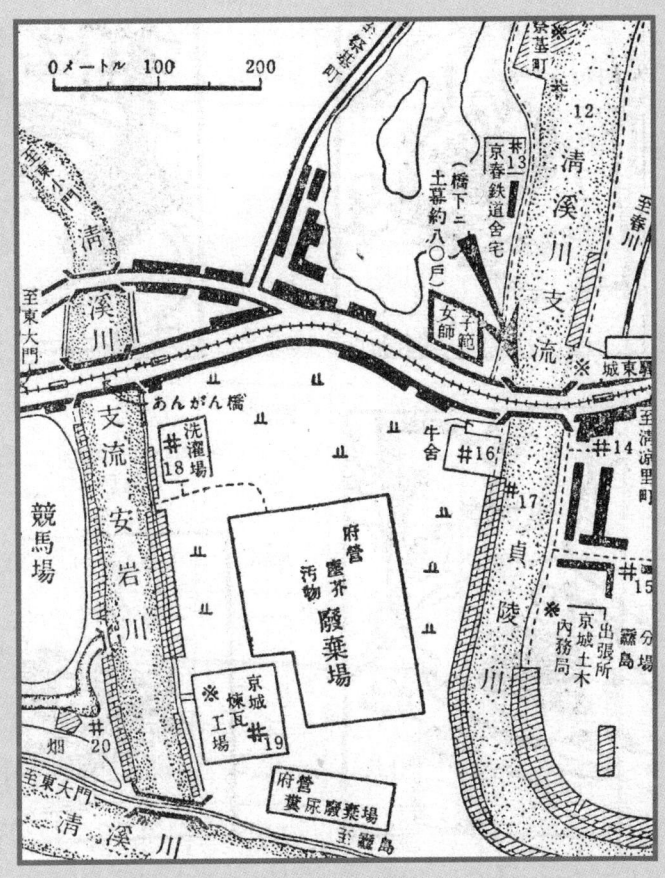

현장검증 지도 ①
1931년 7월 신설리 경마장 중국인 숙소 방화 사건 현장 지도
京城地方法院, 『刑事事件記錄 記錄號 1931 刑4788호』에 수록(국사편찬위원회 소장).

현장검증 지도 ②
중국인 숙소 세부도. ①의 하단 네모 부분.
京城地方法院, 『刑事事件記錄 記錄號 1931 刑4788호』에 수록(국사편찬위원회 소장).

1940년경 경마장 인근 지도(위)
신설리와 용두리. 천변에 빗금 친 부분이 토막민 거주지이다.
京城帝國大學衛生調査部 編, 『土幕民の生活·衛生』, 岩波書店, 1942, 301쪽.

시키고 십개 년의 기간으로 다시 경마장에 빌려준 것인 바, 이렇게 여러 해를 그 땅을 갈아 먹어오던 다수 소작인들은 경지를 전부 빼앗기게 되자 (…)

소작인들은 다 같이 모여 동척과 경마장 측에 진정했지만, 동척은 "우리와 무관"하다고 했다. 경마장 측은 동척에서 빌린 땅 가운데 경지는 15,000~16,000평에 불과한데, 이미 소작인에게 다소의 금전 보상을 했으며 아직 해결 못 지은 것이 있지만 큰 문제가 아니라 했다. 이용자와 소유자의 분쟁은 1930년대 주택 개발 붐에 따라 동척이 이 지역 소유 경지를 택지로 개발하려 할 때 또다시 재연됐다.[38]

1928년 말 1929년 초, 경마장 측은 기존의 소작 관계를 해소하고 새로 농민과 고용 계약을 맺어 경작을 시킨 것 같다. 이때 중국인 노동자도 고용되었다. 1929년 11월 〈동아일보〉에 '중국인 2명이 부녀를 능욕'했다는 기사가 실렸는데, 경마구락부가 고용한 중국인 왕씨 2명이 이웃에 사는 같은 고용 조선인의 처를 강간한 사건이었다.[39] 소작인이 아니라 고용인으로서 조선인과 중국인이 만나고 있다. 1931년 7월 방화 사건 당시 총 8명의 중국인이 숙소에 머물며 2정보, 즉 6,000평의 땅을 경작했다고 하니, 나머지 경지는 조선인이 경작했을 것이다.[40]

왜 중국인을 고용했을까? 1924년 경성부의 중국인 야채 재배에 관한 조사 자료를 보면 이런 대목이 나온다. 조사자가 일본인 농업 경영자에게 고용인으로서 중국인과 조선인의 우열을 묻자 "중국인은 경작, 기타 일 하는 태도에서 다소 일본인에 가깝고, 또한 노력을 아끼지 않으며 근면하다. 하지만 조선인 고용인은 좌우간 불평이 많고 재배 기술에서도 중국인보다 열등하며, 게다가 급여도 도리어 저렴하지 않은 관계상 중국인을 고용하는 것이 좋다"고 했다. 이미 1924년 무렵 경성부와 근교에 일본인 농가의 중국인 고용이 현저하게 증가하고 있었다. 일본인 지주만 그런 것이 아니었다. 경성 인근에서 밭을 소유한 조선인도 중국인에게 소작을 주고 있었다.[41] 1931년 반중국인 폭동으로 평양 근교의 중국인 야채 재배자 200호의 90%가 귀국함에 따라 그 지주인 조선인이 소작료 및 대여한 농경 자금을 못 받게 되어 피해가 적지 않았다.[42]

인력 브로커와 방帮, 노동 통제

그런데 순씨나 주씨, 왕씨는 어떻게 알고 신설리 경마장까지 오게 되었을까? 조선경마구락부에서 중국 산둥성에 모집 광고를 냈나? 아니면 무작정 조선에 들어와서 떠돌다 신설리로 흘러들었나? 1928년 한 해 인천항에 입국한 중국 노동자 수는 3만을 헤아렸다.[43] 이역만리의 고용주와 고용인을 연결해주는 누군가가 있지 않고는 불가능하다. 앞의 강간 사건에서 실마리를 찾아보자. 중국인 왕씨는 조선인에게 맞아 다치고 돈도 잃어버렸다며 중국영사관에 신고했고, 그 조선인 처는 중국인을 강간죄로 고소했다. 중국영사관 측은 중화노공협회中華勞工協會[44] 전무간사 이케다池田傳吉에게 화해 주선을 의뢰했다. 중화노공협회는 1929년 경성에서 '중국 노동자 간의 연락, 생활 향상, 고용주와 노동자 간 투쟁의 미연 방지 및 해결'을 목적으로 결성되었다. 회원 자격은 '중국 노동자, 그와 관련된 화교'로 했지만, 필요한 경우 일본인의 가입도 인정했다. 이에 대해 이정희는 중국 노동자의 고용주가 대부분 일본인이었던 점을 고려하여 그들의 보호와 구제를 원활히 추진하기 위해서였다고 해석한다. 협회는 노동자관리원을 두어 노동자 모집과 일 소개를 담당하게 했으며, 회원인 중국 노동자를 대신해 경찰서와 고용주를 상대했다. 대신 회원은 회비로 매월 30전을 내야 했다.[45] 문제의 왕씨가 중화노공협회의 회원이었는지는 확실치 않으나, 당시 중국인 노동자가 어떤 방식으로 조선에 오고 일자리를 얻었는지 중화노공협회는 잘 보여준다. 전무간사 이케다는 1931년 3월 산둥성 즈푸芝罘(현재 옌타이烟臺) 항구에도 나타났다. 당시 즈푸 일본 영사가 외무대신에게 보고한 문서가 남아 있다.

경성에 본부를 둔 중화노공협회 이사 이케다池田傳吉는 (…) 장훙하이張鴻海 등을 동반하고 3월 1일 인천에서 해로로 이곳에 도래하여 지나 측의 양해도 얻고 우리 이와키岩城상회의 후원하에 산둥山東 쿨리(苦力) 약 600명을 모집 완료하고 이곳 지나 상인의 (…) 소유선 (…)을 임시로 빌려 근일 중 이곳을 출항하여 인천으로 수송하려는 바, 이는 부산부터 목포에 이르는 전주철도 부설 공사에 사역시키려는 것이다. 동 노공협회는 종래 안동, 톈진天津 방면에서 쿨리를 모집하였는데, 이들 지방 출신 쿨리는 소질이 양호하지 않고 또한 조선인 쿨리는 동맹파업 등의 위험성이 있어 금번에 유순하고 노동성이 풍부한 산둥 쿨리의 모집을 시도하고 그 성적에 따라 더 모집할 수 있다고 한다. 조선 내 임금은 쿨리 우두머리(苦力頭)가 1원 내지 1원 50전, 보통 쿨리가 80전가량이고, 고용 기간 약 6개월로 공사 준공 뒤에는 귀국 여비를 지급하는 계약이라 한다.[46]

1929년 경성에 설립된 중화노공협회가 다음 해까지 청진, 평양, 원산, 인천, 함흥 등에 분소를 설립하여 전국망을 갖춘 것을 보면, 당시 중국 노동자 중개업이 성행했음을 알 수 있다. 이케다의 예에서 보듯이 이러한 인력 중개업은 현지 사정에 밝은 중국인의 협조 없이는 불가능했다. 사업주는 노동자 모집을 위해 중국인 감독을 중국에 파견했다.[47] 이미 조선에 들어와 일하고 있던 중국인이 직접 고향에 다녀오는 경우도 많았을 거다. 산둥성 출신의 목공 왕전성은 1906년 한성에 정착한 뒤 세 차례 고향에 가서 마을 주민을 모집해왔다. 그들은 대부분 건축 노동을 했으며 왕전성은 대외 업무에만 전념했다.[48] 이런 인력 중개업은 수요와 공급 쌍방이 정보에 어두운 상황에서 양자를 연결해줌으로써 받는 수수료로 이익을 보았을 것이다.

또한 이케다와 중화노공협회의 사례는 사업주가 중국 노동자를 왜 선호했는지 잘 보여준다. 일 잘하고 인건비 저렴하고 유순하기까지. '유순'의 비밀은 방(幫)이라는 중국 노동자 특유의 조직에 있었다. 방은 한 명의 쿨리 우두머리(苦力頭)가 다수의 쿨리를 관리하고 통제하는 조직으로, 우두머리와 쿨리는 같은 고향 출신인 경우가 많았다. 우두머리는 십여 명에서 많게는 몇 백 명의 쿨리를 두고 사업주와 교섭하여 이들의 일거리를 마련해주는 대신, 절대 복종을 요구하고 임금 일부를 걷어 이익을 취했다. 경마장의 순씨는 작은 우두머리라 할 수 있다. 중국 노동자가 조선에 와서 일하기 위해서는 이러한 방에 들어가야 했다. 우두머리는 중간 착취자로서 그 도가 지나친 경우 쿨리의 저항도 심심찮게 받았다. 당시 조선 노동자는 중국 노동자에 비해 "단체적 훈련"이 부족하다는 평가를 받았는데, 이 훈련은 방에 의한 노동 통제 및 관리를 말한다.[49] 중화노공협회는 이러한 방이 대형화·기업화한 것이라 할 수 있다.

이런 방식의 중국 노동자 유입은 결국 조선 노동자의 임금을 낮추고 저항을 막는 효과를 가져왔다.[50] 경마장 관리인은 중국인 고용자雇傭者가 "오랫동안 성실하고 정직하게 일"한다고 했다.[51] 조선인 고용자도 경마장 땅을 부쳐 먹기 위해서는 중국인 고용자의 수준으로 임금과 노동 강도를 맞추지 않을 수 없었을 거다. 이렇게 생존의 끄트머리에서 조선인 농민·노동자와 중국인 노동자가 만났으니 서로 으르렁거릴 수밖에. 1920년대 중반부터 공사장이나 사업장에서 양측 사이의 충돌과 폭력 사태가 끊이지 않았다.[52]

만보산 사건은 '불난 곳에 기름'

1931년 7월의 반중국인 폭동과 그 이전의 폭력 사태가 다른 점은, 참여 범위가 직접적인 이해 당사자를 넘어 도시 하층민 전반으로 확대되었다는 것이다. 여기에는 만보산 사건 소식이 큰 역할을 했다. 불난 곳에 기름을 끼얹은 꼴이다. 왕십리 패 한갑동은 "동네 사람들"의 말을 전한다.

"중국에서 조선인이 중국인에게 상해를 입고 있으니 조선에서도 중국인을 괴롭혀주어야 한다."[53] 신설리 패 조경춘도 "중국 놈을 두들겨주자고 일반에서 말하던 때"라 했다.[54] 검경이 경마장 방화 사건의 주동자로 지목한 이호기(이복남)는 일제 측이 바라는 모범 답안을 말한다. 만보산 사건을 다룬 〈조선일보〉 호외를 보고, 또 경성에서 중국인 습격이 일어났다는 소식을 듣고, 친구들에게 중국에서 조선인이 "살해"되었으니 우리도 보복하자고 했다.[55] 고삼길은 "중국인이 하는 짓에 화가 나 있었던 터"라 "즉시 승낙"하고 동참했다.[56]

그런데 '맨땅에 기름'은 그다지 위험하지 않다. 검사나 판사의 신문에 몇몇은 '만보산 사건은 모른다. 같이 가자고 해서 따라나섰다'고 대답했다.[57] 물론 발뺌일 수도 있다. 검경은 원인을 만보산 사건 쪽으로 몰아가려 했지만, 이들을 움직인 또 다른 직접적인 동기가 있었을지 모른다. 왕십리 패 한갑동은 7월 6일 밤 신설리 패가 이렇게 말하는 것을 들었다. "경성에서 조선인이 중국인에게 살해되었으므로 중국인을 습격하러 간다".[58] 경성은 아니지만 바로 이웃인 신당리에서 실제 그런 일이 벌어졌다. 먼 죽음의 소문보다 가까운 실제 죽음이 그들을 더 흥분시켰을 거다. 또한 한추석은 검사나 판사의 신문에 일관되게 만보산 사건에 대해 모른다, "엄중한 수사"와 "고문" 때문에 거짓 자백했다며 방화 혐의 자체를 부인했다. 판사가, 그러면 왜 조선인들이 중국인 집을 습격한 것 같냐고 묻자 "농작물인가 뭔가의 일로 조선인과 중국인 사이에 싸움이 있었기 때문"이라고 답했다.[59] 야채 재배자로서 일상적인 경험, 경쟁자 중국인을 바라보는 시선이 묻어난 진술이다. 신설리·왕십리 패를 따라 경마장 방화

사건이 벌어졌던 시공간으로 들어가보자.

일상적인 경쟁과 이웃의 죽음

〈표 1〉은 조선총독부 경무국이 정리한 피해 상황 중 신설리, 왕십리 등 경성 근교 동부 지역에서 발생한 사건을 모아본 것이다. 두 가지 특징이 발견된다. 하나는 농업 또는 야채 재배와 관련된 것이 많다. 자료상으로 확실한 것만 6건이다(①, ⑥, ⑦, ⑧, ⑯, ⑰). 또한 ⑱은 바로 경마장 방화 사건이고, ⑤는 현장검증 때 채소 종자류가 집 안팎에 흩어져 있던 것으로 보아[60] 주거자가 야채 재배자였을 거다. 동부채東部菜 생산자로서 중국인이 늘어나고 있는 상황, 조선인들이 그들을 눈여겨보고 있었다는 점을 말해준다. 직업이 드러나지 않은 나머지 피해자도 농업 종사자일 가능성이 높다. 다른 하나는 7월 4일 밤 신당리에서 조선인이 사망한 사건(⑨) 이후 과격해졌다는 점이다. 이전까지는 투석이나 구타에 그쳤으나, 이후는 주거 침입, 파괴, 폭행, 방화에 이르고 있다.

신당리 충돌은 경무국 조사와 신문·잡지의 보도에 따르면 이렇다. 7월 4일 오후 9시쯤 후지이藤井농장에 고용된 중국인의 집으로 주변에 있던 중국인들이 피신해 있었다. 조선인들이 들이닥치자 패싸움이 벌어졌다. 그 와중에 조선인 노동자(미장이 또는 날품팔이) 1명이 멜대(또는 곤봉)에 맞아 중상을 입고 경성제국대학병원으로 호송되었으며, 다른 1명은 경상을 입었다. 이때 다수 중국인은 장충단을 넘어 중국영사관으로 피신했다.

〈표 1〉 1931년 7월 경성 근교 동부 지역의 반중국인 폭동 상황

월일	시간	장소	폭행 상황	피의자	피해
7. 3	02:00	① 한지면 신당리	일본인 고용 중국인 2명이 야채 수레를 끌고 경성으로 가는 도중 1명이 조선인에게 구타당함	조선인 2명	구타
7. 4	01:20	② 한지면 신당리 127 중국음식점 潘振堂	투석		유리 3장, 빈지문 1장
	〃	③ 한지면 신당리 117 중국인 孫文昌	〃		유리 7장
	〃	④ 한지면 신당리 21 중국 빵집 週學奎	〃		유리 2장
	01:30	⑤ 한지면 왕십리 304 중국인 陳福芝	십수 명의 조선인이 주인을 불러도 두려워 나오지 않자 앞문 파괴		앞문 1장
	15:00	⑥ 한지면 신당리 중국인 昭元利	밭의 야채 탈취	조선인 3명	양배추 41주
	17:15	⑦ 숭인면 신마리 중국 농부 許心仁	"너희 나라로 돌아가지 않으면 모두 죽여버리겠다"고 언어 폭력	조선인 15~16명	
	18:00	⑧ 숭인면 신설리 중국 농부 徐壽春	머리 구타, 도주	조선인 2명	구타
	21:10	⑨ 한지면 신당리 (무학정)	중국인 40여 명과 조선인 100여 명 충돌		조선인 1명 사망, 1명 부상
	22:00	⑩ 한지면 신당리 內田賢次	조선인 300명, 內田賢次의 집에 피난 온 중국인 6명을 내놓으라며 담 파괴		담 파괴
	22:30	⑪ 한지면 신당리	조선인 300명과 전기前記 중국인 6명 충돌, 2명에게 중상을 입힘		2명 중상
	22:15	⑫ 숭인면 청량리 중국인 10명	조선인 20명, 중국인 가옥에서 폭행	조선인 30명	폭행
	22:30	⑬ 숭인면 돈암리 중국인 약 10명	조선인 중국인 가옥에 침입, 기물 파괴	조선 아동 1명 체포	(기물 파괴)
	22:30	⑭ 숭인면 제기리 78 중국인 牟益濟	학생 같은 남자 40명쯤 나무 울타리(枝堺) 파괴		울타리 파괴
	23:00	⑮ 숭인면 돈암리 중국인 田所登, 劉鳴德	조선인 13명 침입, 가구 파괴, 폭행	13명 검속, 취조 중	가구 파괴
7. 5	03시쯤	⑯ 숭인면 안암리 숭국 농부 玉承怒	조선인 아동 약간 명이 지붕 파괴, 밭의 야채 훔침		지붕 파괴, 야채 도난
	03:30	⑰ 숭인면 안암리 중국인 玉承怒	빈집의 문 및 가구 파괴, 도주		가구 파괴
7. 6	23:30	⑱ 숭인면 신설리 중국인 朱金錫	경성으로 피난한 빈집에 방화로 의심		피해액 30원쯤

자료: 朝鮮總督府警務局, 『鮮內ニ於ケル支那人排斥事件ノ槪況』, 1931. 7, 별지 2 '피해 상황표'에서 정리. 동일 사건으로 의심되어도 나열했음.

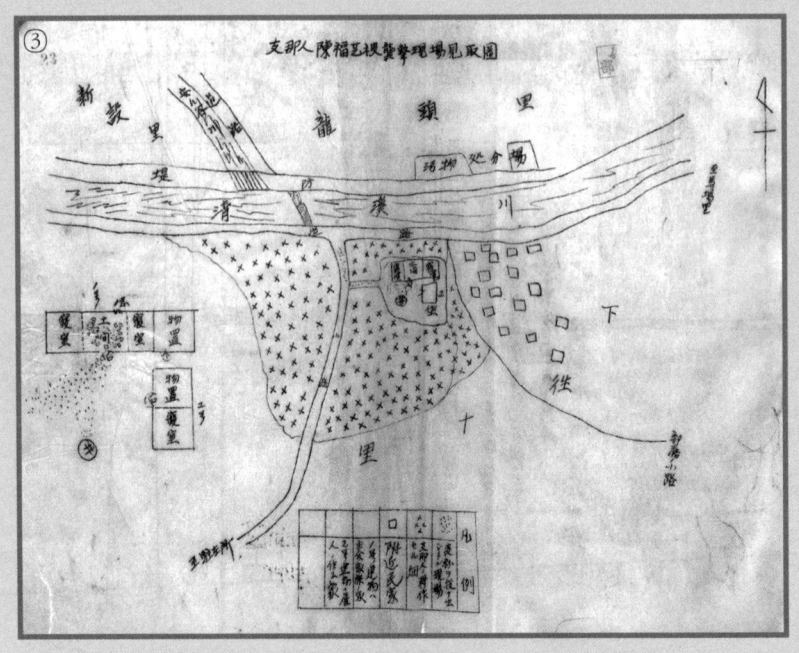

현장검증 지도 ③ 왕십리 중국인 천푸즈 습격 상황
'×' 표시는 중국인이 경작하는 밭이다. 집 안팎에 채소 종자류가 흩어져 있던 것으로 보아 천푸즈는 야채 재배자였던 것 같다.

격분한 조선인들이 일본인 소유의 중국인 숙소를 습격하여, 남아 있던 중국인 미장이 2명이 중상을 입었다. 아울러 주위에 있는 중국인 집 두 곳이 방화됐다. 경찰이 출동하고 다음 날 오전 2시가 돼서야 해산했다. 보도 해제되기 전이라 신문에는 중상을 입은 조선인에 관해 '행방불명' 또는 '병원행'으로만 기사가 나갔지만, 한갑동의 말을 신뢰한다면 적어도 7월 6일이면 인근 주민에게 사망 소식이 알려졌을 거다. 조선인에게 맞서 싸웠던 중국인 숫자는 40여 명에서 70여 명까지 자료마다 다르다. 어떤 신문은 그들을 농민이라 했으나 경무국은 그들의 직업을 특기하지 않았다. 대규모 농업 지역이 아니라는 점, 현장이 채석장이었다는 보도, 부상자의 직업 등을 감안하면 근방에 중국 노동자가 동원된 채석장이나 토목·건축 공사장이 있었던 것 같다.[61]

신설리 패는 이호기의 선동에 따라 7월 4일 오후 10시쯤 경마장 내 숙소를 1차로 습격했다. 중국인은 경마장 관람석으로 대피한 뒤라 빈집이었다. 주거 침입, 건조물 가재 파괴. 바로 뒤이어 청계천 건너편 왕십리에 있는 중국인 천푸즈陳福芝의 집을 습격했다. 이미 주거자는 피신한 뒤였다. 아마 〈표 1〉의 ⑤번 사건 뒤 중국영사관으로 피신한 것 같다. 역시 주거 침입, 건조물 및 가재 파괴. 그로부터 이틀 뒤 7월 6일 오후 11시 30분쯤 앞의 〈매일신보〉 7월 16일자 기사와 같이 이호기의 호기 있는 계획에 따라 신설리 패는 마침 놀러 왔던 왕십리 패와 만나 경마장 내 중국인 숙소에 방화했다. 7월 4일에는 주거 침입과 가재 파괴에 그쳤으나 7월 6일에 불까지 지른 것은 신당리의 조선인 사망 소식을 들었기 때문이 아닐까.

군집성, 가진 자와 권력자에 대한 불만

신설리 패, 왕십리 패에 관한 신문조서나 재판 기록은 치안유지법 위반 등 사상범과 달리 죄가 명확하고, 이유도 만보산 사건 하나면 충분해서 그런지 간단하다. 경찰의 신문에 피의자들은 우선 잘못했다고 빌고 시작한다. 검사나 판사 단계에 가면 고문 때문이라며 전 단계의 진술을 번복하기 일쑤다. 자료 자체가 소략해서 이들의 삶과 생각을 알기 부족하지만, 몇 가지 실마리를 통해 그 일면을 엿볼 수 있다.

군집성, 혹은 잦은 상호 접촉. 조선총독부 경무국은 일시에 조선인 군중이 모여 봉기할 수 있는 이유로 "조선인은 여름에 집 밖에 모이는 관습"이 있다고 했다.[62] 이는 주거 시설이 변변치 못한 도시 하층민의 실정을 말해준다. 신설리 패의 한추석은 습격과 방화가 있던 날 신설리 전차 정류장 부근에 모인 이유에 대해, "그곳은 평소 청년들이 모이는 곳"이다, "나도 놀러 갔었는데, 다른 사람들도 나와 있었"다고 했다.[63] 왕십리 패는 "왕십리의 큰 나무가 있는 곳에 모여서 놀고 있던 중" 신설리 쪽으로 술이라도 한 잔 하러 가자는 한계창의 제안에 모두 청계천을 건넜다.[64] 특별한 약속 없이도 전차 정류장이나 마을 큰 나무 밑으로 나가면 언제나 친구들을 만나고 세상 얘기를 나눌 수 있었.

가진 자에 대한 불만. 신설리 패가 7월 4일 밤 경마장 중국인을 습격하러 안암천을 따라 내려갈 때 천변의 점포에서 축음기 소리가 흘러나왔다. 일행 중 한 명이 "중국인과 조선인이 충돌하고 세상이 불안한데, 이곳 놈은 축음기를 틀고 즐기고 있다니 괘씸하다"며 야단을 쳤고, 주인은 축음기를 꺼야 했다.⁶⁵ 축음기는 당시 도시의 모던 문화, '스위트 홈'의 상징이었다. 이는 당시 중국인 상점 및 점포에 대한 투석, 중국요리집을 드나드는 신사에 대한 행패와 함께 가진 자에 대한 하층민의 선망과 질시, 불만이 투영된 것으로 볼 수 있다.⁶⁶

권력자에 대한 불만. 이호기의 계획—경마장 중국인 숙소에 불을 질러 경찰과 소방대를 그곳으로 집중시키고, 그 사이에 안암리 경찰주재소 옆에 있는 중국요리점을 습격한다—에 대해 본인은 부정하지만 왕십리 패와 신설리 패 여럿이 들었다고 증언했다. 이것이 사실이라면 권력에 대한 명확한 불만과 도전이다. 사실이 아니더라도 일본인이 운영하는 경마 구락부의 울타리를 앞장서서 넘은 순간 이미 권력과 가진 자에 대한 도전은 시작되었다. 다른 사람에 비해 이호기의 형량이 높은 이유가 여기에 있을 거다. 반중국인 폭동으로 유죄판결을 받은 자 중에는 경관에게 투석했거나 상해를 입힌 자가 4명 있다. 경찰과 군중의 공방전이 벌어진 인천 외리에서는 파출소가 습격받았다. 인천의 한 신문사 지국장은 경찰 당국이 너무 중국인을 보호하고 조선인을 압박한다며 경찰관 공격을 선동했다.⁶⁷ '주재소 옆 중국집'은 중국인과 이를 비호하는 권력을 잘 상징한다.

지역 대물림

조선시대 동대문 인근 지역은 하촌, 즉 아랫대라고 했다. 이곳에는 훈련도감의 하도감이 위치했기 때문에 군교층軍校層이 집단 거주했다. 또한 동대문 밖에서 미나리, 배추, 무 등을 경작하는 사람들도 많이 거주했다. 이곳 사람들은 서울 주민 중 최하층이었기 때문에 어투도 사납고 상스러웠다.[68] 신설리 패가 경마장의 중국인 숙소를 습격·방화하기 50년 전쯤, 이 근방에서 '임오군란'이 일어났다. 주체는 하급 군인을 포함한 도시 하층민이었다. 당시 동대문 안팎으로 저항이 제법 있었는데, 개항 전후 근대화·도시화 과정에서 소외된 동부 지역민이 관청의 부당한 수탈에 대해 벌인 항거였다.[69]

1939년 봄 경마대회를 앞두고 동대문경찰서는 관내의 "불량 신사"를 83명이나 검거했다(사진 참조). 경마 관람하는 유한층을 위한 환경 미화였을까. 여기 지역민을 쓰레기 취급한 적이 또 있다. 1960년대 말 박정희 대통령이 도시 미관을 위해 판잣집 철거를 지시하자, 서울시는 신설리·왕십리 일대의 청계천 변 판자촌 주민들을 청소차와 군용차로 실어 경기도 광주(현 경기도 성남시)로 날랐다. 아무런 기반 시설 없는 천막촌에 쓰레기처럼 버려진 이들이 분노하여 일으킨 것이 바로 1971년 '광주 대단지 사건'이다.[70]

현재 동대문에서 신설동 쪽으로 걷다 보면 골목마다 재봉틀 소리, 옷감과 옷 나르는 소리로 분주하다. 동대문 의류시장이 커지면서 변화한 모습이다. 땅에도 운명이 있는 것 같다. 주변은 중심에 맞추어 산다. 외국인 노동자와 그들이 이용하는 음식점도 눈에 자주 띈다. 언제쯤 '동일노동 동일임금'이 가능할까.

신설동에 경마장의 자취는 찾아볼 수 없다. 다만 그 자리에 한국마사회 지점이 있어 서민들의 호주머니를 노리고 있다. 왕십리 패가 청계천을

"가두의 불량 신사 83명을 검거!"
1939년 5월 7일자 『동아일보』 2면에 실린 사진. 1939년 봄 경마대회를 앞두고 동대문경찰서는 도시 경관 미화를 위해 관내의 "불량 신사"를 일제 검거했다.

왕십리 패가 모여서 놀던 은행나무(175쪽)와 주변의 현재 모습(위)
은행나무는 성동구의 보호수이다(지정번호 4-4). 주변은 현재 '왕십리 뉴타운' 사업 지역으로 아파트 건축 공사가 진행 중이며, 은행나무는 보호 철책에 둘러싸였다. 땅의 역사가 바뀌는가, 은행나무는 앞으로 무엇을 보게 될까.(ⓒ성동구청)

건너기 전, 그 밑에 모여서 노닥거렸다는 큰 나무는 여전히 살아 있다.[71] 수령 400년이 넘는 은행나무라 하니, 연암 박지원의 소설에 나오는 예덕 穢德 선생이 근방으로 똥을 퍼 날랐을 때부터 이 지역과 사람들을 지켜봤을 것이다. 그것도 이제는 못할 것 같다. '왕십리 뉴타운' 사업으로 아파트들에 갇힌다.

김창환,
살아서 불온한 낙서, 죽어서 불온한 역사

매동심상소학교의 조회 광경

해안초등학교(구 매동심상소학교)

불온 낙서 사건의 무대인 해안면 매동심상소학교의 당시(상단)와 현재(하단) 모습이다. 일제 시기 사진에서 건물 오른편에 두 동이 신축된 것으로 볼 때, 1940년 4월 이후의 사진이다(출전 : 江原鄕土文化硏究會, 『楊口 抗日·反共運動 資料集』, 楊口郡, 1998). 낙서 사건이 일어난 3월에는 아직 공사 중이었다. 김창환과 그 친구들이 '불온 낙서'를 했던 곳은 건물 가장 왼편의 1학년 교실이다. 현재 해안초등학교에서 이 사건을 알고 있는 사람은 없었으며, 어떠한 기념물도 남아 있지 않다.

강원도공립사범학교 재학 당시 홍순창(왼쪽)

일제 말기 매돈심상소학교 씨앗 품평회

1926년 강원도공립사범학교를 졸업한 홍순창은 도내 여러 보통학교를 거쳐 1937년부터 해안면의 매돈심상소학교에 근무했다. 1939년 일본인 교장이 경성 출장을 불허하자 학생들에게 출품하지 말도록 하여 '품평회'를 무산시켰다. (출처: 고용근, 『고용근 자서전—내고향 해안면을 중심 무대로』, 창문, 2012)

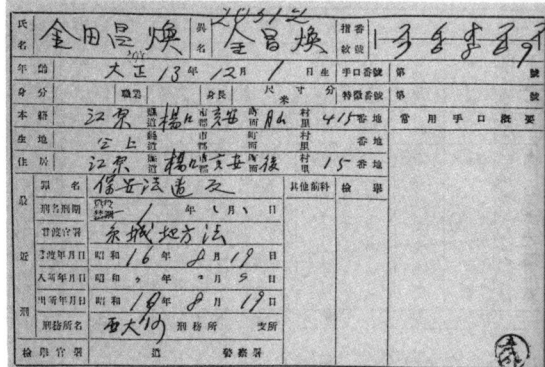

김창환 수형자 카드

매동심상소학교 놀이터

김창환은 도장에 '김장군(金將軍)'을 새겨 책과 공책에 찍으면서 "나는 조선 독립군의 대장"이라 했다. 물론 그랬다고 잡혀 간 것은 아니지만, 도장과 '불온 낙서'는 관련이 깊다. 아래 사진은 1941~1943년 무렵으로 여학생만 있는 모습이 이채롭다 (출처: 고용근, 『고용근 자서전—내고향 해안면을 중심 무대로』, 창문, 2012). 1940년 현장검증 지도에는 비슷한 위치에 회선 탑(回旋塔)이 표시되어 있다. 김창환과 그 친구들이 놀던 곳이다.

양구전쟁기념관
양구군은 한국전쟁 최대의 격전지였고, 이를 상징하듯 해안면에 '양구전쟁기념관'이 자리하고 있다. 지리학자 홍금수는 해안면의 역사지리가 한국전쟁을 거치면서 파국적 단절을 겪었으며 앞으로도 온전히 회복되지 못할 것으로 보았다. 그곳에 사는 사람들의 기억에는 여전히 전쟁의 그림자가 드리워져 있다.

산간벽지 소학생 김창환

교사와 학생들 사이의 '모욕의 공감대'
역사교육으로 되찾은 자존감
낙서는 여기서 시작되었다.

산간벽지 소학교의 교실 풍경

　1938년 4월 어느 날 강원도 양구군 해안면 매동심상소학교 5학년 교실. 담임교사 홍순창은 『초등국사』 제4과 '진구황후神功皇后'의 다음 대목을 읽었다. "황후는 수군을 이끌고 쓰시마(對馬)로 건너갔고, 이어서 신라를 향하여 진군했다. 군함은 바다에 가득하여 그 위용이 매우 성대하였으므로, 신라왕은 매우 두려워 즉시 항복하고 매년 공물 바치는 것을 결코 게을리하지 않겠다고 굳게 맹세했다." 그는 학생들에게 이렇게 말했다.[1] "당시 신라는 강국이었다. 일본군에 항복하고 공물을 바쳤다는 것은 전부 거짓이다."

　그로부터 2년 뒤, 1940년 3월 25일 매동심상소학교를 무사히 졸업한 김창환은 27일 오전 동기생 이병은과 함께 1학년 교실에 몰래 들어갔다. 또 다른 친구 이광훈은 복도에서 망을 봤다. 칠판에 아래와 같이 썼다.[2]

　　日本精神ヲ養フト共ニ(일본 정신을 양성함과 함께)
　　朝鮮精神ヲ養ヘ(조선 정신을 양성하라)
　　日本ハイシ(일본 폐지)
　　朝鮮トク立(조선 독립)

1941년 8월 경성지방법원은 홍순창洪淳昌(1904년생)에게 치안유지법 제 5조 '국체 변혁'을 목적으로 선동 선전한 죄를 적용하여 징역 2년, 김창환 金昌煥(1924년생)·이병은李炳垠(1923년생)·이광훈李光勳(1924년생)·남광숙南光淑(1923 년생)에게 보안법 제7조 '정치에 관한 불온한 언동'을 한 죄를 적용하여 징역 1년 집행유예 4년을 선고했다.[3] 여기서 '국체國体'란 천황이 군림하여 통치권을 총괄하는 것, '변혁'이란 그 통치권 총괄을 조금이라도 변경하려는 모든 경우를 의미한다. '조선 독립'은 천황의 통치권을 배척하고 그 영역을 줄이려는 시도이므로 "국체 변혁"에 해당된다.[4]

일본인 교장의 학생 구타와 동맹휴교

사건의 발단은 학생들의 싸움이었다. 1939년 9월 9일 토요일 수업이 시작되기 전 운동장에서 3학년생 김영창과 구보久保正治가 싸우기 시작하자 학생들이 모여들었다. 사무실에서 이를 본 교장 구보 이치로久保一郎가 나와서 둘을 밀어 쓰러뜨리고, 김영창을 끌고 가 사무실 앞과 안에서 똥오줌을 쌀 정도로 구타했다. 김영창의 얘기를 들어보자. "사무실 입구 현관에서 나의 뺨을 5, 6차례 구타해서 나는 무서운 나머지 생각지 않게 그곳에서 오줌을 싸버렸다. 그리고 사무실로 들어가자마자 교장 선생은 나에게 왜 싸우느냐면서 나의 뺨을 또 5, 6차례 구타하여 나는 무섭고 아파서 나도 모르게 또 그곳에서 똥을 싸고 말았다."[5] 교장은 학교의 유일한 일본인 학생이자 자기 아들인 구보를 더 많이 때렸다고 했지만, 주위 학

생이나 교사는 김영창이 더 심하게 맞았다고 한다. 경찰이 보기에도 "불공평"한 조치였다.[6]

선임 교사인 홍순창은 당시 사무실에서 교장에게 아들과 다른 학생이 싸운 것이니 자기에게 맡겨달라고 했으나, 교장은 듣지 않고 김영창을 구타했으며 교사들이 모이자 3학년 담임에게 "내선일체의 교육을 시키지 않아서 생도들이 싸우는 것"이라며 질책했다.[7] 홍순창은 담임을 맡고 있는 1학년 교실에 들어가자 눈물이 나왔다. 홍 교사를 따라 1학년 반으로 들어온 6학년생 남광숙이 "어찌하여 우시냐"고 위로하는 조로 여쭸다. 홍 교사가 "군들도 일본인 교장이 조선인 아동을 구타하는 것을 보았을 것이다. 그것이 슬프지 않으면 무엇이 슬프겠느냐. 나는 너희들 장래를 생각하여 울고 있다"고 하자, 함께 따라 들어간 6학년생 태반이 같이 울었다.[8]

김영창은 이후 3일간 결석할 정도로 뺨이 아팠다. 마침 감기도 걸렸지만 교장이 무서웠다.[9] 교장에게 학생이 호되게 맞았다는 소문은 해안면에 퍼져 나갔다. 9월 11일 월요일 등교 시간이 되었는데도 많은 학생들이 오지 않았다. 학교에서는 면장과 유지들에게 등교 독려를 부탁했으나 다음 날에도 결석이 많았다. 이날 해안면 이현리의 면협의회원이자 학교후원회 부회장인 안창린安昌獜이 학교에 와서 교장에게 항의했다. 교장이 사과하자, 마을로 돌아가 학생들을 등교시켰다.[10]

학생들도 움식였다. 9월 12일 안창린의 항의 방문에 고무된 몇몇 6학년생들은 '교장에게 배우기 싫다'는 뜻을 모았다. 급장 한국정韓國禎(1920년생), 윤원규尹元奎(1922년생) 등이 대표가 되어 사무실에 들어가 담임 변경을 요구했다. 한국정은 "구보 교장은 어떤 학과든지 가르칠 때 읽어주기만 하고 재미없게 수업한다"'지원병은 밥만을 먹어치우고 일은 하지 않는다는 등 욕설만 한다"며 불만을 말하고, "우리들은 그 같은 교장에게 교육받고 싶지 않으니 담임을 바꾸어달라"고 했다. 마침 교장은 없었다. 홍순창은 "잘 알았다. 나가 있어라" 했다. 다음 날 9월 13일 아침, 학교 퇴비사堆肥舍 부근에서 한국정은 6학년생들에게 "교장은 생도를 구타하고 교수방법도 좋지 않으므로 책을 싸서 귀가하면 어떤가. 그리하면 교장은 다른 학교로 전근 갈 것"이라고 말하여 동의를 얻었다. 1교시가 시작되자 한국정의 신호에 따라 학생들이 책을 싸서 귀가하려 했다. 담임인 교장과 홍교사가 말리는 바람에 그날 수업을 받기는 했으나 열심히 배우는 사람은 없었다. 9월 14일도 귀가 시도와 제지가 반복됐다.[11] 해안면 주재소에서 미야모토宮本正明 수석순사가 와서 설득하자, 6학년생 여성하呂成夏(1924년생?)는 "구보 교장에게서 배우고 싶지 않으니 교장은 학교에서 나가면 좋겠다"고 했다. 9월 15일 교장은 축음기를 틀어주며 학생들을 달랬으나, 딴 짓하는 학생도 있었다. 마침내 9월 16일 토요일, 담임이 바뀌었다. 6학년 담임은 홍순창이, 대신 1학년 담임은 교장이 맡았다.[12]

교장은 왜 한발 물러섰을까. 9월 13일 밤 교문 옆 게시판에는 다음과 같은 벽보가 붙었다.

교장 놈아 보아라.
우리들 학부형으로서는 돼지 같은 놈에게 아동들을 가르치게 할 수 없다.
개와 교미를 할 놈아, 빨리 짐을 싸가지고 돌아가라.

내선일체라는 것이 조선 아동들을 구타하여 똥오줌을 싸게 하는 것인가.

이 벽보는 학교 숙직실에서 소사小使(사환) 이치영李致榮(1920년생)과 윤원규가 문안을 고안하고 남광숙이 한글 한자를 섞어 붓으로 썼다(위의 벽보 내용은 일본어로 작성된 수사 자료를 다시 한글로 번역한 것이다). 남광숙은 "교장 선생은 부끄러워서 다른 학교로 전근 갈 것"으로 생각했다. 다음 날 9월 14일 아침 이치영은 자신이 의심을 받을까 두려워서 학생들이 등교하기 전에 벽보를 떼어 사무실에 신고했다. 교장과 교사들이 돌려 봤고, 교장은 주재소에 신고했다.[13]

교장은 벽보에 충격을 받았을지 모른다. 매동심상소학교에 일본인 교원은 그가 처음이고 혼자였다. 4,000여 명의 해안면민 중에서 일본인은 0.1%에 불과한 희귀한 존재였다. 아마 주재소 미야모토 순사가 상의할 수 있는 유일한 일본인이었을 거다⟨부표 4⟩ 참조). 두 사람 간의 대책 협의로 14일 미야모토 순사가 학생들을 설득하고 15일 교장이 축음기를 틀어주면서 달래기가 이어졌을 거다. 뜻대로 되지 않자 일단 학생들의 요구를 들어줬다. 지배자이지만 극소수인 일본인으로서 강온과 완급 조절이 필요했다. 교장은 이곳에 오기 전에 1933~1937년 횡성군 우천보통학교, 1938~1939년 홍천군 서석심상소학교를 거쳤으니, 조선인 학교가 처음은 아니었다. 그때도 소재지나 학교에 일본인은 드물었다.[14] 나름 겪어봤던 환경이지만 이번엔 달랐다. "학교를 위하고 지방을 위하여 (…) 집무에 열중했으나 어찌된 일인지 그 지방에서는 무언가 나쁜 풍습, 나쁜 사상"이

있는 것 같았다.[15]

그런데 경찰이 남광숙 등이 쓴 벽보에 대해 자세히 조사했는데도 정작 판결문에서 벽보는 언급되지 않았다. 또한 판사는 검사의 기소 내용 중 "동맹휴학을 기도하여 내선일체의 조선 통치에 관해 불온한 언동을 함으로써 치안을 방해했다는 점"도 죄가 되지 않는다며 주동자 한국정에게 무죄를 선고했다.[16] 아무리 험한 말이 쓰이거나 학생들이 태업을 해도 이는 어디까지나 학교 차원에서 해결할 문제이지 법원까지 올 죄는 아니라는 판단이다. 그렇다면 김창환이 "조선 독립"이나 "일본 폐지"를 낙서하지 않았다면 치안유지법이나 보안법을 적용하기 힘들었을 거다. 그가 낙서를 쓴 것은 학생들이 동맹휴학을 꾀한 때로부터 6개월 뒤였다. 그 사이 무슨 일이 있었던 걸까.

불온 낙서를 하기까지

1940년 3월 25일 졸업식이 끝난 다음 날 저녁, 김창환은 친구 이병은의 집에 가서 놀다가 교장 얘기를 꺼냈다. 교장은 졸업식 사은회 때도 졸업생들에게 조선 노래를 부르지 말고 일본 시라도 읊으라고 해서 학생들의 불만을 샀다. 김창환은 고민을 털어놓았다. "지난해 9월 김영창이 교장에게 맞았을 때 덩치 큰 애들이 동맹휴학을 권했으나 우리 작은 애들이 반대한 적이 있었는데, 그 후로 큰 아이들과 친구의 정이 엷어진 것 같다. 이번 기회에 남광숙이 수차례 권유했던 '일본 정신을 폐지하고 조선 정신을 기르라'는 낙서를 학교 흑판에 쓰면 어떨까?"[17]

김창환과 그 동기생들은 나이가 많았다. 소학교 졸업 당시 대부분 17~19세였고, 한국정은 22세나 되었다. 대부분 서당을 다니다가 1933년 해안보통학교(1938년 매동심상소학교로 개명)가 설립되자 입학했기 때문이다. 1934년 4월 김창환은 11세로 1학년에 입학했고, 남광숙은 12세로 2학년에 편입했다. 그러나 남광숙이 한 해 낙제했기 때문에 같이 졸업하게 되었다. 한국정은 17세인 1936년 6월, 3학년에 중도 입학하여 이들과 동급생이 되었다.[18] 결혼한 학생도 있었는데, 한국정과 남광숙이 그렇다. 나이가 많다 보니 갈수록 덩치에서 차이가 났던 것 같다(매동심상소학교 제6회 졸업식 사진 참조). 김창환이 말한 '덩치 큰 애들'이란 한국정·여성하·윤원규·남광숙 등으로, 이들이 교장 배척의 "급선봉急先鋒"이었다. 평소 큰 아이들과 작은 아이들이 따로 놀았기 때문에, 김창환은 큰 애들이 어떠한 협의를 했는지 모른다고 했다.[19]

남광숙은 벽보를 쓴 다음 날인가(1939년 9월 14일 또는 15일) 점심시간에 학교 취사장에 물 길러온 김창환에게 말했다. "구보 교장은 조선인 생도를 구타한 나쁜 놈이다. 그런 교장은 하루빨리 우리 학교에서 쫓아내야 한다. 나는 학교 게시판에 교장 욕설문을 써서 붙였다. 네가 '일본 정신을 폐지하고 조선 정신을 양성하라'고 낙서하면 교장은 반드시 다른 학교로 전근 갈 것이다." 10월 10일쯤에는 "이번에 닭이 없어졌는데 구보 교장이 훔친 것"이라며 하루빨리 교장을 쫓아내기 위해 낙서하라고 했다. 김창환은 그런 걸 쓰면 처벌당할 수도 있으므로 아무런 대답을 하지 않았다.[20]

김창환은 그해 10월 장티푸스에 걸려 휴학했다가 1940년 2월이 돼서야 등교했다. 남광숙이 또다시 "이제 학교에 나왔으니 빨리 써보라" 했다. 졸업식을 마친 뒤 친구들과 학교 철봉 부근에서 놀고 있을 때 남광숙이 "드디어 졸업했으므로 요전에 말한 것을 쓰라" 해서 마침내 결심했다. 그는 경찰에게 "남광숙은 성질이 몹시 거칠고 힘도 세서 그자의 말을 듣지 않으면 무슨 일이 일어날지 몰라 결심했다"고 했다. 해안면은 좁다. 평생 비겁자 소릴 들을 수 있다. 남광숙은 경찰에게 말했다. "김창환은 몸집이 작은 애들 가운데 대장 격이다. '김장군金將軍'이라는 도장까지 새겨서 자기는 조선 독립군 대장이라 뽐냈다. 가장 적임자이기에 권한 것으로, 김창환이라면 틀림없이 쓸 거라 믿었다."[21]

김창환이 덩치 큰 아이들과의 관계를 말하며 낙서 문제를 상의하자, 이병은은 일본 정신과 조선 정신만으로는 부족하다며 '조선 독립'을 써야 된다고 했다. 김창환은 "'조선 독립'을 쓰려면 '일본 폐지'도 써야 된다"고 했다. 이병은도 찬성하여 두 줄씩 나눠서 쓰기로 했다. 같이 잔 뒤 3월 27일[22] 아침에 일어나 이웃에 사는 친구 이광훈을 불러내 망을 봐달라 부탁했다. 이광훈은 졸업 직전 3월 1일에 국수 내기 화투놀이를 한 사실이 알려져 퇴학당한 상태였다. 졸업을 앞두고 가혹한 처사라며 교장에 불만이 있던 터라 흔쾌히 승낙했다. 김창환과 이병은은 1학년 교실에 몰래 들어가 칠판에 낙서를 하고 이광훈은 복도에서 망을 봤다. 김창환은 원래 첫째 줄에 남광숙이 권한 대로 "일본 정신을 폐지하고"를 쓰려 했다. 하지만 막상 백묵을 들고 생각해보니 민족의식이 농후한 뜻이라, 발각되면 엄중히 처벌받을 것 같아 "일본 정신을 양성함과 함께"라고 썼다. 셋째 줄부터는 이병은이 쓰기로 했으나 그는 처벌이 두려워 김창환에게 "글씨를 잘 쓰니 계속 쓰라"고 미뤘다. 김창환은 약속했던 대로 "日本 廢止 / 朝鮮 獨立"을 쓰려 했으나 일본어 가나를 섞어서 썼다. 한자가 생각나지 않아서라고 했지만 주저함의 반영일 수 있다. 학교 건물을 나서기 전에 전날 청소하면서 숨겨두었던 용지를 챙겼다.[23]

치안유지법으로 가는 길 : 배후가 있다!

낙서는 당일 교장이 처음 발견했다. 다음 날(3월 28일) 교장과 교사들은 선후책을 강구했다. 선임 교사 홍순창은 학교 내부에서 발생한 일이니 공개하지 말고 대내적으로 해결하는 것이 좋겠다고 했으나, 교장은 중대한 문제이므로 그대로 방치할 수 없다고 했다. 일단 홍순창이 조사를 맡았다. 그는 당일 학교 주변에서 목격한 위의 세 사람을 의심했고, 6학년생 전부를 불러 조사하자 낙서와 똑같은 필체를 쓰는 김창환이 자백했다. 김창환은 홍 교사를 따라 교장에게 가서 용서를 빌었다. 교장은 추궁하고 구타하면서 종이 훔친 것은 용서하겠으나 낙서는 중대하므로 간단히 용서할 수 없다, 참회한다면 행동으로 보이라며 꾸짖었다. 다음 날 김창환의 할아버지가 교장에게 찾아와 깊이 사죄했다.[24]

교장은 주재소에 낙서 건을 알렸고,[25] 미야모토 순사는 수시에 차수차여 상급 기관인 양구경찰서에 보고했다. 경찰의 초기 수사 보고서를 보면 사건이 커지지 않을 수도 있었겠다는 생각이 든다. 미야모토는 4월 11일 '불온 낙서' 건을 보고하면서 '엄벌할 것이냐 설유할 것이냐' 지시를 바랬다. 12일에는 혹시 이번 낙서 사건과 관련이 있을지 모르겠다며 지난해 9월 학교 게시판에 붙은 욕설문을 첨부하여 보고했다. 양구경찰서는 4월 15일 김창환과 이병은을 "불온 낙서 사건" 피의자로 임의동행하여 조사했다. 조사를 담당한 순사 이종섭李鍾燮의 결론은 이랬다. "본건은 구보 교장이 싸움을 제지하면서 경솔하게 조치했고 학교 직원들이 서로 융화를 이루지 못한 결과, 순진하고 티 없는 아동들에게 영향을 미쳐 불상사가 야기되었다." 다만 배후 관계에 대해서는 계속 내사 중이라고 했다. 4월 17일 양구경찰서장은 강원도경찰부장에게 이종섭의 조사대로 보고했다. 4월 23일 해안주재소 미야모토 순사도 "낙서의 동기는 교장을 배척하려는 의도에서 돌발적으로 감행된 것 같다", "본건에 대하여 현재 단체 관계 또는 배후 운동 등은 인지되지 않는다"고 추가 보고했다.[26]

그런데 5월에 들어서면 분위기가 확 바뀐다. 5월 19일 남광숙이 "보안법 위반 사건" 피의자로 임의동행되었는데, '보안법'이란 용어가 처음 등장했다.[27] 6~7월에 현장검증 및 관련자 집 수색과 함께 삼척으로 전근 간 교장에 대한 증인신문이 이뤄졌고, 추가로 한국정과 이광훈이 붙잡혀 왔다.[28] 8월 14일부터 김창환·이병은·이광훈·남광숙은 "치안유지법 위반" 피의자로 신문을 받았다.[29] 8월 18일 양구경찰서 경부보 히로타廣田勇, 동 순사 니시하라西原翼相(西原輝人)[30]는 경찰서장에게 불온 낙서 건은 치안유지법 위반 사건으로 판명되었고 주모자는 원주로 전근 간 홍순창이라고 보고했다.[31]

어떻게 "순진무구한 아동들의 불상사"가 "치안유지법 위반"으로 발전했을까. 교장은 1940년 4월 초 삼척 북삼北三심상소학교로, 홍순창은 5월

14일부로 원주 금대金岱간이학교로 전근되었다.³² 홍순창이 해안면에 있을 때까진 그 사건이 아직 "불상사"였다. 그가 전근 간 뒤 양구경찰서의 담당자가 순사 이종섭에서 신참 경부보 히로타³³와 순사 니시하라로 교체되고, 수사 방향도 보안법 위반 쪽으로 급선회한다. 그리고 삼척경찰서가 보내온 증인신문조서에서 전 교장 구보 이치로는 홍순창 등에 대한 "생도들의 신망이 너무나 두터웠다"면서 이렇게 진술을 마무리했다. "아무리 생각해봐도 어린 소학교 아동들이 나쁜 사상을 가질 리가 없는데, 그와 같은 나쁜 사상적 태도를 보인다는 것은 이면에 선동하는 자가 있는 것은 아닐까 생각된다."³⁴

수사 방향이 정해지면 신문조서는 원하는 대로 작성되기 마련이다. 김창환은 4월 15일 임의동행된 뒤 4개월 만인 8월 14일부터 15일까지 첫 신문조서를 남겼는데, 이후 졸업생 피의자들의 신문조서는 비슷하다. 대강 이런 식이다. 대부분의 피의자가 첫머리에 자신의 신상 정보를 말하면서 양반임을 밝힌다. 경찰이 "양반에 대한 대우가 바뀌어서 현 제도에 불만이 있는 거냐?"고 물으면 피의자는 "아니다. 학교 재학 중에 홍순창 선생에게서 여러 이야기를 듣고 불평을 갖게 됐다"고 답한다. 또 경찰이 "신문이나 책을 읽고 불만이 생겼나?"고 물으면 피의자는 "아니다. 홍 선생의 가르침을 받고 나서 생겼다"고 답한다. 그런 뒤 경찰이 홍 교사가 무엇을 가르쳤냐고 물으면 피의자는 줄줄이 늘은 이야기를 말한다. 사건의 줄기는 교사 홍순창이 수업 시간 등 기회가 있을 때마다 학생들에게 "민족의식"을 주입했고, 이것이 바깥으로 표출된 결과가 동맹휴교, 교장 욕설문, 불온 낙서라는 것.³⁵

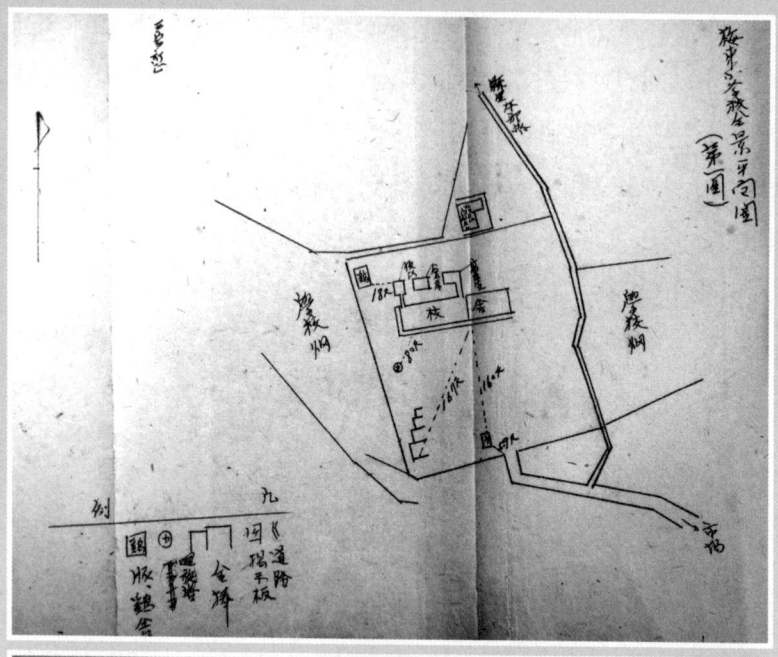

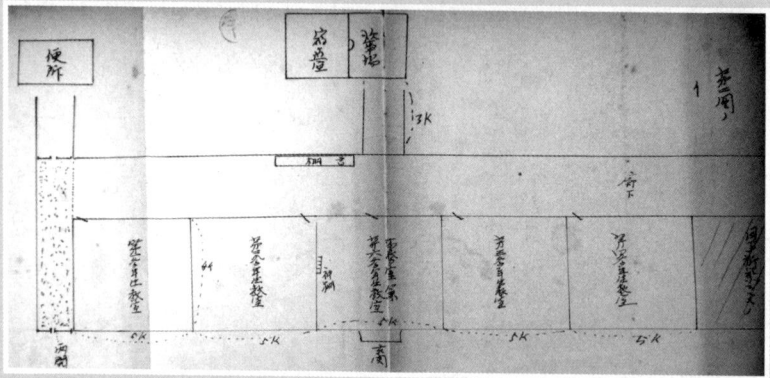

1940년 매동심상소학교 전경 평면도(위)와 교사 평면도(아래)
사건 당시 현장검증 지도로, 京城地方法院春川支廳, 『기록호 1940 刑1016號 1940 豫18호, 德山實 외 5명(治安維持法 違反, 保安法 違反)』(국사편찬위원회 소장 경성지방법원 형사사건 기록 중 보관번호 27-10)의 ⑫에 수록. 아래 교사 평면도의 제일 왼쪽 교실이 김창환이 낙서를 한 1학년 교실이다.

위 : 매동심상소학교 불온 낙서 사건의 주인공들
1941년 6월 서대문형무소 수감 사진. 왼쪽부터 김창환, 이병은, 이광훈, 남광숙, 한국정이다.
아래 : 1940년 3월 매동심상소학교 제6회 졸업식 사진
아랫줄 왼쪽에서 4번째가 구보 이치로 교장, 5번째가 홍순창이다. 홍하표 옹(홍순창의 아들로서 당시 졸업생) 소장.

홍순창의 역사교육과 불만

　홍순창의 피의 사실은 경찰 수사 단계에서 15가지였던 것이 검사의 수사를 거치면서 7가지, 통합하여 5가지로 추려졌다. 쌀 이출이나 '창씨개명' 같은 식민정책에 대한 비판과 함께 역사교육 관련 사항이 다수를 차지한다. 치안유지법을 적용하기 위한 선택이었겠지만, 그만큼 국체, 즉 천황제와 역사(역사교육)의 깊은 관계를 말해준다. 홍순창이 김창환 등에게 역사를 가르쳤던 1938~1939년 무렵은 '천황 중심의 역사' 교육이 강화되면서 향토사 수준으로 겨우 남아 있던 '조선사'가 일본사에 일원적으로 통합되던 시기다. 이러한 변화가 반영된 것이 조선총독부가 소학교 역사 교재로 새롭게 편찬한 『초등국사』이다. 이제 조선사 관련 서술은 분량도 줄고, 그 내용에서도 한일 관계를 중심으로 '내선일체'와 함께 '병합'의 정신과 의의만 강조되었다.[36]

　식민 지배는 자신에 대한 과잉 긍정과 타인에 대한 체계적인 부정을 필요로 한다. 이것을 동시에 만족시키는 것이 바로 역사다. 진구황후의 신라 정벌 신화는 대표적인 예다. 옛날부터 일본은 한국보다 우월했고 한국을 지배했으니 지금의 지배는 당연하고 자연스런 재결합이라는 이야기. 일본에서 8세기 이래 전해져 내려오는 '천 년의 스토리'는 근대 역사학의 뒷받침을 받으며 역사교육을 통해 유포되었다. 이제 일본에서는 '국민적 상식'이 되었고, 바다 건너 한반도에선 식민 지배를 정당화하는 식민주의의 핵심 논리로 기능했다.[37]

　홍순창의 대응도 긍정과 부정이다. 다만 그 대상이 바뀌었을 뿐이다.

〈표 1〉 홍순창의 피의 사실

	경찰 의견서		법원 판결문
1	역사교육 : 진구황후의 신라 정벌은 허위	1	홍순창 일부 부인
2	역사교육 : 고려자기 등 조선의 우수성		
3	역사교육 : 망국의 원인-이성계의 정몽주 살해		
4	교장의 김영창 구타 때 학생들의 장래 걱정에 눈물(선동)	2	인정
5	1학년생 일본어 교육 걱정		
6	금강산 수학여행 때 동맹휴교에 대한 아쉬움 토로		
7	교장의 출장 불허에 대해 불만 토로, 학생의 출품을 금지해서 품평회 무산		
8	불량한 학습 태도를 보인 학생을 망국과 연결하여 혼냄		
9	일본의 착취로 쌀 부족	3	일부 부인
10	'창씨'제도 비판	4	일부 부인
11	교장 훈화('조선에도' 위인이 있다)에 대한 비판		
12	교장 훈화(농사로 孝·忠)에 대한 비판		
13	역사교육 : 망국의 원인-당쟁, 안중근의 저항	5	일부 부인
14	가봉(加俸) 등 내선일체의 허구 설명		
15	교장에게 변명할 내용을 김창환에게 지시		

자료 : 京城地方法院, 「昭和16年 刑公第1238號 判決」, 1941. 8. 19.
* 번호는 원 자료의 일련번호이다.

"낭시 신라는 강국이었다. 일본군에 항복하고 공물을 바쳤다는 것은 전부 거짓이다."[38] 고려자기·위인들·안중근은 긍정, 즉 조선의 자긍심을 대표하는 증거다. 물론 망국의 원인을 얘기한다. 그러나 식민사학에서 민족성으로 고착시키기 위해서 얘기하는 것과 반성·극복의 맥락에서 얘기하는 것은 다르다.[39] 일본의 식민 지배를 자연스러운 것으로 받아들이지 않는 한 망국의 원인을 생각해보는 것은 당연하다. 그의 역사 수업에 한계가 없는 것은 아니지만,[40] 그는 공들여 만들어진 신화와 교과서를 현장에서 전복했다.

식민지 교육 현장에서 홍순창처럼 민족의식을 고취하는 역사를 가르친 교사는 얼마나 될까? 1930년대 중반 이후 사상 통제에 의해 교사는 지식인보다 관료에 가까워졌다. 당시 초등학교 교사는 수험 과정에서 체득한, 왜곡되고 부정으로 가득 찬 '조선사'를 가르쳤다.[41] 물론 이러한 통념을 깨는 사례들도 있었다. 1931년 개성의 송도고등보통학교 교사 이용우는 '조선사' 수업 시간에 '항일 창가'를 가르쳤다. 1943년쯤 김제의 치문국민학교 교사 황염규는 한국의 유구한 역사를 강조하며 항일 정신을 고취했다.[42] 당시 중등학교 교사였던 이만규는, 민족의식을 말하고 그것이 발로가 되어 법망에 걸린 자도 각처에 상당히 많았지만 복종 제일주의로 돌아서서 교육적 이념도 양심의 가책도 없이 지낸 자가 대부분이었다고 한다.[43] 전반적으로 민족 교육을 당연한 것으로 간주하기 어려운 상황이었다. 홍순창 나름의 이유를 찾아보자.

홍순창은 '왜 그랬냐'는 경찰의 질문에 두 가지 불만을 말했다. 하나는 봉급에 나타나는 차별 대우다. 당시 일본인 교직원에게는 조선인과 달리 본봉 외에도 가봉加俸(일종의 식민지재근수당)과 숙사료가 더 지급되었다.[44] 홍순창은 1926년 3월 말 강원도공립사범학교 특과를 졸업하고 훈도가 된 뒤 "매월 봉급일"이면 "내심 불평"이었다.[45] 다른 하나는 일본인에게서 받은 모욕이다. 그들은 우월감을 가지고 조선인을 모욕했다. 일본인은 관공서 직원 간에도 그룹을 만들어 조선인이 가까이 오는 것을 배척했다.⁴⁶ 그러고 보니 홍순창의 교육 내용이나 피의 사실 중에는 모욕에 대해 학생들의 감수성을 자극하는 것이 있다. 교장이 조회 시간 중 박영효朴泳孝의 성대한 장례식과 관련해서 조선에도 위인이 있다고 학생들에게 훈화하자, 홍순창은 '조선에도'라는 말은 조선인을 모욕하는 거다, '조선에는' 위인이 많다고 했다(〈표 1〉의 11).⁴⁷ 『초등국사』의 진구황후 서술에 대한 비판도 모욕에서 촉발되었다. 당시 매동심상소학교에는 시각 자료로 '신국사연대표新國史年代表'라는 게 있었다. 홍순창은 그 연대표에 실린 "신라왕이 무릎을 꿇고 진구황후에게 항복을 하는 그림"을 본 뒤 불쾌하고 원통해서 "거짓말"이라고 가르쳤다.⁴⁸ 이러한 불만을 품고 있던 차라, 1938년 미나미南次郎 조선총독이 조선 통치의 대방침으로 '내선일체內鮮一體'를 내걸자 기만책이라 여겼다.⁴⁹

홍순창의 불만은 전시 통제 시기에 일본인 교원의 증가, 이를 통한 동화 정책의 강화라는 시대 상황을 만나 더욱 커졌다. 1934년 자료에 따르면 강원도 보통학교 137개 교 중 일본인 교원이 없는 학교는 20%인 27개 교였다. 다섯에 하나는 조선인 교사만 있던 셈인데 해안보통학교도 그랬다(〈부표 5〉). 홍순창의 종전 근무지인 철원의 어운보통학교 역시 조선인 교사만 있던 학교다. 경기도에 일본인 교원이 없는 학교가 7%(15/227개 교)에 불과했던 것에 비하면, 산간벽지가 많은 강원도의 특수성이었다.⁵⁰ 그런데 1930년대 후반으로 가면 일본인 교원이 늘어난다. 1934년 전체 공립보통학교의 일본인 교원 비중은 31%였으나 1939년과 1940년에는 44%, 48%에 이른다.⁵¹ 이러한 추세가 일본인의 참전이 확대되는 일제 말

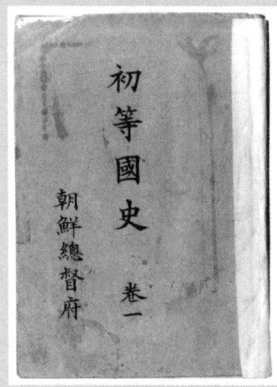
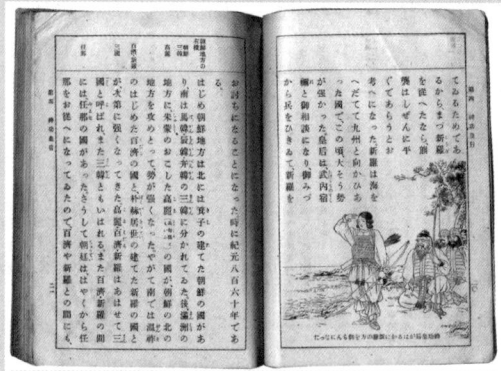

위 : 진구황후에 항복하며 진상품을 바치는 신라왕 상상도
이 그림은 '일본약사도해日本略史圖解 인황십오대人皇十五代'로 도시카타年方가 1875년 발행된 『사범학교 일본역사』에 실린 '제15대 진구왕후' 항목을 그림으로 묘사한 것이다(1885년 작). 홍순창이 보고 불쾌하였다는 시각 자료 '신국사 연대표'를 찾지 못했지만, 그의 설명으로 볼 때 이 그림이 모본이었을 것으로 추정된다.

아래 :『초등국사』표지 및 진구황후 편
홍순창은 학생들에게『초등국사』의 '진구황후' 편을 펴서 읽은 뒤 '황후의 신라 정벌은 거짓말'이라고 가르쳤다.ⓒ민족문제연구소)

기까지 지속되긴 어려웠겠지만, 1939년 8월 산간벽지인 해안면 매동심상 소학교에 개교 이래 처음으로 일본인 교원이 부임했다. 그가 바로 교장 구보 이치로다. 경찰 자료에 따르면 구보는 부임 이후 종전의 학교 운영 방침을 변경하여 직원들과 학부형에게서 반발을 샀던 것 같다. 변경된 운영 방침이 무엇이었는지 명확하지 않으나, 일본어 교육 강화가 포함된 것은 확실하다.[52] 홍순창은 일본인 교원 없이 조선인끼리 운영하는 학교를 바랐던 것 같다. 해방 직후 작성한 이력서에 자신의 행위를 '항일'이나 '독립'이 아니라 '민족자결'운동이라 쓴 것도 이를 반영한 것은 아닐까.[53] 이 사건으로 구보는 1940년 4월 전근되었고 다시 조선인이 교장으로 부임했지만, 다음 해 학교에는 일본인 교원(3명)이 조선인 교원(2명)보다 많아진다(《부표 6》).[54] 결국 매동심상소학교 불온 낙서 사건은 산간벽지에까지 일본인 교원이 배치되어 동화교육이 강화되는 흐름 속에서 일어난 현장 교사, 학생, 지역민의 저항이라 할 수 있다.[55]

김창환과 친구들의 세계 : 모욕의 공감대, 자존감

억누르고 다그치는 경찰 앞에서 이루어진 학생들의 진술은 얼마만큼 현실을 반영할까. 그러한 한계를 감안하면서 김창환과 친구들의 세계를 더듬어보겠다. 우선 만연한 폭력이 보인다. 김창환은 말한다. "나는 어떤 선생이라도 생도를 구타하는 일이 있"으므로 "구보 교장이 김영창을 구타할 때에도 강하게 분개했다고 말할 정도는 아니었다." 다른 학생들도 교사들의 구타, 특히 홍순창의 폭력을 말한다.[56] 물론 이는 구보 교장의 폭력을 희석하기 위한 경찰의 전술에 따라 유도된 진술일 수 있다.[57] 그런데 당시 일본인이든 조선인이든 교사의 학생 구타는 비일비재했고, 많은 공분과 항의를 불러일으켰다. 폭력적인 근대 권력으로서 학교의 모습을 보여준다.[58] 교장 폭력에 대한 김창환과 친구들의 느린 반응은 만연한 폭력을 반증한다. 김영창이 구타당했을 때도 홍순창 선생이 눈물로 호소하자, 비로소 반응을 보였다. 그러고도 바로 동맹휴교에 들어가지 않고 며칠 지난 뒤 지역 유지 안창린의 항의 방문을 보고서야 동맹휴교를 모의한다.

　폭력은 당하는 자에게 모욕과 수치심을 안긴다. 게다가 학생들이 배우는 교과서는 끊임없이 열등감을 조장한다. 역사 교과서에 간혹 나오는 조선(인) 얘기라곤 '옛날부터 조선은 못났다'는 식이다. 이런 식민지적 교육 상황에서 학생들의 자기 존중심은 약화되기 마련이다. 따라서 모욕을 받아도 그것이 모욕인지 모르거나 알아도 분개할 수 없는 상황에서 모욕을 모욕으로 느끼고 표현하는 것이 필요하다. 앞서 보았듯이 홍순창의 교육과 눈물은 모욕에 대한 학생들의 감수성을 자극했다. 각자 처지는 다르지만 교사와 학생 사이에 일시적으로 모욕의 공감대가 형성되었다.

　아울러 홍순창은 조선에도 자랑스러운 문화와 위인이 있었다고 가르쳤다〈표 1〉의 2, 11, 13). 이는 학생들이 자존감을 갖는 데 도움을 주었을 것이다. 이러한 자존감 생성을 반영하는 것이 김창환의 '김장군' 도장이다. 김창환은 평소에 『삼국지』의 조자룡과 같은 명장이 조선에 있었다면 일본의 압제도 받지 않고 독립도 가능하다고 생각했다. 간혹 그는 조자룡과 같은 장군이 되어 독립운동을 하는 꿈에 사로잡혔던 것 같다. 그는 책과 공책 등에 도장을 찍으면서 "나는 조선 독립군의 대장"이라며 과시했다. 이러한 '상상의 세계'는 당시 경기공립중학교 학생이었던 강상규에게도 발견된다. 강상규는 영웅전에 푹 빠져 병법서를 연구하며 독립운동 지도자를 꿈꿨다.[59] 어쩌면 누구나 비슷한 나이 때 꿈꾸는 세계의 식민지 버전이라 할 수 있다. 이 나이 때 '상상의 세계'는 결코 현실도피의 장소가 아니다. 오히려 그곳은 "결코 자신을 위해서 존재하는 것이 아닌, 현실로부터 상대적으로 독립해서 관념의 힘을 스스로 기르는 장소" "정신의 자유, 정신의 주체성을 지키는 장소"라는 사토 다다오(左藤忠男)의 견해에 동의한다.[60]

그러나 현실은 냉혹했다. "네가 대장 자격이 있느냐"는 친구들의 힐난에 김창환은 도장을 부숴버려야 했다. 이 대목은 프란츠 파농(Frantz Fanon)의 말을 생각나게 한다. "식민화된 인간은 자신의 골수에 깊이 감춰진 이 공격성을 자신의 동포에게 터뜨린다."[61] 홍순창처럼 자신의 불만과 모욕을 전가하는 것(〈표 1〉의 8)이 마땅치 않은 아이들은 서로 싸우고 괴롭히며 상처 입는다. 도장을 만든 것이 1939년 가을 무렵이니 구보 교장의 김영창 구타와 연이어 남광숙의 낙서 권유가 있던 시기다.[62] 낙서를 해서 대장 자격을 증명해야 할 텐데 처벌이 두려워 그러지 못했다. 10월에 장티푸스로 몸만 아팠던 것은 아닐 듯하다. 1940년 3월 말 졸업한 뒤에 굳이 낙서를 하게 된 연유는 자존감을 회복하고 싶었던 것이 아닐까. 7가 이병우에게 낙서를 해야겠다면서 말한 이유는 '항일'이나 '독립'과 같은 대의가 아니라 친구들과 관계 회복이었다. 그는 법정에서 친구들을 감싸려고 자신의 단독 '범행'을 주장했다.[63]

김창환의 낙서가 자존감의 발로였다고 해서 그의 항일 의식을 낮게 평가하려는 것은 아니다. 원래 쓰려고 했던 "일본 정신을 폐지하고 / 조선 정신을 양성하라"이든, 실제 쓴 "일본 정신을 양성함과 함께 / 조선 정신을 양성하라"이든, 그것만으로는 성에 차지 않았을 것이다. 김창환과 이병은의 도달점은 조선 정신을 양성하기 위해 조선을 독립시켜야 하고, 이를 위해서는 이 땅에서 일본을 몰아내야 한다는 것(일본 폐지)이었다. 실력양성론을 단숨에 뛰어넘는다. 다만 그가 말하는 '조선 정신'이나 '조선 독립의 이점'에는 복고적인 내용이 많으며 천황제 파시즘의 영향도 보인다.[64] 그렇다고 그 영향을 과대평가할 필요는 없다. 그 나이 때는 "강하고 관념적"인 것이 매력적이기 마련이다.[65] 오히려 '다름'의 감각이 돋보인다. "일본에 일본 정신이 있는 것과 같이 조선에는 조선의 정신이 있을 것"이니 "무엇이든지 일본식 또는 일본 정신 등을 비판 없이 추종을 하지 말"자.[66]

항일운동의 역사로

1945년 해방 이후 이 사건을 다룬 최초의 글은 아마 1977년 조동걸의 『태백항일사太白抗日史』에 실린 「양구 해안소학교 항일 교육과 맹휴운동」일 거다.(이 글 뒤의 첨부 자료에 전문 게재) 지방사 연구를 통한 대중사 개발을 제기하며 강원도민의 항일운동사를 엮었는데, 여러 사례 중 하나가 이 사건이다.[67] 본격적인 논문이 아니고, 따라서 분석이 덜 되었으며, 이용된 자료도 판결문이 전부라서⁶⁸ 평하기 힘들지만, 이 글과 관련하여 몇 가지 단상을 적어본다.

첫째, 제목에서 알 수 있듯이 사건의 중심은 홍순창의 항일 교육과 그 영향을 받은 학생들의 동맹휴학이다. 김창환과 친구들의 '불온 낙서'는 언급되지도 않았다. 물론 경찰이나 법원의 자료가 이 사건을 온전히 담고 있다고 볼 수는 없다. 그러나 판결문을 바탕으로 한 서술이라 치더라도 이상하다. 이 사건은 김창환이 낙서를 하지 않았으면 성립되지 않았을 거다.

둘째, "대중사" 개발을 제기했지만 엘리트로서 홍순창의 계몽적 역할만 두드러졌다. 선동하는 교사, 순진무구한 학생.⁶⁹ 검경과 판사가 치안유지법을 적용할 때의 시각과 유사하다. 이 사건을 바라보는 유력한 관점이긴 하지만, 이를 통해 그려지는 모습은 상투적이다. 김창환과 그 친구들은 물론이고 홍순창에게도 '왜 그랬는가'라는 질문은 던져지지 않는다. 일제의 강점 아래 항일은 당연한 것으로 전제된다. 저항과 삶은 유리되었다.

이 글에서는 홍순창이 그러한 역사교육을 하기까지, 김창환과 친구들이 낙서를 하기까지, 그 낙서가 치안유지법 위반 사건으로 비화되기까지 과정을 사료를 바탕으로 재구성해봄으로써 사건을 둘러싼 여러 주체의 삶과 시선을 복원하려 했다. 그런 가운데 민족의식의 흐름 이면에 있는 교사와 학생들 사이에 균열을 내포한 '모욕의 공감대'가 눈에 띄었다. 이 또한 일찍이 소동걸이 제기했던 '역사의 주체로서 대중'에 다가서려는 노력이고, 하나의 해석이다.

조동걸의 발굴⁷⁰로 세상에 알려진 이 사건은 두 곳에서 따로 기억되고 있고 내용도 약간 다르다. 하나는 해방 이후 홍순창이 지냈던 강원도 강릉시 주문진읍으로, 기억의 주인공은 당연히 홍순창이고[71] 궁극적으로 홍순창의 건국훈장 추서로 귀결되었다.[72]

다른 한 곳은 양구군 해안면이다. 1984년 간행된 『양구군지』에 이 사건이 실렸는데, 조동걸의 글을 참조하면서 지역 주민·출신자의 증언이 반영되었다.[73] 구보 교장의 수업 풍경은 경찰 자료나 판결문에 없는 내용이다. 전체적으로 홍순창의 교육보다 학생들의 저항 내용이 많다. 경찰 자료와 비교해보면 이것저것이 섞여 있으며 다르다. 경찰 자료에서는 교장의 김영창 구타가 벽보와 연결되는데, 『양구군지』에서는 닭 도난 사건이 벽보를 유발했다. 또한 졸업식 뒤 사은회 때 교장의 처사가 직접적 원인이 되어 낙서로 이어지며, 낙서 내용도 "타도 일본 정신, 조선 독립 만세"로 경찰 자료와 다르다. 아마 낙서를 보지 못한 사람의 증언일 수 있다. 무엇보다 큰 차이는 윤원규가 벽보와 낙서의 주동자로 서술되었다는 점이다. 물론 경찰 자료에도 윤원규는 한국정과 함께 동맹휴학을 주모한 것으로 나온다.[74] 『양구군지』에 나오듯 남광숙이 쓴 벽보 말고 윤원규가 쓴 제2의 벽보가 있었을 가능성도 배제하지는 못하겠지만, 과연 졸업식이 끝나고 학교 칠판에 쓴 낙서도 윤원규가 주동했을까? 그런데 김창환과 친구들은 해방 이후 어디로 갔나?

'수복 지구' 해안면의 기억

46번 국도 춘양로를 타고 춘천에서 양구로 가려면 5km가 넘는 배후령 터널을 지나야 한다. 배후령 정상 부근이 바로 북위 38도. 그 뒤로도 6개의 터널을 통과해야 양구가 나온다. 어두운 터널 안과 밝은 밖을 반복적으로 지나다 보면, 누군가 통과하는 사람의 머리를 스캔하고 검열하는 것 같다. 양구에서 다시 더 북동쪽으로 옛날 금강산 가던 길을 따라 올라가다 돌산령 터널을 지나면 해안면이 나온다. 산악 지역이지만 평지가 꽤 넓은 산간분지. 그래서인지 『정감록』에 이상적인 피난지避難地로 나온다.[75] 해안면의 인구는 1830년대 1,000명 미만에서 1910년 3,500여 명으로 증가하는데, 낙서 및 동맹휴교 사건의 주역들을 보면 그들의 할아버지나 아버지 대에 평안도나 함경도에서 이주해온 집안이 많다. 경찰도 이 지역의 특수 사정으로 청일·러일전쟁 때 평안도나 함경도에서 이주해온 자가 많다는 점을 지적한다.[76]

난리를 피해 찾아오는 이상향에 난리가 제 발로 찾아온 적이 있다. 한국전쟁 당시 동부전선은 산악이 많고 도로가 발달하지 못해 부대 기동과 군수물자 수송이 힘들었다. 따라서 평지처럼 넓은 천연의 산간분지 해안면은 작전 병력과 물자 집결을 위해 "반드시 확보해야 할 전략·전술의 요충지"였다.[77] 1951년 6월부터 10월까지 도솔산 전투, 대우산 전투, '피의 능선' 전투, 백석산 전투, 펀치볼 전투, 가칠봉 전투가 벌어져 마침내 해안면이 미군·한국군의 수중에 떨어졌다. 피아를 합쳐 인명 피해가 2만 7,000여 명에 이를 정도로 격전이었다.[78] 그때 폭격으로 해안면이 움푹 들어가서 지금처럼 분지가 됐다는 낭설이 생겨났을 정도다.[79]

해안면은 '38선 이북 – 휴전선 이남'의 '수복 지구'로, 해방과 동시에 약 5년 동안 '인공 치하'에 있다가 한국전쟁을 거치면서 미군의 지배를 받

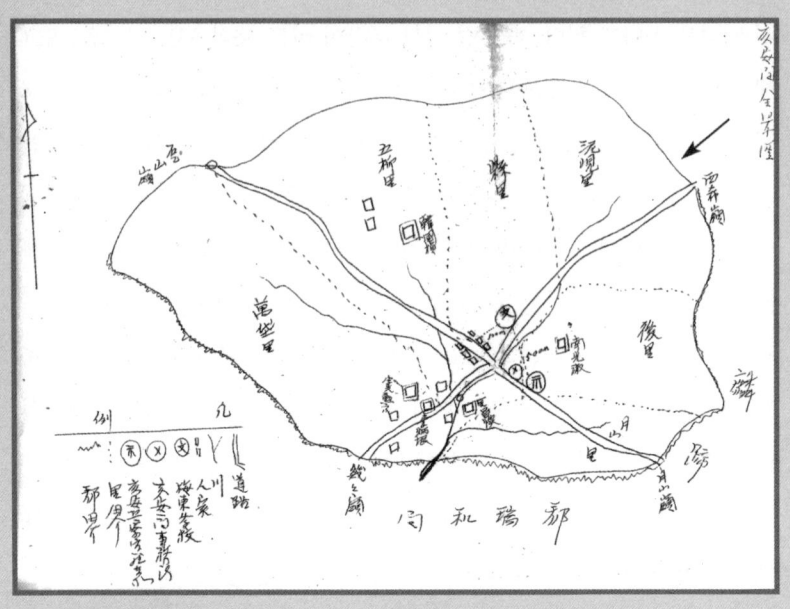

사건 당시(위)와 현재(아래) 해안면
위 사진은 사건 당시 현장검증 지도이고, 아래 사진은 현재의 해안면이다. 위 사진상의 화살표는 아래 사진 촬영 방향을 가리키는 것이고, 아래 화살표는 해안초등학교 위치이다.

은 뒤 1954년 11월 대한민국에 행정권이 이양되었다. 남한의 정부와 군에서 보면 해안면의 원주민은 북한의 통치기에 부역을 한 것으로 의심되는 자들이다. 이런 시선을 상징적으로 보여주는 일이 있었다. 1960년 12월 지방자치를 위한 선거에서 수복 지구는 제외되었다. 원주민은 과거 "괴뢰 집단"의 영토에서 살았던 것이 평생의 '약점'이 되었다.[80]

1997년 해안초등학교에서 개교 40주년을 맞이해 기념 문집을 냈다. 이 문집에는 해방 전의 얘기도 들어 있다. 매동심상소학교 11회 한 졸업생(1945년 3월 졸업)은 「해안(매동)초등학교의 항일 교육」이란 제목으로 본 사건을 소개했는데, 『양구군지』와 비슷하다.[81] 바로 이어서, 글의 같은 필자는 「해안을 지킨 반공자치대 활동」이란 제목으로 다음과 같이 서술했다. "6·25전쟁 당시 1950년 10월 중순경 백골부대가 양구를 탈환했다는 연락을 받고 해안면 현리 시장에 동네 청년 21명이 회합하여 반공자치대를 조직, 명주 3필을 구입하여 태극기를 만들어 각 가정에 배부하고 태극기 앞에서 북괴군 격침과 해안 치안을 위해 전력투구할 것을 맹세하고 행동하다가 북괴군 빨치산대에 5명이 검거되어 학살되었다." 반공자치대원 21명의 이름 중에 김창환, 이병은, 이광훈이 보인다. 학살된 자치대원 5명에는 김창환과 이광훈도 포함되었다.[82]

불온한 역사

1998년 강원향토문화연구원에서 펴낸 『양구 항일·반공운동 자료집』

에도 비슷한 내용이 실려 있다. '불온 낙서' 사건에 대해서는 『양구군지』와 판결문의 내용이 섞여 있다. 해안면 반공청년치안대(위의 '반공자치대')의 경우 국군이 늦게 진주하는 바람에 피해가 늘어 20여 명이 희생되었다고 한다.[83] "숭고한 항일·반공 정신을 길이 선양하기 위하여" 발간했다는 자료집을 보면 첫째, 그 제목이 낯설다. 어찌 보면 항일과 반공은 대한민국의 자화상에 가장 잘 부합하는 조합일 수 있다. 대한민국에 안착한 '수복지구' 양구군의 간절한 호소가 느껴지는 제목이다. 그런데 전국에 이런 제목의 자료집은 희귀하다. 대한민국은 헌법 전문에 "3·1운동으로 건립된 임시정부"를 계승한다고 밝혔지만, 반민족행위특별조사위원회가 와해되었고 만주국군 중위 출신이 오래 집권했던 나라여서 그럴까.

둘째, 자료집에 수록된 인물을 보면 항일과 반공 사이에 균열을 발견할 수 있다. 전체적으로 자료집에 나오는 항일운동가와 반공운동가가 거의 겹치지 않는다. 이는 항일운동가가 연령상 또는 일제에게 받은 고초로 해방 후 활동하기 힘들어졌던 탓일 수 있다. 그러나 좀 더 뜯어보면 다른 사정도 있다. 김창환과 그 친구들이 가담했다는 해안면 반공자치대의 대장 조환철의 예를 보자. 자료집에는 다음과 같은 증언이 실려 있다. "해방 이후 해안면 한청 단장을 지내다가 한국전쟁 때 치안대를 조직했다. 많은 대원들이 북한군에 잡혀 죽을 때 몇몇과 함께 산으로 피신했다가, 국군이라고 속인 북한군에 발각되어 총살당했다."[84] 그런데 전쟁 당시 미군이 노획한 북한 자료에 따르면 그는 해방 전 일제를 도와 해안면 면서기로 근무했고, 해방 이후 조선신민당에 입당했으며, 인제군 서화면 인민위원회 서기장을 하다가 재정 규율 위반 등으로 인민재판에서 3년형을 언도

받고 출당되었다.[85] 일제 강점기 면서기→'인공 치하' 면 인민위원회 서기장→반공 치안대장. 그의 삶은 수복 지구의 간단치 않은 역사를 압축적으로 보여준다. 항일과 반공의 결합으로 담아내기에 난감한 삶이다.

셋째, 항일도 하고 반공도 한 인물이 드물긴 하지만 있다. 바로 김창환, 이병은, 이광훈. 이들이야말로 항일과 반공의 자료집을 대표할 수 있는 자들이다. 그런데도 자료집에서 이들은 별로 대접받지 못하고 부유浮游하는 느낌이다. 조연에 불과했기 때문일까, 기억해주는 연고자가 없어서일까? 이들은 부유함으로써 자료집이 표방하는 항일과 반공의 결합을 의심하게 만든다. 결합을 몸소 실현했으면서도, 그렇기 때문에 결합을 의심하게 하는 아이러니한 존재. 이 자료집만이 아니다. 김창환의 귀환은 홍순창과 윤원규 중심의 기억에 의문을 던짐으로써 살아남은 자들을 불편하게 한다. 살아서 불온한 낙서를 하고 죽어서 불온한 역사가 되어 떠도는 김창환.

가난한 소작농 집안 출신으로 동맹휴교를 주동했고 특별지원병 권유도 뿌리쳤던 한국정은 해방 이후 어떻게 됐는지 어떤 자료에도 나와 있지 않다.[86] '인공 치하'에 김창환과 그 친구들에게 무슨 일이 있었던 걸까?

첨부 자료

조동걸, 「양구 해안소학교 항일 교육과 맹휴운동」 전문

이것은 전연 판결문判決文에 의해서 알게 된 일인데 1937년부터 1940년까지 양구군 해안(매동)심상소학교에 교원으로 있던 홍순창(덕산실) 교사의 항일 교육을 말하고, 이것 때문에 당시 소학생 김창환(후리), 이병은(萬塔里), 남광숙(후리), 한○정(오류리), 이광○(萬塔里) 외에 수십 명이 경찰에 잡혀가 고초를 겪은 일이 일어났다.

홍순창은 원래 강릉군(명주군) 연곡면 동덕리 사람으로 1926년 3월 강원도사범학교(춘천사범 전신)를 졸업하고 통천보교, 창도보교 등을 다니며 교편생활을 했는데 그가 다닌 곳이 모두 항일 풍토가 넘치던 고장이긴 했지만, 1937년 3월 양구 해안학교로 전임轉任된 뒤에는 줄곧 항일 교육抗日敎育으로 일관하였다. 특히 1938년 4월부터 5학년 담임교사가 된 뒤에 5학년부터 있는 국사(일본사) 시간을 이용하여 일본의 허위를 폭로하였다. 당시 일제 교과서를 보면 소위 신공황후가 신라를 정벌하여 항복받아 식민지로 만든 뒤, 고구려·백제도 정복하여 삼국이 모두 일본의 영토가 되었다는 허무맹랑한 내용이 실려 있었다. 필자도 그렇게 배웠지만, 이러한 허위 교육으로 열등의식을 조장하여 한국인을 저희들에게 굴복시키려던 그 식민 교육을 홍순창 교사는 일제의 저의를 폭로하면서 올바른 역사교육으로서 민족의식을 심어갔던 것이다. 그리고 틈틈이 한국의 위인을 소개하며 가르쳤고, 일제의 교과서에 실려 있지 않은 한국사를 가르쳤다. 필자는 1976년 말『독립운동사』제8권「문화투쟁사」간행 때 교육 편을 맡아 집필하였지만, 현직 소학교 교사가 홍순창처럼 철저히 항일 교육을 실시했던 사례는 드문 일이었다.

1939년 9월 9일 학교 교정에서 당시 2학년이던 그 학교 교장 구보 이치로의 아들 정치와 김영창이 싸웠는데 교장이 김영창에게 벌을 주어 김영창이 울었다. 이때에 홍순창은 벌을 받아 슬퍼하지 말고 나라 없는 것을 슬퍼하라고 할 정도로 항일에 철저한 교사였다.

홍 교사는 지난해의 담임 학급을 계속하여 1939년 말에도 맡았는데 6학년에 진급한 학급생은 25명이었다. 그리하여 졸업을 앞둔 1940년 2월에는 한국에 쌀이 부족한 것은 일본의 착취 때문이라고 그 내용을 설명하고 이러한 빈곤에서 벗어나는 길은 일제로부터 해방되는 길밖에 없으니 그것을 위하여 활동해야 한다고 교육했다. 그리고 일제의 창씨개명을 신랄히 비판하고 그것도 나라가 없기 때문이라는 점을 역설했다. 이와 같이 홍 교사는 일제의 치부를 파헤칠 수 있을 정도로 지적 수준도 높은 교사임이 틀림없을 것이다.

그리고 졸업 직진인 3월에는 한일합방에 대하여 자세한 교육을 실시했다. 이등박문이 안중근에게 총살당한 이유라든지 양국 합방이 한국 민족의 의사가 아니었다는 점을 교육하고, 역시 온 민족이 해방을 위하여 노력해야 한다는 점을 강조하는 졸업 교육을 강행할 정도로 애국적이었다.

그리하여 앞에 소개한 김창환 이병은 남광숙 한○정 이광○ 등의 아동은 1939년 9월 일본인 구보일랑이 교장으로 부임하는 것에 반대하여 동맹휴학을 추진하여 항거하였고, 이때 '朝鮮獨立'의 전단을 만들어 뿌리기도 하였다.

어린 아동이 이와 같이 항쟁할 수 있게 된 그 원동력은 말할 것 없이 홍순창 교사의 항일 교육에 있었는데 이러한 항일 교육으로 1941년 8월 19일 경성지방법원 형사 제2부에서 홍순창 교사는 치안유지법 위반으로 2년형의 선고를 받았고, 앞의 5명의 아동은 보안법 위반으로 징역 1년형에 4년간 집행유예가 언도되었다. 그러나 실제 1년여의 미결 기간 경찰서와 검찰국에 묶여 다니면서 세계사상 유례가 없던 그 모진 고문을 당했으니, 홍 교사도 그렇지만 고문을 받으며 울부짖는 어린 아동의 애끓는 소리를 이 겨레 모두가 들을 수 있어야 할 것이다. 그 어린 아동조차 외치던 조국 앞에 오늘의 어른이 깊이 반성해야 할 것이다.

(※밑줄 부분은 판결문에 의거할 때 근거가 의심되는 부분이다.
지명 '萬塔里'는 '萬垈里'의 오기이다—인용자)

趙東杰, 『太白抗日史』, 江原日報社, 1977, 307~309쪽(조동걸, 『于史 趙東杰 저술선집 13 강원 역사의 다원성』, 역사공간, 2010, 462~464쪽에도 수록).

보론 1
경성지방법원 검사국 '사건 기록'

자료의 내력

1985년 국사편찬위원회(이하 '국편')는 당시 서울지방검찰청이 소장하고 있던 '독립운동자에 대한 재판 기록'을 수집해서 탈초脫草 번역하여 1986년부터 『한민족독립운동사자료집』을 간행하기 시작했다.[1] 범죄를 수사하는 검찰청이 왜 '독립운동자 재판 기록'을 보관했던 걸까. 독립운동이 곧 범죄가 되던 시절로 돌아가보자.

식민지 시기 재판소(법원)와 검찰청은 하나의 조직에 속했다. 각 단위의 법원에 검사국이 '병치倂置'되었는데,[2] 고등법원 검사국, 복심법원 검사국, 지방법원 검사국 하는 식이다. 해방 이후 1948년 법원과 검찰청이 분리되면서 경성지방법원 검사국은 서울지방검찰청이 되었다. 이때 조직과 함께 문서도 인계되었을 것이다. 위의 기록 대부분은 경성지방법원 검사국이 생산, 보존했던 것이다.

당시 재판소의 문서는 행정사무에 관한 '서무 기록'과 재판 및 검찰사무에 관한 '사건 기록'으로 분류되었다.[3] '서무 기록'에는 기밀 서류 및 각종 정보철도 포함된다. '사건 기록'은 민사와 형사에 관한 것으로 나뉘는데, 범죄를 수사하여 법원에 재판을 청구하는 검사국의 '사건 기록'이란 '형사사건 기록'을 말한다.[4] 결국 해방 당시 경성지방법원 검사국에 남았던 문서는 서무 기록과 형사사건 기록 두 종류다.

경성지방법원 검사국의 문서는 국편이 인수하기 전에 이미 일부가 공개되었다. 다만 자료의 내력이 알려지지 않았을 뿐이다. 김준엽金俊燁·김창순金昌順의 『한국공산주의운동사』 1~5(1967~1976)에 인용된 자료의 일부와

『한국공산주의운동사—자료편』 1~2(1979~1980)의 자료 전부가 그것이다. 이때 쓰인 자료는 고려대학교 아세아문제연구소(이하 '아연')가 원본을 소장하고 있다.[5] 『한국공산주의운동사』 제1권의 서문을 보면 주된 자료가 대부분 국외에서 수집한 것이라 했지만, '인용서 목록'에는 경성지방법원 검사국의 각종 정보철과 같은 서무 기록, 신문조서와 같은 형사사건 기록이 다수 포함되어 있다.[6] 김준엽과 김창순이 경성지방법원 검사국의 문서 중에서 이 자료들을 선별한 기준은 한국 공산주의운동의 '대표성'이었던 것 같다. 한국 공산주의운동의 역사를 본격적으로 연구하기 위해 먼저 운동을 이끈 뛰어난 지도자들의 자료와 '주요 방증 문헌'이 필요했을 것이다.[7]

1985년 국사편찬위원회가 서울지방검찰청에서 인수한 자료[8]는 '판결원본철책判決原本綴冊', 명부 등 극히 일부를 제외하면 거의가 기록호記錄號가 붙은 '형사사건 기록'이다. 생산 또는 보존 주체는 대한제국기와 해방 이후의 일부를 제외하면 경성지방법원 검사국과 서울지방검찰청이다. 시기로는 일제 강점기의 것이 80~89%이다(〈표 1〉 참조).

김준엽과 김창순이 대표적인 기록을 인수해 갔음에도 불구하고 남아 있는 기록의 절반가량이 공산주의자에 관한 것이었다. 간혹 동일한 건件임에도 아연과 국편이 나눠 소장한 경우도 있다. 조선공산당 및 고려공산청년회 재건 활동으로 검거된 '홍승유洪承裕 외 11명'에 관한 기록은 제1책은 국편에, 제2책과 제3책은 아연에 소장되어 있다. 두 기관의 소장 기록이 같은 자료군이라는 증거다.[9] 두 기관의 자료를 합쳐도 완비되지 않은 경우도 있다. '이관술李觀述 외 15명'의 기록은 국편에 제2책, 제18책, 제19책, 별책 제2책, 아연에 제5책, 제11책, 제13책이 소장되어 있다. 일련번호

〈표1〉 1985년 서울지방검찰청이 국사편찬위원회에 인계한 자료 목록

시기	분류	건(件)		책(冊)	
일제 강점기 件 - 80%, 冊 - 89%	독립운동 관련 기록	35	(5%)	161	(13%)
	독립군 자금 모집 등	30	(5%)	43	(4%)
	항일 및 독립운동 선동, 민족정신 고취 앙양	47	(7%)	64	(5%)
	불온 언동과 문서 배포 등, 유언비어, 외국 방송 청취, 일황에 대한 불경 등	69	(10%)	75	(6%)
	종교단체 기록	13	(2%)	74	(6%)
	공산주의자 검거 기록	291	(44%)	598	(50%)
	판결원본철	4	(1%)	5	(0%)
	잡범	39	(6%)	51	(4%)
대한제국기 件 - 2%, 冊 - 1%	구한말 기록(잡범)	12	(2%)	12	(1%)
해방 이후 件 - 18%, 冊 - 10%	해방 이후 반민특위법 위반 등 불기소 사건 기록 등	120	(18%)	121	(10%)
	파손 기록(일제 및 해방 후)	약 2 상자			
	합계	660		1,204*	

자료 : 서울地方檢察廳記錄管理課, 『獨立運動關聯記錄 등 整理記錄目錄』, 1984?의 속지.
* 분류 용어는 자료에 따른다. '건은 독립된 사건이나 문건을 말하며, '책'은 건에 속해 있는 편철본을 의미한다. 국사편찬위원회 측은 1,199책을 인수하였다고 기록했다(國史編纂委員會 編, 『韓民族獨立運動史資料集』 1, 國史編纂委員會, 1986의 '간행사'; 國史編纂委員會, 『國史編纂委員會史』, 國史編纂委員會, 1990, 246쪽). 위의 목록에도 "656"건, "1,119"책, "48만 매"란 수정된 수치가 수기(手記)되어 있다.

상 21책 이상일 것으로 추정되나, 상당 부분이 소실되었다.[10]

 1996년 국편은 아연이 수집하고 남은 경성지방법원 검사국의 서무 기록을 인수했다. 이번에는 대검찰청에서다. 이유와 과정은 명확하지 않지

만 1996년 무렵이면 서울지방검찰청의 해당 자료가 대검찰청으로 이관되어 보관 중이었던 것은 확실하다.[11] 서무 기록 또한 같은 건임에도 국편과 아연이 나눠 소장한 경우가 있다. 경성지방법원 검사국이 경찰로부터 받은 보고를 편철하여 상부에 열람시켰던 『사상에 관한 정보(思想ニ關スル情報)』를 예로 들어보자.

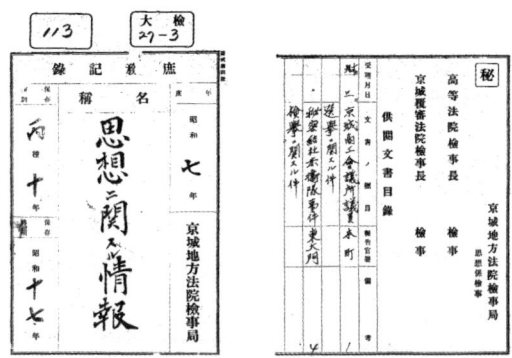

〈그림 1〉 국사편찬위원회 소장 서무 기록
『사상에 관한 정보(思想ニ關スル情報)』의 표지와 목차

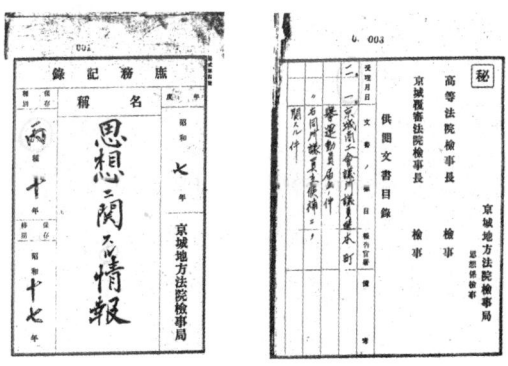

〈그림 2〉 고려대학교 아세아문제연구소 소장 서무 기록
『사상에 관한 정보(思想ニ關スル情報)』의 표지와 목차

표지에 '서무 기록'이라는 분류 아래 '연도', '편철 기관(경성지방법원 검사국)', '명칭', '보존 종별', '보존 기한'이 표시되어 있고, 다음 장에는 '문서 목록'이 제시되어 있다. 언뜻 보아도 같은 사람이 정리한 동일한 문서군임을 알 수 있다. 〈그림 1〉의 문서(국편 소장)에는 1932년 10월에 접수한 문서들이, 〈그림 2〉의 문서(아연 소장)에는 동년 11월에 접수된 문서들이 편철되었다. 이렇게 짝을 맞춘다 하더라도 역시 누락된 부분은 있다.[12]

자료의 보존 이유 : 냉전과 분단의 유산

주의 깊은 독자라면 앞의 그림에서 이상한 점을 발견했을 거다. 보존 종별이 '병종 10년(丙種十年)'으로 1932년(昭和 7년)에서 10년이 지나면 폐기해야 되는 문서이다. 이런 경우는 형사사건 기록에서도 발견된다. 제4차 조선공산당 책임비서로 1929년 3월 경성지방법원 예심 단계에서 옥사한 차금봉車今奉에 관한 사건 기록은 '병종 10년'으로 1939년이 지나면 폐기되어야 했다.[13] 보존 기한의 설정 자체가 당시 '보존 규정'을 상회하는 경우가 많다. 여운형呂運亨은 1930년 경성복심법원에서 징역 3년의 형을 받았다. 5년 미만의 징역이 언도된 형사사건 기록은 보존 기간이 정종丁種 5년이지만 그의 기록은 '을종乙種 20년'이다. 차금봉의 경우도 '공소기각' 되었으니 보통대로라면 정종 5년이다. 보존 기간이 보통보다 길게 설정되고 그 기한을 넘어서도 보존되는 문서! 지금까지 확인한 바로는 국편과 아연의 경성지방법원 검사국 기록 중 최대 보존 기간은 20년이고 영구

〈그림 3〉 형사사건 기록의 예(고려대학교 아세아문제연구소 소장)

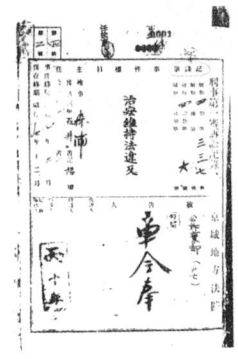 

좌측이 차금봉, 우측이 여운형의 기록이다.

인 경우는 보지 못했다. 그런데도 지금까지 남아 있는 이유는 뭘까. 당시 보존 규정 제7조에는 '특별한 사유'가 있다면 보존 기간이 경과한 뒤라도 그 사유가 지속되는 동안 보존할 수 있다고 규정됐다.

국편 소장 형사사건 기록을 위반법별로 정리한 〈표 2〉를 보면 이 자료군이 치안 유지 계통의 법 집행과 관련이 깊다는 점을 알 수 있다. 민족운동·공산주의운동을 단속하는 치안유지법만으로도 63%이고, 보안법, 정치에 관한 범죄 처벌의 건, 출판·신문법(규칙)을 합하면 80%가 넘는다. 치안유지법 위반이 대부분인 미연 소장분을 합치면 이 비중은 더 높아질 것이다. '전시법령戰時法令'도 대부분 치안 유지 체제를 지원하는 것이다.[14] 전시기戰時期에 각종 경제통제 법령 위반이 폭증했는데, 표에서는 거의 찾아볼 수 없다. 반면에 당시 사상계 검사가 취급하는 사건은 〈표 2〉에 나오

〈표 2〉 국사편찬위원회 소장 형사사건 기록의 기록호별 위반법 추이

위반법 연도	치안법	보안법	정치범죄	출판신문	전시법령	불경	내란	모살미수	소요	폭발물	기타	소계	경성지검접수사건	경성관내접수 치안법	경성관내접수 보안법
1907											4	4			
1908											1	1			
1911							1				0	1			
1912		2					2				0	4			
1918											0	0	5,278		
1919		8	4			1					1	14	8,581		
1920		2	10						2	3	0	17			
1921			18	1						1	1	21	4,717		
1922			2								1	3	5,417		
1923			2								0	2	5,532		
1924		1	2								0	3	5,664		
1925	1		1								0	2	5,316		
1926	5	1	1	1							0	8	5,258		
1927	5										0	5	5,661		
1928	24	2									3	29	5,456		
1929	56	1								1	0	58	5,740		
1930	44	10									1	55	6,515		
1931	41	2							1		2	46	6,395		
1932	38	1		2					1		2	44			
1933	22	1									0	23	7,515		
1934	19	1			1						1	22			
1935	19										0	19	6,633		
1936	18	1									4	23			
1937	8	3		1							1	13	7,337		
1938	5	3		1							0	9			

1939	11	7		3				2	23	6,769	14
1940	11	1		3				3	18		19
1941	17	6		8	3			1	35	7,160	26
1942	9	6	1	0	4			0	20		32	6
1943		4		28	1			2	35		20	19
1944	3			1	1			0	5			
1945				1				1	2			
소계	356	63	40	6	45	10	1	3	4	5	31	564
비중	63%	11%	7%	1%	8%	2%	0%	1%	1%	1%	5%	100%

자료 : ① 국사편찬위원회, 『일제강점기 경성지방법원 형사사건기록 해제』, 국사편찬위원회, 2009, 351~377쪽의 '총목록'을 보완하여 정리함 ② 『朝鮮總督府統計年報』 및 『朝鮮總督府裁判所統計年報』 해당 연도관; 『思想彙報』 24호(1940. 9), 23쪽; 『思想彙報』 24호(1940. 9), 23쪽; 『思想彙報』 속간(1943), 15쪽; 『朝鮮檢察要報』 제1호(1944. 3), 54쪽; 『大東亞戰爭勃發後ニ於ケル特殊犯罪調』(1943. 8), 45쪽.
* 〈표 1〉의 해당 시기 건수 528(총 660건 중 대한제국기 12건, 해방 이후 120건을 뺀 수)보다 합계가 많은 것은 주로 1건의 문서 안에 여러 사건 서류의 서류가 함께 편철되어 있는 경우는 분리했기 때문이다. 두 가지 법 이상을 위반한 경우 위중한 법을 택했다. '정치 범죄'는 1919년 제령 제7호이고, '출판/신문'은 법과 규칙을 모두 포함한 것이다. 전시법령은 육·해군형법, 臨時保安令, 軍機保護法, 國家總動員法, 國防保安法, 不穩文書臨時取締令, 陸軍召集規則, (형법)安寧秩序에 대한 罪, 無線電信法이다. 기타는 竊盜, 住居侵入, 殺人, 放火 등이다.

는 '위반법'과 대동소이했다.[15] 이 자료군은 경성지방법원 검사국의 '경제계經濟係'가 아니라 '사상계思想係' 쪽에서 남긴 자료다.[16]

일제는 사상 통제를 위해 사상 동향이나 사상범에 관한 자료를 조사하고 연구했다. 더욱이 1930년대 이후 사상범이 증가하면서 이들의 출옥 후 대책이 필요했고, 보호관찰이나 예방구금까지 실시했다. 이럴수록 사상범의 과거를 말해주는 자료는 매우 중요했다. 아마 이런 이유로 기한을 넘겨서까지 보존되었던 듯싶다. 그러면 해방 이후에는 왜 폐기되지 않았을까? 여러 가지 이유가 있겠지만, 일정 기간은 냉전과 분단 체제하에서

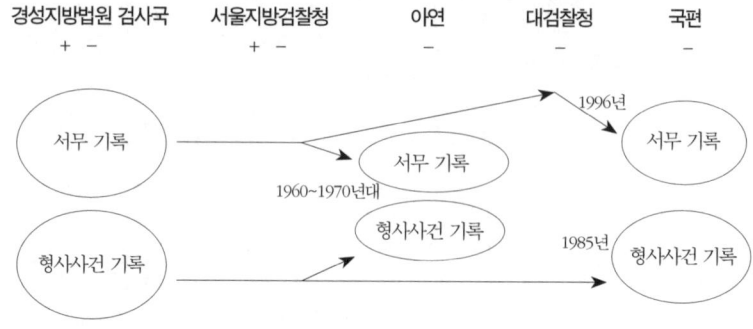

〈그림 4〉 경성지방법원 검사국 '사상계' 기록의 소장처 변천

+는 자료의 생성, -는 소실을 의미한다.

도 식민지 시절과 유사한 사상 통제의 기조가 유지되었기 때문은 아닐까? 식민지와 분단의 시대에는 반공 때문에 피의자의 수명은 줄어도 그 자료의 수명은 연장되는 역설의 시대였다.[17]

자료의 특성: 식민지 사회와 개인

범죄자들의 세계에 통용되는 은어로 '별이 몇 개다' '큰집에 가다'는 말이 있다. '별'은 처벌받은 범행을 말하고, '큰집'은 교도소를 말한다. 당사자는 잘 모르겠지만 별을 달거나 큰집에 갔다 오는 과정에 많은 문서가 생산된다. 수사, 재판, 행형行刑의 단계로 나눌 수 있고, 일부 겹치기는 하지만 각각의 주된 생산 주체는 검사국 – 검사, 법원 – 판사, 감옥 – 전옥典獄이다. 기록의 차원에서 보면 재판의 판결 이전과 이후가 크게 다르다. 판결 이후 작성되는 판결문, 집행원부執行原簿, 형사사건부刑事事件簿, 수형인명부受刑人名簿 등은 '영구 보존'인 경우가 많지만, 간략하고 법 집행자의 입장이 일방적으로 반영되었다.[18] 반면에 판결이 나면 이전에 작성된 수사 – 재판 단계의 각종 서류는 공판을 청구한 검사국이 규정에 따라 보존한다. 이것이 우리가 보는 '형사사건 기록'이다. 사건의 단서 포착에 관한 보고서부터 피의자 신문조서, 증인 신문조서, 압수·수색조서, 공판조서 등이 포함된다. 이것도 법 집행자의 의도가 강하게 반영되어 있지만, 간접적이나마 피의자와 그 주변 사람들의 목소리를 들을 수 있으며, 또 판결문엔 드러나지 않은 많은 정보가 담겨 있다.[19]

예를 들어보자. 판결문은 '피고인 및 피고 사건, 주문主文, 이유, 판사의 서명 날인'으로 구성되어 있다. 1939년 11월 안성 지방의 자소작농 김영배는 경성지방법원에서 보안법 등 위반으로 징역 10개월의 판결을 받았다. 판결문에 따르면 그는 자신이 빈곤하고 곤궁한 원인을 조선이 독립하지 못한 탓으로 보고 일본의 패전을 바라면서 두 번에 걸쳐 마을 주민들에게 '불온 언동'을 했다. 물론 이는 검사의 주장을 수용한 것으로, 신문조서에서 누차 확인했던 내용이다. 그러나 형사사건 기록을 보면 그는 결코 가난하지 않았으며, 게다가 사건은 마을 내부의 투서로 시작된다. 이 마을에 무슨 일이 있었던 걸까. 판결문이 말해주는 바는 극히 일부다. 형사사건 기록 역시 모든 것을 말해주지는 않지만 곳곳에 징후와 실마리가 있다.[20] 이 마을은 행정 책임자 구장과 실제 대표자가 일치하는 '일원 구조'

이고, 대표자 집안에서 군 단위 유지급 인사도 나왔으며, 식민지 권력과 마을 권력의 협조 관계가 돈독했다. 이런 권력들과 김영배의 관계는 갈등 또는 대항이었다. 김영배는 주로 마을의 공공성 문제를 제기하거나 해결함으로써 주민의 호감을 샀고, 사랑방을 무대로 수다의 정치를 펼쳤다.[21]

형사사건 기록이 매혹적인 것은 주체 '개인'으로 들어가는 좋은 문이라는 점이다. 독일 역사학자 뒬멘Richard van Dülmen은 개인성의 발견과 개인화의 역사에서 신문 제도를 갖춘 근대 초기의 형벌 체제와 법정 제도에 주목한다. 그에 따르면 범죄자는 개인으로서 신문과 재판을 받았고, 법정은 범행 동기와 사상을 재구성하였으며, 자연히 범죄행위의 주변 상황과 발생 과정, 그리고 범죄인의 일생에 관심을 가졌다. 그 결과 범죄자들의 인생이 기록으로 남게 되었다. 신문 기록에는 자서전적 내용이 많으며, 법정 신문은 범죄자의 '자기 발견 과정'이라는 사회적 기능을 수행했다.[22]

한국의 경우는 비슷하면서도 다르다. 조선시대에 중죄인의 조사·판결을 모아놓은 『추안급국안推案及鞫案』 일부를 읽어보면 나름의 개인 정보가 담겨 있으나 '인생 기록'이라 할 만하지 않다. "흉악한 놈" "매우 쳐라"는 식이 많다. 『전봉준공초全琫準供草』도 사건 자체가 커서 그런지 개인 정보는 소략하다. 식민지 시기에 들어서면 검사가 주재하는 수사 절차가 전체 형사재판을 지배했고, 그가 작성한 신문조서가 공판 과정에 결정적 증거 자료로 인정되었다. 이때 신문은 피의자의 변론보다는 검사의 범죄 증거 찾기가 주목적이어서 피의자의 목소리는 작고 왜곡되기 마련이다. 즉 형법이 보장保障적 기능보다는 통제적·탄압적 기능이 강한 체제하에서는 신문조서에서 풍부한 개인 기록을 기대하기가 어렵다.[23]

그런데 전시기戰時期에 들어서면 상대적으로 신문조서에 개인사個人史가 많아진다. 1925년 치안유지법 위반으로 잡힌 박헌영의 신문조서와 1941년 똑같이 치안유지법 위반으로 잡힌 강상규의 그것을 비교해보면 알 수 있다.[24] 박헌영도 신문조서에 개인사가 없는 건 아니지만 워낙 사건 자체가 중대하고 크기 때문에 해당 조직의 구성과 내용을 놓고 밝히려는 측과 감추려는 측의 공방전이 주요 내용을 이룬다. 반면 강상규의 경우 검경은 기소하기에 충분한 증거를 찾기 위해 그의 짧은 인생을 샅샅이 뒤졌다. 강상규 본인도 자신이 민족의식에 눈뜨게 된 이유를 '보통학교' 시절로 거슬러 올라가 설명했으며, 검경의 신문에 따라 끊임없이 자신의 삶을 재구성했다. 사건이나 인물의 비중과는 달리 신문조서에 나타난 개인사는 후자가 훨씬 더 풍부하다. 이를 통해 민족의식과 입신출세 사이에 방황하는 강상규의 삶에서 학교와 일상, 학생 일기와 개인 일기, 일본어와 조선어 사용 공간의 분절과 봉합을 확인할 수 있다.[25]

전시기의 형사사건 기록에는 강상규의 경우처럼 사건 자체는 소소(?)해 보일지라도 개인의 일생이나 삶의 구체적인 모습이 풍부하게 담겨 있는 경우가 많다. 왜 그럴까. 당시 적발된 '불온 언동'은 경중에 따라 치안유지 계통의 여러 법이 적용되었다. 1943년 경성복심법원의 한 판사는 '불온 언동'이 원래 탄력적인 개념이지만 특히 전시에는 평시에 비해 확장된다는 점, 보안법 적용 사례를 보면 '불온 언동'은 거의 특정 지인과 대화 중에 이뤄진다는 점을 지적했다.[26] 결국 전시기 불온 언동 사건은 대부분 식민지 권력이 이전과 달리 일상생활과 사적 영역까지 침투하고 통제함으로써 발생한 것이다. 일상 세계에 들어간 검경은 범죄를 성립시키기 위해 생활 구석구석을 헤집고 다녔고, 피의자의 삶을 범죄에 맞게 재구성해 냈다. 전시기에 갑자기 조선인이 불온해진 것이 아니라 종전에 죄가 아닌 것이 죄가 됨에 따라 예전에 형사사건 기록에서 보지 못하던 삶의 내밀한 풍경이 담긴 것이다.

이상 현재 아연과 국편이 소장하고 있는 여러 주체(경성지방법원, 경성지방법원 검사국, 경성지방법원형사부, 조선총독부 경무국)의 다양한 이름(재판 기록, 신문·재판 기록, 신문조서, 편철 문서)의 자료가 사실은 일제 강점기 경성지방법원 검사국 '사상계'의 서무 기록과 형사사건 기록[27]임을 밝혔다. 이 중 형사사건 기록은 근대적 신문 절차와 전시기 식민지 권력의 일상 세계 침투라는 요인이 맞물리면서 개인과 그 삶의 공간에 관한 풍부한 기록을 담고 있다. 식민지 사회와 각 행위자들의 삶을 구체적으로 들여다보기에 좋은 창窓이다.

보론 2
불온에 관한 7가지 단상

식민지 유산으로서 불온

불온不穩의 뜻을 사전에서 찾아보면 '온당하지 않음'과 '사상이나 태도 따위가 통치 권력이나 체제에 순응하지 않고 맞서는 성질', 두 가지로 풀이된다. 전자는 '온당'이 '사리에 어그러지지 않고 마땅하다'는 뜻이므로 확실히 부정적 의미이다. 후자는 뜻풀이 자체로는 단정하기 어렵지만, '불온단체' '불온서적' 등 용례로 볼 때 부정적 뜻이 강하다. '불온'을 부정적으로 보는 것은 누구일까. 결국 통치하거나 지배하는 층이 보기에 온당하지 않다고 판단되는 것이 불온이라 할 수 있다. 이것이 현재 한국 사회에서 통용되는 불온의 의미다.[1]

그런데 불온의 오래된 뜻은 '편안하지 않다' '순조롭지 못하다'로, 동아시아 전통 사회에서 옛날부터 자신이나 주변의 상황을 설명할 때 사용되었다. 현재 일본의 사전에도 불온은 '평온하지 않은 것'으로 풀이되어 있으며, 지배층 시각이 반영된 뜻은 나오지 않는다. 아이러니한 것은 한국에서 '편안하지 않다'가 '순응하지 않다'로 의미 변화가 일어나게 된 결정적계기가 일본이 한국을 강점하는 과정에서 1907년 제정한 '보안법保安法'(법률 제2호)이라는 점이다. 이 법 제7조가 '정치에 관한 불온한 언동'에 대한 처벌 조항이다. 이 법은 1945년 일본이 패전할 때까지 유지되었다.[2] 지금 와서 현재의 문제를 모두 식민 지배 탓으로 돌리는 것에는 동의하지 않지만 통치층의 인식이나 태도는 확실히 식민지 시절과 연속되는 점이 많다. '불온'이라는 용어는 요즘도 심심찮게 등장한다.

방법으로서 불온: 거슬러 읽기

불온에 관한 연구는 대체로 두 가지 방향에서 이루어질 수 있다. 우선 불온을 판단하고 처리하는 주체와 제도(법, 기구 등)에 관한 연구다. 일종의 통치(비판)사라 할 수 있다. 다른 하나는 불온하다고 판단되는 대상들에 관한 연구다. 이때 관건은 지배자들의 시선과 기록을 뚫고 대상자들의 능동성과 활력을 포착하는 것이다. 이를 위해서는 지배층이 남긴 사료에 대한 '다시 읽기' '거슬러 읽기'가 불가피하다. 지배층이 남긴 사료를 그대로 따르지 않고 맞서는 불온, 곧 방법으로서 불온이다.

이 책에서 주로 이용한 경성지방법원 형사사건 기록을 예로 들어보자. 사건의 단서 포착에서부터 재판에 이르는 형사사건 기록에서 피의자가 사상범이나 확신범이 아니라면 대부분 개과천선改過遷善한다. '한때 잘못했지만 앞으로는 안 그러겠다, 황국신민皇國臣民이 되겠다'가 자료가 전해주는 바이다. 기록에 따르면 강상규, 김영배, 신설리 패, 김창환과 그 친구들이 자신의 입으로 그랬다. 과연 기록은 얼마나 사실을 반영하고 있을까? 그렇지만 않다는 것은 강상규와 김영배의 이후 삶이 보여준다. 김창환, 이병은, 이광훈은 속죄의 의미로 '지원병이 되어 천황폐하에, 나라에 충성을 다하겠'다고 맹세했다. 그런데 실제 이 마을에서 지원병이 된 자는 다른 동급생 우윤규였다.[3] 경찰·검사·판사와 피의자의 역학 관계를 감안하여 다시 읽기, 거슬러 읽기가 필요하다.[4]

강상규의 경우 경찰이 '개인 일기'를 압수하여 신문할 때 사용함으로써 그의 사적 영역이 얼마나 불온으로 가득 찼는지 드러났다. 우선 일기의 존재 자체를 의심해볼 수 있다. 검경이 조작한 것은 아닐까? 강상규는 검경이 그 정도 공을 들일 정도의 거물이 아니다. 만약 필요하다면 폭력과 같은 더 손쉬운 방법을 사용할 수도 있었을 거다. 그렇다면 강상규는 그런 위험한 내용을 왜 일기에 썼을까? 강상규는 훈련받은 조직 활동가가 아니다. 당시 불온 언동 사건 중에는 일기가 증거로 제시되는 사건이 제법 있었다. '경성 유학 5인조' 사건도 한 예다.[5] 이는 두 가지를 말해 주는 것 같다. 하나는 식민지 시기의 일상과 사적 영역에 상존하는 불온. 전시기戰時期 식민 권력이 일상 영역에 침투하고 통제를 강화하자 일상적인 불온이 드러났다. 다른 하나는 식민정책, 특히 전시기 그것의 실패. 불온열전 주인공들을 볼 때 일상적인 불평불만이 식민 체제에 대한 근원적 부정으로 발전하게 되는 계기는 내선일체와 같은 전시기 식민정책이었다.

그러면 강상규의 개인 일기 내용은 곧이곧대로 믿을 수 있을까? 먼저, 우리가 볼 수 있는 일기 내용은 경찰이 강상규의 불온을 증명하기 위해 그런 부분만 발췌한 것이라는 점을 고려해야 한다. 그렇지 않은 다른 세계가 존재할 가능성이 있다. 그의 발언에 이미 암시되어 있다.

경찰 너는 이 사람 저 사람에게 황거요배를 반대하도록 하지 않았는가.

강상규 나는 조선의 독립을 목표로 하면서도 일본의 학교에서 공부하고 있는 이상 일본 정부의 정책이나 방침을 표면에서 반대하여 나갈 만한 힘은 유감이지만 없다. 그래서 형식적으로는 황거요배를 하고 있었고, 다른 사람들에게도 아직 그렇게 말했던 적은 없다. 그런 만큼 나의 가슴속에는 그때마다 화가 나서 끓어오르는 것 같았으므로 이와 같이 나의 일기에 의견을 솔직하게 써서 현재 마음대로 되지 않는 울분을 풀고 스스로 위로했던 것이다.

— 1941. 5. 3. 경찰 신문 중에서[6]

강상규의 개인 일기는 분풀이와 위로의 장소였던 것이다. 그에게는 또 다른 '표면' '형식'의 세계가 있었고, 그 세계의 질서를 반대할 힘이 없었다. 본문에서 보았듯이 그 질서는 입신출세를 위해서는 참고 따라야 할 학력주의의 길이었다. 그런데 그의 표면 세계는 어떻게 입증하지? 어차피 동일한 자료이고 비슷한 한계가 있지 않을까? 이런 중에 그의 '표면' 세계를 입증하는 '학적부'를 찾아냄으로서 내면(개인 일기)과 표면(학적부)의 갈등으로 그의 삶을 재구성할 수 있었다. 내면과 표면(그리고 각각을 대변하는 자료들)은 서로를 가리키며 이렇게 말하는 것 같다. '저것이 강상규의 전부가 아니라네. 조심하게.' 거슬러 읽기는 대상을 가리지 않는다. 다른 가능성을 열어 두고, 대조할 수 있는 자료를 찾아야 한다.

불온이 머무는 곳: '문턱 너머'

마쓰다 도시히코松田利彦는 전시기 시국좌담회에 관해 연구하면서 자신의 연구를 이렇게 위치 지었다. 즉 마쓰모토 다케노리松本武祝가 촌락 단위까지 침투한 식민정책과 조선인의 자발적 협력을 강조한 반면, 변은진은 내적 조건을 무시한 식민정책과 그에 저항하는 민중을 부각했는데, 자신은 그러한 격차를 메울 수 있는 실마리로 권력과 민중이 만나는 '시국좌담회'를 검토했다. 그에 따르면 전 민중을 대상으로 한 시국좌담회 개최 자체는 식민정책의 전례 없는 '관철'이지만, 좌담회에 참석하여 질문하는 조선인에게 나타난 유형무형의 반작용과 넘을 수 없는 장벽을 고려한다면 '관철'을 강조하기가 어렵다.[7]

불온열전의 위치를 단순하게 말하자면 지배(마쓰모토)와 저항(변은진)을 양쪽 끝으로 하는 선 위의 중간쯤 마쓰다와 마주 보고 있는 곳이다. 마쓰다 너머에 마쓰모토가 보이고 필자 등 뒤로 변은진이 있다. 마쓰다가 도달한 지점은 포이케르트Detlev Peukert가 말한 '경찰이 간섭하는 영역의 문턱'이고 필자가 다다른 곳은 바로 '문턱 너머'이다. 모든 체제에는 경찰이 간섭하는 문턱 너머에 놓인 영역이 있기 마련이다.[8] 김영배의 경우처럼 근로보국단 결성식에 참석했던 농민들이 돌아와 수다 떨던 사랑방 같은 곳. 그곳에서 불온은 드문 일이 아니었다.

'문턱 너머'는 어떻게 탐구할 수 있을까. 마쓰다처럼 지배자 측의 자료를 통해 징후를 읽어낼 수도 있고, 변은진처럼 역시 지배자 측이 남긴 단편적 자료를 끌어모아 저항으로 수렴되는 역사상을 세워볼 수도 있다. 그러나 어느 쪽도 구체적인 삶은 좀처럼 보이지 않는다. 나의 방법은 '문턱 너머'에서 움직였던 사람의 자취를 따라다니면서 그가 남긴 삶의 흔적을 주워 담는 것. 나 또한 주로 이용한 자료는 지배자 측이 남긴 것이다. 다만 형사사건 기록은 다행히 행위자 개인에 대한 정보가 많다. 그것을 실마리 삼아 행위자의 행적을 추적하고 답사하고, 관련되거나 기억하는 자를 인터뷰하여, 행위자 개인의 삶과 사건을 재구성해보았다. 물론 이럴 경우 일반화가 어렵다는 단점이 있지만 구체적인 삶이 보이고, 이로써 삶과 지배, 삶과 저항이 연결된다. 문턱 너머에서 지배와 저항이 엉켜 있는 삶을 발견할 수 있다.

잠시 '신설리 패' 편에 대해 변명하겠다. 다른 편들과 달리 왜 개인이 아니라 집단을 다루었는지, 전시기가 아니라 그 이전 시기인지 궁금할 수 있다. 식민지 사회를 폭 넓게 공부하는 차원에서 학생, 농민과 다른 도시 하층민을 다루고 싶었지만 아직까지 개인을 단위로 할 만한 자료를 찾지 못했다. 그나마 집단으로도 전시기 이전 사건, 1931년 반중국인 폭동에서 잘 보인다. 이러한 자료 상황 자체가 도시 하층민의 삶과 이에 대한 지배층의 시선을 반영하는 것이리라. 어쩔 수 없이 '신설리 패' 편에서는 상대적으로 사람들보다 그들이 살았던 땅에 더 주목했다. 도시 변두리는 '문턱 너머'의 불온을 대표하는 곳이다. 그 땅에 아로새겨진 인간관계―민족과 계급―를 추적했다. 장소에 가려 사람을 놓치지 않도록 이데올로기가 아니라 삶의 조건으로서 민족과 계급을 다루었다.

행위로서 불온: 순응과 공존, 저항의 뿌리

불온은 저항 행위에서 어디쯤 위치할까, 순응과는 어떤 관계일까. 이야말로 사람마다, 집단마다, 처한 상황마다 다를 수밖에 없다. 범주화, 일반화하기에는 턱없이 사례가 부족하다. 단지 앞으로 연구를 위한 징검돌로서 세 가지만 언급하고자 한다.

첫째, 불온과 순응의 일상적인 공존 현상. 한 행위자 안에서, 문턱 안이나 너머 어디서든. 학교, '학생 일기', 일본어 사용 공간에서 나타난 강상규의 순응을 액면 그대로 받아들이는 것은 순진하다. 그 순응의 밑에는 불온이 도사리고 있었다. 친구들과 함께하는 사적 영역, '개인 일기', 조선어 사용 공간에서 드러난 강상규의 불온 역시 불온으로만 볼 수 있을까? 발각되기 전까지는 순응의 힘에 의해 적절히 통제되었다. 이러한 공존은 김창환과 그 친구들, 그리고 국민징용령 위반 이전의 김영배에게도 발견할 수 있다. 또한 문턱 너머인 사랑방이 불온만으로 가득 찬 것은 아니다. 그 장소의 규칙에 따라 불온과 순응은 맞서고 있었다. 정치나 운동이 아닌 삶의 공간에서는 불온과 순응의 모호한 공존이 일상적인 듯하다.

둘째, 공존하는 불온과 순응의 역사적·국면적 분석. 강상규의 선동에 대한 고향 청년들의 반응을 상기해보자.[9] 청년들의 순응 또는 체념은 역사적으로 '밥만 먹으면 된다'는 손님 의식의 발현으로 해석할 수 있다. 식민지 시기 대다수의 조선인들은 근대에 들어서도 여전히 국민이 되지 못하고 손님으로 살아야 되는 존재들이다. 비주체적인 상황에서 손님 의식은 나름 세상을 보는, 살아가는 방식이다.[10] 또한 이 국면에선 경성으로 공부하러 가 실정 모르는 강상규에 대한 불신일 수도 있다. 그들은 다른 국면에선 불온하고 그 나름의 내력이 있을지 모른다. 불온과 순응이 분리되어 한쪽이 강화될 때, 왜 그러는지 역사적·국면적 분석이 필요하다.

셋째, 저항의 뿌리로서 불온. 보통사람들의 경우 순응에 비해 불온은 실현되지 않고 가능성으로 남는 경우가 많다. 그렇다고 행위자에게, 그 사회에 불온의 의미가 적다고 할 수 있을까? 행위자를 불온이 잘 드러나지 않는다고 순응만으로 판단하는 것은 얼마나 사실에 가까울까. 많은 사람의 불온에 기반하지 않는 저항은 비현실적이고 오히려 위험하다. 체제에 순응하지 않고 맞서는 불온은 행위자와 그 시대를 보여주는 창(窓)이며, 미래를 열어가는 저항의 뿌리다.

불온한 글쓰기

불온열전을 쓰면서 가장 많이 들은 얘기는 '왜 이런 식으로 글을 쓰냐'다. 한마디로 논문식으로 글을 쓰지 않는 데에 대한 문제제기다. 필자는 불온열전을 쓰기에 앞서 한 집단을 다루는 글을 쓰면서 글쓰기에 변화를 주었던 적이 있다. 그때 이렇게 말했다.

근래 구술사, 일상사, 또는 '기억' 연구의 진전으로 한국의 역사 서술에 유례없이 많은 '개인'이 등장했다. 역사 연구에서 개인을 어떻게 탐구하고 다뤄야 하는가? 새로운 주인공에 맞게 서술 방식도 바꿔야 하지 않을까? 연대기 형식으로 민중의 삶과 목소리를 통해 라틴아메리카의 역사를 녹여낸 에두아르도 갈레아노의 『불의 기억』(박병규 역, 따님, 2005)도 한 방법이라 생각했다. 개인을 수어로 놓고 그의 삶을 재구성하기 위해서는 당대의 자료와 함께 후대의 회고록, 인터뷰도 필요했다. 1차 사료에도 거짓이 있고 2, 3차 사료에도 진실이 있다. 그것을 발견하고 못하고는 연구자의 능력에 달린 문제이지, 자료 탓은 아니다.[11]

또한 불온열전을 시작하면서도 아래와 같이 밝힌 적이 있다.

'열전'은 근대 이후 역사학이 잃어버린 서사성을 되살리려는 시도이기도 하다. 개인들의 삶과 역사의 흐름이 만나면서 빚어지는 이야기를 통시적으로 담아내기에 적합한 형식으로 '열전'을 택한 것이다. 물론 이야기라 해도 실증에 기초한 이야기며, 릴케가 표범의 마음을 읽듯이 불온 언동자의 진실에 다가서려고 노력했다.[12]

개인의 등장, 즉 행위자의 귀환이라는 변화된 상황에 맞춰 다른 글쓰기를 시도했던 것이고, 변화의 핵심은 '이야기'의 도입이었다. 왜 이야기인가? 여태껏 읽은 것 중 이에 대한 최고의 답은 지그리프트 크라카우어 Siegfried Kracauer의 말이다.

왜 역사가는 이야기를 들려주어야 하는가? 그것은 역사가가 항상 환원 불가능한 존재 단위들과 마주치기 때문이다. 이 단위들은 서로 연결되지 않는 일련의 해프닝의 접점에서 비롯되며, 새로운 뭔가, 자연의 관찰을 넘어선 뭔가의 출현을 알리기도 한다. 분명 이 단위들을 다루는 방법은 그것들을 무수한 원인의 필연적 효과로 왜곡하지 않고 그것들의 사실성factualness을 존중하는 것이다. 이와 같은 사건이나 개념, 상황 등을 다룰 때 결정론은 더 이상 믿을 만한 길잡이가 되지 못한다. 이런 것을 다룰 때 가장 적절한 방법이 내러티브이다. 역사가가 이야기를 들려주는 것은 역사적 현실의 특성에 근거한 필요성에 부응하기 위해서

이다.[13]

어떤 식으로 쓰든 간에 중요한 것은 사실성의 존중이다. 내가 보기에 역사 연구의 대상은 크게 구조와 행위자, 두 가지로 나뉜다. 논문은 구조에 적합하고 이야기는 행위자에 어울린다. 또한 논문은 분석과 검증 및 축적에 효율적인 반면, 이야기는 이해와 공감에 탁월하다. 양자를 결합한 글쓰기가 가능할까? 이야기를 기본 축으로 하되 사이사이 분석을 집어넣고, 검증과 축적을 위해 상세한 주를 달았다. 구조에 관한 연구에서 분석을 주로 하되 이야기를 종으로 하는 방식도 가능할 것 같다.

불온한 역사 연구

'불온한 낙서'를 한 친구들의 동급생 윤원규가 당시 춘천 군청에 근무하는 숙부에게 홍순창 선생의 역사 이야기를 자랑하는 조로 얘기한 적이 있다. 숙부는 그런 '겉핥기' 역사 이야기를 듣고 좋아하면 안 된다고 일러주었다.[14] 이 대목에서 필자는, 그러면 과연 '전문' 역사는 어땠는지 반성해보자는 차원에서 간단히 사학사를 검토했다. 이는 조동걸의 작업이 갖는 의미를 이해하는 데도 필요한 것 같아 초고에 써보았으나 글의 흐름상 돌출적이라는 동료 연구자들의 지적이 많아 생략했다. 보론에 다시 살려본다.

일제 시기 최고의 역사 전문가라면 이병도와 신석호이다. 이병도(1896~1989)는 우리나라 최초의 대학 사학과(일본 와세다대) 출신 역사학자다. 그는 조선사편수회 촉탁으로 근무했는데, "일제시대에 총독부 관리들은 독립 사상에 관계된 것이 아니면 그렇게 탄압을 하지 아니하였기 때문에 나는 안심하고 한국사 연구를 하였"다고 했다.[15] 본인이 주도하여 1934년에 창설한 진단학회에 대한 자부심이 대단하다. 과학적 실증적 사학이 시작되는 계기로 보았다.[16] 신석호(1904~1981)는 1929년 경성제대 사학과를 제1회로 졸업했으며 곧바로 조선사편수회에 취직했고, 1934년 진단학회에도 참여한다.

해방 이후 한국 역사학계가 해야 할 두 가지는 독립운동사 연구와 정체성론 극복이었다. 해방 이전에 대학을 다녔거나 나온 세대 중에 이 분야에 나선 경우는 거의 없었다. 신석호는 해방 이후 연구가 적은데, 조선사편수회에서 친일한 것을 속죄하는 뜻으로 개인의 연구는 포기하고 후진을 위한 뒷바라지로 남은 생을 보내려 했기 때문이라 한다.[17]

반면에 이병도는 말년까지 활발히 활동했다. 그의 사학을 흔히 실증사학이라 하는데, 이런 일화가 있다. 1979년 발견된 중원고구려비 관련 학술회의에서 제액題額을 판독하는데 자기가 주장하는 글자를 꿈속에서 보았다고 했다. 당시 논쟁에 참여했던 한 학자는 논문에 이렇게 말했다. "(이병도가—인용자) 오매불망寤寐不忘 끝에 꿈에 건흥建興 연호가 나타나기까지 하였다고 한 바, 이 학문적 집념은 배워야겠지만 비문은 실재다."[18] 이병도에게 실증은 무엇이었을까?

1977년 조동걸은 『태백항일사太白抗日史』(江原日報社, 1977)의 서문에서 이런 과제를 제시한다. "한국사에 대한 연구를 본격화하고 그것을 담당했던 진단학회震檀學會가 설립된 지도 40여 년, 광복부터는 30여 년이 지났으나 (…) 한국사의 대중사적 개발 문제는 특히 근대사 연구에 있어 명제로 남아 있는 것이다. 그 위에 일제의 식민사관이 지적 산업계에서조차 그 잔영을 찾아볼 수 있어 민족 향방을 그늘지게 하는 듯 사필史筆을 울릴 경우가 많으니 이 또한 사학의 과제인 것이다."[19] 넌지시 진단학회를, 직접적으로 식민사관의 잔영을 비판했다. 과제 해결을 위해 지방사 연구를 통한 대중사적 개발을 제기하며 강원도민의 독립운동사를 엮었다.[20] 역사학계가 보신주의에 빠져 있을 때 '가지 않은 길'을 간 것이다. 이병도라는 후경後景에 조동걸의 작업을 놓을 때 그 불온함이 잘 드러난다.

같은 유신시대에 강만길은 이렇게 생각했다. "오늘날의 역사학이 이제는 아무 위험부담 없이 다룰 수 있게 된 식민사학 극복 문제에만 안주하고 있는 것은 아닌가 하는 생각을 하지 않을 수 없었다."[21] 분단시대 역사학의 출발이다.

우리 시대의 불온은 무엇인가, 우리는 과거의 불온에 안주하는 것은 아닌가.

미래의 자산, 불온

분단시대에 쓰인 문헌들이 일제 강점기를 서술하는 방식을 검토하다 보면 분단시대의 변명이 느껴진다. 대부분 '일제 통치는 세계, 그에 따라 저항도 더 세게' 쓴다. 일제 강점기보다 지금이 낫다, 여기까지 오는 것이 얼마나 힘들었는지를 말하는 것 같다. 틀린 말은 아니다. 그러나 좀 더 자신의 시대에 냉정할 필요가 있다. 불온열전을 쓰면서 주인공들의 말로를 알고 시작한 적은 없었다. 자료를 검토하고 답사 인터뷰하면서 알게 되었다. 강상규, 김영배 그리고 김창환과 그 친구들은 불온했지만 어쨌든 일제 강점기를 살아 넘겼다. 그러나 분단과 전쟁의 고비는 못 넘겼다. 어떤 사회에서나 지배나 체제에 순응하지 않는 불온의 영역이란 있고, 이 해결은 미래의 과제이다. 불온은 미래를 위한 자산인 셈이다. 일제 강점기에 광범위한 '불온'의 영역 없이는 항일운동이나 독립은 불가능했을 거다. 물과 물고기의 관계다. 그러한 '불온'이 없었다면 해방이 무슨 의미가 있겠는가? 불온열전의 주인공들은 일제 강점기가 아니라 해방 이후 살해되거나 실종되었다. 분단과 전쟁은 우리 사회—남이든 북이든—의 불온, 미래를 제거하는 과정이었다. 불온이 없는 사회에서 독재는 시작된다.

부표/미주/참고문헌

<부표 1> 1939년 김영배 사건 관련자들의 인적·경제적 상황

구분	성명	가족	자작(평)		소작(평)		연수입(석)		자산(원)	부채 (원, 석) 대부·저축 (원)	생활 정도	학력	기타
			논	밭	논	밭	벼	잡곡					
피의자	김영배 (25세)	7인 (5.4)	1,600	1,500~ 1,000	3,400	1,000	40~35	3~6	4,000	1,200~1,300 200	중류	서당 4년 보통 5년 수료	마을진흥회 간사
증인 1 사랑방 모임 참석	오선근 (30세)	4인 (1.8)	800		3,200	600	20	3	700		보통	보통 6년 졸업	도박죄, 과태료 10~14원
	김길현 (32세)	4인 (2.1)			2,000	1,200	8	6	30	80	그날그날 호구	보통 6년 졸업	
	김백현 (27세)	7인 (3.6)			4,000	900	10	4	30	20, 백미 1석	매우 어렵다	보통 6년 졸업	38년 경성 구경, 경찰서 처음
	김영옥 (26세)	8인 (4.7)			2,000	500	12	3	70	200	그날그날 호구	무학 문맹	성명만 씀
	김삼현 (28세)	5인 (2.8)			2,000	500	10	1.75	100	100	그날그날 호구	서당 1년	38년 경성 처음 구경, 경찰서 처음
증인 2	김재형 (64세)	11인 (5.4)			5,000	3,000	15	9.5	200	200	그날그날 호구	서당	경찰서 처음
친구	김만수 (37세)	7인 (3.1)			3,000	1,500	5	2	70		어려운 편	서당 7년, 간이농업학교 5개월 수료	묘지 등 규칙 위반, 벌금 30원 투서 버릇
	김영선 (28세)	4인 (2.4)	6,400	200			80, 소작 60	?	20,000	?	상류	보통 6년 졸업 배재고보 1년 및 경성공학원 1년 수료	마을 진흥회장

김영배와 증인들의 부채 내역

이름	김영배	김길현	김백현	김영옥	김삼현	김재형
부채	1,200원	80원		200원	100원	200원
내역	양성금융조합 700원 김학수 500원 (소행 조서 1,300원쯤)	양성금융조합 50원 김학수 30원	백미 1석, 돈 20원	(양성)금융조합 80원 김창현 40원, 김영배 15원 마을 상계(喪契) : 백미 3두 2승 5합 마을 계 백미 5두	양성금융조합 40원 김재룡 30원 김영선 백미 5두	

자료 : 國史編纂委員會 編, 『韓民族獨立運動史資料集 66 - 戰時期 反日言動事件 I』, 2006.
* '보통'은 보통학교를 말한다.
* '친구'는 김영배의 진술에 따른 구분으로, 두 명 외에도 상단의 오선근을 꼽았다. 친구에 관한 사항은 경찰의 신원 조사에 의한다.

〈부표 2〉 신설리 경마장 중국인 숙소 습격·방화 사건의 주요 인물

이호기 李鎬基(福男) 19세, 가족 5인	• 주소 : 신설리 141번지 • 직업 : 무직(제사공장 견직 직공 경험, 음식점 보조) • 학력 : 인현仁峴공보 6년 졸업 • 가정 형편 : 부친이 의정부에서 음식점 영업(이전에 신설리 132번지 우리 주점 경영) • 판결 : 건조물·가재 파괴, 방화로 징역 5년 판결
한호석 韓秋夕 17세, 가족 17인	• 주소 : 숭인동 192번지 • 직업 : 농업, 야채 재배 및 판매 • 학력 : 창신보통 4년 졸업 • 가정 형편 : 소작농. 생활 곤란하지 않으나 유복하지 않음. 부친 재산, 동 부동산 1,150원 • 판결 : 건조물·가재 파괴로 징역 8월 판결
이동천 李東天 23세, 가족 없음	• 주소 : 신설리 142번지 • 직업 : 고용인(떡집), 일수입 평균 30전 • 학력 : 무학 • 가정 형편 : 어릴 때부터 일용 노동 • 판결 : 건조물·가재 파괴로 징역 8월 판결
조경춘 趙敬春 23세, 가족 5인	• 주소 : 숭인면 신설리 132-21 • 직업 : 직공[서울고무(신)회사], 월수입 19원 50전 • 학력 : 창신보통 2년 • 가정 형편: 부친 떡집 운영, 매월 30원 이상 수입. 동산으로 동척의 토지에 지은 조선식 초가 5칸 1동, 시가 300원 정도 • 판결 : 건조물·가재 파괴로 징역 8월 판결
고삼길 高三吉 22세, 가족 2인	• 주소 : 창신동 • 직업 : 목공, 일수입 70전 • 학력 : 보통학교 3년 • 판결 : 건조물 파괴로 징역 6월 판결
안원복 安元福 21세, 가족 3인	• 주소 : 상왕십리 611번지 • 직업 : 야채상, 야채 재배, 일수입 60전 • 학력 : 무학 • 가정 형편 : 그날 벌어 그날 삶. 부동산 300원 • 판결 : 방화로 징역 3년

이천길李千吉 24세, 가족 5인	• 주소 : 상왕십리 584번지 • 직업 : 철공/무직. 17세까지 전매국 고용. 20세에 일본 도항, 배회, 노동 • 학력 : 사립 영신永信 2년 • 가정 형편 : 형, 매일신보사 직공으로 월수 24원. 부동산 400원. 근근이 삶 • 판결 : 방화로 징역 3년
한갑동韓甲同 18세, 가족 4인	• 주소 : 상왕십리 543번지 • 직업 : 야채상 • 학력 : 무학 • 가정 형편 : 형과 함께 야채상. 살림 곤란. 형 일수 60전. 누이 일수 60전(의 주통 전매국) 도합 1원 20전. • 판결 : 방화로 징역 3년
한계창韓季昌 24세, 가족 7인	• 주소 : 하왕십리 572번지 • 직업 : 양화직공(목공, 전매국 직공, 일용노동 전전), 월수입 20원 • 학력 : 야학강습소 2년. (서당 6년) • 가정 형편 : 형, 전매지국의 목수(월 30원). 2인 급료로 일가 생활. 근소한 수입. 동부동산 400원. • 판결 : 무죄방면
최봉길崔奉吉 25세, 가족 4인	• 주소 : 하왕십리 709번지 • 직업 : 매일신보사 식자공, 일수입 80전 • 학력 : 왕십리공보 3년 • 가정 형편 : 동부동산 400원, 매월 20원가량 근소한 수입으로 가난 • 판결 : 무죄방면

자료 : 國史編纂委員會 編, 『韓民族獨立運動史資料集 57 - 中國人襲擊事件 裁判記錄 II』, 2004; 高等法院檢事局思想部, 『思想月報』 1-8호(1931. 11. 15) 및 1-12호(1932. 3. 15).

<부표 3> 강원도 양구군 해안면 매동심상소학교 낙서 사건 관련 경찰 기록

일련번호	주요 문서명	작성자 · 발신자 → 수신자	생산 년월일
①	사건송치서	양구경찰서장 → 경성지법 검사	1940. 11. 04
②	意見書	양구경찰서 사법경찰관 강원도 경부보 廣田勇 → 경성지방법원 춘천지청 검사 분국 조선총독부검사 田中伊之助	1940. 11.
③	不穩落書ニ 關スル 件	해안경찰관주재소 수석 → 양구경찰서장	1940. 04. 11
④	不穩文書ニ 關スル 件	해안경찰관주재소 순사 宮本正明 → 양구경찰서장 安部順一	1940. 4. 12
⑤	不穩落書事件被疑者(金昌煥, 李炳垠)任意同行ノ件	양구경찰서 순사 李鍾燮 → 양구경찰서장 安部順一	1940. 4. 15
⑥	不穩落書發見ニ 關スル 件	양구경찰서 순사 李鍾燮 → 양구경찰서장 安部順一	1940. 4. 16
⑦	不穩落書發見ニ 關スル 件	양구경찰서장 → 강원도경찰부장	1940. 4. 17
⑧	不穩落書事件ニ對スル搜査 復命	해안경찰관주재소 순사 宮本正明 → 양구경찰서장 安部順一	1940. 4. 23
⑨	保安法違反事件被疑者(南光淑) 任意同行方ノ件	양구경찰서 순사 西原翼相 → 양구경찰서장	1940. 5. 19
⑩	囑託書(保安法違反 被疑者 金昌煥 外 2名에 관한 증인 久保一郎 조사)	양구경찰서장 安部順一 → 삼척경찰서 사법경찰관	1940. 6. 11
⑪	搜索調書(김창환 외 1명 보안법위반 피의사건)	해안경찰관주재소 宮本正明·海崗光烈 (김창환·한국정·이병은·이광훈·남광숙 집 수색)	1940. 6. 15, 6. 17
⑫	檢證調書(김창환 외 3명 보안법위반 피의사건)	양구경찰서 순사 新羅康元(매동심상소학교, 이병은·이광훈의 집 현장검증)	1940. 6. 16 ~ 6. 17
⑬	〔不穩落書事件被疑者(韓國楨) 任意同行〕	양구경찰서 경부보 廣田勇 → 양구경찰서장	1940. 6. 18
⑭	證人 久保一郎 訊問調書	삼척경찰서 순사 龍岡長雄	1940. 6. 18
⑮	不穩落書事件ニ對スル搜査狀況報告	해안경찰관주재소 순사 宮本正明 → 양구경찰서장 安部順一	1940. 6. 30

⑯	保安法違反者(李光勳)同行ニ關スル件	양구경찰서 순사 佳山高穎 → 양구경찰서장 安部順一	1940. 7. 21
⑰	被疑者 金田昌煥 신문조서(1회)	양구경찰서 경부보 廣田勇 신문, 순사 西原翼相 입회(본문에 治安維持法違反被疑事件이라 함, 이하 동일)	1940. 8. 14 ~ 8. 15
⑱	被疑者 豊村炳垠 신문조서(1회)	양구경찰서 경부보 廣田勇 신문, 순사 西原翼相 입회 겸 통역	1940. 8. 16
⑲	被疑者 廣村光勳 신문조서(1회)	양구경찰서 순사 西原翼相 신문, 순사 大武治雄 입회	1940. 8. 17
⑳	被疑者 南光淑 신문조서(1회)	양구경찰서 순사 西原翼相 신문, 순사 大武治雄 입회	1940. 8. 18
㉑	불온낙서 사건 수사 상황 보고	양구경찰서 경부보 廣田勇, 순사 西原翼相 → 양구경찰서장 安部順一	1940. 8. 18
㉒	不穩落書發見ニ關スル件	양구경찰서장 → 강원도경찰부장(본문에 치안유지법위반 사건)	1940. 8. 18
㉓	被疑者 韓國楨 신문조서	양구경찰서 강원도 순사 西原翼相 신문, 순사 大武治雄 입회	1940. 8. 19
㉔	治安維持法違反被疑者(洪淳昌) 檢擧方伺ニ關スル件	양구경찰서서장 → 강원도경찰부장	1940. 8. 19
㉕	囑託(命令)書(金永昌 신문, 이광훈 소행 조서, 증거품 차압 등)	양구경찰서서장 安部順一 → 亥安주재소 사법경찰관 사무 취급	1940. 8. 19
㉖	搜索調書(洪淳昌)	양구경찰서 경부보 廣田勇	1940. 8. 21
㉗	治安維持法違反被疑者同行報告(洪淳昌)	양구경찰서 경부보 廣田勇, 巡査 佳山高穎 → 양구경찰서장 安部順一	1940. 8. 21
㉘	피의자 德山實 신문조서(1회)	양구경찰서 경부보 廣田勇 신문, 순사 西原翼相 입회	1940. 8. 23
㉙	증인 金永昌 신문조서	양구경찰서 해안경찰관주재소 宮本正明, 통역 겸 입회인 海岡光烈	1940. 8. 23
㉚	증인 大林允奎 신문조서	양구경찰서 경부보 廣田勇 신문, 순사 西原翼相 입회 겸 통역	1940. 9. 2
㉛	피의자 尹元奎(平沼元奎) 신문조서	양구경찰서 西原翼相 신문, 순사 大武治雄 통역 겸 입회	1940. 9. 4
㉜	증인 李柱成 신문조서	양구경찰서 양구경찰서 西原翼相 신문, 순사 大武治雄 입회	1940. 9. 5

㉝	증인 金剛根瀅 신문조서	양구경찰서 경부보 廣田勇 신문, 순사 西原輝人 입회	1940. 9. 13
㉞	증인 德山正晃(洪河杓) 신문조서	양구경찰서 경부보 廣田勇 신문, 순사 西原輝人 입회 겸 통역	1940. 9. 15
㉟	증인 金學模 신문조서	양구경찰서 해안주재소 宮本正明, 순사 海崗光烈 통역 겸 입회	1940. 9. 15
㊱	증인 德山弘晃 신문조서	양구경찰서 경부보 廣田勇 신문, 순사 西原輝人 입회 겸 통역	1940. 9. 17
㊲	피의자 金田昌煥 신문조서 (제2회)	양구경찰서 경부보 廣田勇 신문, 순사 西原輝人 입회 겸 통역	1940. 9. 18
㊳	피의자 淸原國禎 신문조서 (제2회)	양구경찰서 경부보 廣田勇 신문, 순사 西原輝人 입회 겸 통역	1940. 9. 18
㊴	피의자 德山實 신문조서 (제2회)	양구경찰서 경부보 廣田勇 신문, 순사 西原輝人 입회 겸 통역	1940. 9. 21
㊵	증인 呂成夏(星原成夏) 신문조서	양구경찰서 경부보 廣田勇 신문, 순사 西原輝人 입회 겸 통역	1940. 9. 27
㊶	증인 呂玉也 신문조서	양구경찰서 경부보 廣田勇 신문, 순사 西原輝人 입회 겸 통역	1940. 10. 3
㊷	증인 金鍾源 신문조서	양구경찰서 경부보 廣田勇 신문, 순사 西原輝人 입회 겸 통역	1940. 10. 3
㊸	증인 安昌獜 신문조서	양구경찰서 경부보 廣田勇 신문, 순사 西原輝人 입회 겸 통역	1940. 10. 11
㊹	증인 朴東赫 신문조서	양구경찰서 경부보 廣田勇 신문, 순사 西原輝人 입회 겸 통역	1940. 10. 11
㊺	(촉탁) 命令書	양구경찰서 경부 安部順一 → 해안주재소	1940. 10. 11
㊻	피의자 德山實 신문조서 (제3회)	양구경찰서 경부보 廣田勇 신문, 순사 西原輝人 입회 겸 통역	1940. 10. 30
㊼	피의자 김창환(제3회), 이병은(제2회), 이광훈(제2회), 남광숙(제2회), 한국정(제3회) 신문조서	양구경찰서 경부보 廣田勇 신문, 순사 西原輝人 입회 겸 통역	1940. 10. 30
㊽	피의자 한국정(제4회), 남광숙(제3회), 김창환(4회), 이광훈(제3회) 신문조서	양구경찰서 경부보 廣田勇 신문, 순사 原輝人 입회 겸 통역	1940. 11. 3

㊾	保安法違反者(尹元奎)所在搜査 方의 件	양구경찰서 순사 玉山雄達 → 양구경찰 서장 安部順一	1940. 11. 3
㊿	피의자 소행조서(덕산실/한국정/ 이치영)	연곡경찰관주재소 순사 山本秀光 / 海崗 光烈 / 稻田敏治	1940. 10. 21/ 6. 17/10. 12
51	소년 소행조서(김창환, 이병은, 남광숙, 이광훈, 윤원규)	海崗光烈 / 宮本正明	1940. 6. 17/ 6. 21/10. 3

자료 : 京城地方法院春川支廳, 『기록호 1940 刑1016호 1940 豫18호, 德山實 외 5명(治安維持法 違反, 保安法 違反)』.
* 편철되어 있는 순서대로 기입한 것임.

〈부표 4〉 1930, 40년대 해안면 및 양구군의 민족별 인구 구성

(단위 : 명, %)

		1930	%	1932	%	1934	%	1935	%	1940	%	1944	%
해안면	조선인	4,324	100	4,359	99.9	4,012	99.9	4,070	99.9				
	일본인	2	0.0	4	0.1	3	0.1	5	0.1				
	총인구	4,326	100	4,363	100	4,016	100	4,075	100			4,813	
양구군	조선인	52,021	99.8	48,188	99.8	50,892	99.7	54,674	99.7	55,863	99.7	57,370	99.8
	일본인	95	0.2	112	0.2	116	0.2	125	0.2	147	0.3	129	0.2
	총인구	52,124	100	48,302	100	51,021	100	54,814	100	56,016	100	57,506	100
강원도	조선인	1,473,972	99.1					1,590,448	99.1	1,742,928	98.8	1,837,807	98.9
	일본인	11,112	0.7					14,013	0.9	20,746	1.2	19,386	1.0
	총인구	1,487,715	100					1,605,274	100	1,764,649	100	1,858,230	100
전국	조선인	20,438,108	97.1					22,208,102	97.0	23,547,465	96.8	25,133,352	97.0
	일본인	527,016	2.5					619,005	2.7	707,337	2.9	712,583	2.7
	총인구	21,058,305	100					22,899,038	100	24,326,327	100	25,917,881	100

자료 : 1930년, 1935년은 해당 연도판 『朝鮮國勢調査報告』, 1940년은 『朝鮮昭和十五年國勢調査結果要約』, 1944년은 『昭和十九年五月一日人口調査結果報告』, 1932년과 1934년은 해당 연도판 楊口郡, 『郡勢一斑』.
* 해안면의 1932년, 1934년 일본인 호수는 1호다.

〈부표 5〉 1934년 공립보통학교(조선인) 및 소학교(일본인)의 사정

공립보통학교		해안보통학교	강원도(137교)	전국(2,128교)	공립소학교
학급 수		2	524	9,480	1,925
교직원 수 (훈도/기타/계)	조선인	1/1/2	346/19/365	6,433/626/7,059	30/2/32
	일본인	0/0/0	172/2/174	3,107/108/3,215	1,956/376/2,332
생도 수		140	34,550	606,417	80,934
경비		2,903	716,731	14,188,158	4,403,278
생도 1인당 경비		21	20	21	45
교사 1인당 학생		70	64	59	34

자료: 朝鮮總督府學務局, 『朝鮮諸學校一覽(昭和九年五月末現在)』, 朝鮮總督府學務局, 1935, 13~14쪽, 117~118쪽, 385~386쪽.

〈부표 6〉 해안공립보통학교(1938년 이후 매동심상소학교) 재직 교원(1934~1941)

	1934	1935	1936	1937	1938	1939	1940	1941
金元燮	훈도 (월 70)	훈도 6	훈도 6	훈도 6	훈도 6	훈도 6		
姜文遠							훈도 4	
晋山文雄								훈도 4
林禹相	촉탁	훈도 11	훈도 11					
洪淳昌				훈도 7	훈도 7	훈도 7		
許南焄				훈도 (월 42)	훈도 (월 42)	훈도 10		
金君善						훈도 (월 42)	훈도 10	
金蓮植						촉탁	훈도 11	
金川政曉								훈도 8
東敬三郎*								훈도 9
末澤三次*								훈도 10
野澤誠一*								훈도 (월 60)

자료: 朝鮮總督府 編, 『朝鮮總督府及所屬官署職員錄』 각년판 참조(국사편찬위원회 한국사데이터베이스 http://db.history.go.kr/url.jsp?ID=jw 검색).

* 사건 당시 교장이었던 구보 이치로(久保一郞)는 1939년 8월 말부터 1940년 3월 말까지 매동심상소학교에 재직했다. 1939년 판, 1940년 판 직원록의 조사 시점이 7월 1일이므로 그의 이름은 나오지 않는다. '*' 표시한 사람은 1940년 이전에도 같은 이름으로 직원록에 나오므로 일본인일 가능성이 높다. 직명 옆의 숫자는 봉급 급수 또는 봉급액(단위: 원)을 말한다.

미주

경성 유학생 강상규, 독립을 열망하다

1 國史編纂委員會 編, 『韓民族獨立運動史資料集 67 – 戰時期 反日言動事件 Ⅱ』, 2006, 49쪽, 138~139쪽, 183~184쪽. 앞으로 주에서 쪽수만 표기한 것은 모두 이 자료집의 쪽수이다. 인용한 문장은 원문을 참조하여 읽기 좋게 수정하거나 축약한 경우도 있다.
2 신문조서 기록자는 "더러운 도적"이 "일본 관헌"을 가리킨다는 주를 달았다(86쪽).
3 동행했던 김재원은 강상규의 이런 태도를 납득하기 어려웠다. "너도 버려라"는 강상규의 말을 따르지 않았다(179~180쪽).
4 朝鮮總督府全羅北道, 『朝鮮總督府全羅北道統計年報(大正3年)』, 1917, 169~170쪽; 朝鮮總督府殖産局, 『朝鮮の農業(一九三〇)』, 1932, 182~187쪽.
5 1930년 전라북도 지주의 소유 면적(24만 3,804정보) 중 일본인 지주는 6만 1,832정보를 소유하여 25.4%를 차지했다(久間健一, 『朝鮮農業の近代的樣相』, 西ケ原刊行會, 1935, 327~328쪽). 1929년 7월 현재 옥구군에 30정보 이상 일본인 지주의 소유 면적은 8,306.5정보(朝鮮總督府殖産局, 『朝鮮の農業(一九三〇)』, 1932, 182~187쪽)로서 1930년 옥구군의 경지 면적 1만 5,812.3정보(全羅北道沃溝郡, 『沃溝郡郡勢一般』, 1930. 9, 10쪽)의 52.5%에 해당한다. 여러 군에 걸쳐 있는 경우도 있으나, 누락되거나 30정보 미만인 경우를 감안하면 이 비중은 실제와 비슷할 것이다.
6 山部珉太郎, 「不二干拓地を見る」, 『文化朝鮮』 4~5, 1942. 12, 67쪽; 「豫算案通過에 給料增額을 反對 – 沃溝郡學校平議員會서」, 〈東亞日報〉 1927. 3. 14. 일제 시기 만경강 유역의 변화에 대해서는 홍성찬·최원규·이준식·우대형·이경란, 『일제하 만경강 유역의 사회사: 수리조합, 지주제, 지역 정치』, 혜안, 2006 참조.
7 주봉규·소순열, 『근대 지역 농업사 연구』, 서울대학교출판부, 1996, 55쪽.
8 沃溝文化院 編, 『沃溝地方抗日運動史』, 1993, 245~265쪽 참조.
9 그는 경찰 신문 초기에는 호적상 나이로 답하다가 나중에는 실제 나이로도 대답하였다. 백부의 아들로서 증인신문 당시 23세라고 밝힌 강한규(姜漢奎)는 강상규를 형이라 불

랐다(48, 80, 172, 196~197쪽).
10 강상규의 종질(從姪) 강태영 옹(1944년생)의 증언에 따른다(2008. 4).
11 224쪽.
12 朝鮮殖産銀行, 『第15回全鮮畓田賣買價格及受益調』, 1942, 7쪽에 의거하여 계산함.
13 1937년 8월 방학 때 고향에서 강상규는 제초하고 있는 인부들에게 술을 갖다주었다 (200쪽).
14 80, 168쪽.
15 文鎭國, 『朝鮮全道面職員錄』, 文鎭堂, 1927, 56쪽.
16 113쪽.
17 199쪽. 이 글에 나오는 강상규의 일기는 경찰이 압수한 것으로, 원본은 남아 있지 않다. 다만 신문하는 과정에서 증거로 제시되거나 날짜를 확인하기 위해 인용되는 경우가 많으며, 그 경우 일기 내용이 신문조서에 기록되어 있다.
18 「道民이 一致協力하여 全北號機를 獻納」, 〈東亞日報〉 1937. 8. 25; 「全北號 獻納式擧行(全州)」, 〈東亞日報〉 1937. 11. 3.
19 80, 197, 236쪽.
20 朝鮮教育會 編, 『(國定教科書に現はれたる)朝鮮資料寫眞目錄』, 朝鮮教育會, 1929.
21 이하 서술은 최원규, 「1920~30년대 일제의 한국 농업 식민책과 일본인 자작농촌 건설 사업-불이농촌(不二農村) 사례」, 『東方學志』 82, 1993; 李圭洙, 「20세기 초 일본인 농업 이민의 한국 이주」, 『大東文化研究』 第43輯, 2003; 李圭洙, 「후지이 간타로(藤井寬太郞)의 한국 진출과 농장 경영」, 『大東文化研究』 第49輯, 2005를 많이 참조하였다.
22 伊藤俊夫, 「南鮮調査隊報告 三: 經濟上より見たる不二農村の實態」, 『京城帝國大學法學會論集』 14-1, 1942, 117쪽.
23 「不二農場移民과 沃溝農民의 恐慌」, 〈朝鮮日報〉 1924. 6. 29.
24 KBS1, 〈다큐-일본인들의 이상향 호남평야 불이농촌〉, 2003년 8월 방영. '한국의 간척농업'(http://www.hari.go.kr/Reclaim/)의 '자료실-기타 자료'에서 시청할 수 있다. 물론 회고하는 사람들의 대부분은 당시 어린아이였다. 그들 부모는 많은 혜택도 누렸지만, 실상 '근로 제일주의'에 시달려야 하는 녹록지 않은 삶이었다. 이에 대해서는 위의 최원규 논문 참조.
25 山部珉太郞, 앞의 글, 71쪽.
26 京城帝國大學衛生調査部, 「不二農場調査報告-衛生調査第四報」, 『朝鮮總督府調査月報』 14권 4호, 1943. 4, 41쪽.

27 大野保,『朝鮮農村の實態的硏究』,『論叢』제4집(大同學院 編), 1941, 225~226쪽.
28 KBS1, 〈다큐-일본인들의 이상향 호남평야 불이농촌〉, 2003년 8월 방영; 林永春,『갯들』, 현암사, 1981.
29 林永春, 위의 책, 177쪽, 240쪽; 장성수·함한희·변화영·한민옥·이지연,『(20세기 한국 민중의 구술자서전) 징게맹갱외에밋들 사람들』, 小花, 2005, 152~153쪽.
30 2008년 4월 옥봉리 남동마을 답사를 안내했던 강태영 옹이 물맛 좋은 우물이 있다 길래, 혹시 간척민이 물 길러 오지 않았느냐고 물으니, 해방 이후에 물을 길러 온 적이 있었지만 아이들이 그 물통에 모래를 집어넣었다고 한다. 혹시 간척지 아이들과 놀지 않았냐는 질문에는 그들과 어울리지 않았다고 했다. 남동마을 우물 맛에 대해서는 沃溝文化院,『沃溝文化 제7집(마을由來)』, 1994, 68쪽에도 나와 있다.
31 114~116쪽, 172~174쪽.
32 卞恩眞,「日帝 戰時파시즘期(1937~45) 朝鮮民衆의 現實認識과 抵抗」, 고려대 사학과 박사학위 논문, 1998, 118~145쪽.
33 강상규는 강한규의 집안(백부)을 반소작농으로 파악하며 생계가 좋지 않다고 했다(113쪽). 마을 청년들은 모두 강한규의 집에 놀러왔다가 강상규를 만났다.
34 114, 172쪽.
35 오성철,『식민지 초등교육의 형성』, 교육과학사, 2000, 165~173, 404쪽.
36 대한제국 시기 및 일제 강점 초기의 학력주의에 대해서는 이광호,『구한말 근대 교육체제와 학력주의 연구』, 문음사, 1996 참조.
37 형들의 출생년도는『晉州姜氏戶部事公派世譜 卷之二』, 1999, 271쪽에 의거했다.
38 오성철, 앞의 책, 133쪽.
39 168쪽.
40 48~49쪽, 85쪽.
41 53, 85, 90쪽.
42 리하르트 반 뒬멘 지음, 최윤영 옮김,『개인의 발견』, 현실문화연구, 2005, 9쪽.
43 이기훈,「독서의 근대, 근대의 독서-1920년대의 책읽기」,『역사문제연구』 7, 2001, 26~36쪽; 천정환,『근대의 책읽기』, 푸른역사, 2003, 64~76쪽, 176쪽; 김한식,「잡지의 서적 광고와 내면화된 근대-『청춘』과『개벽』을 중심으로」,『상허학보』 16, 2006. 2.
44 영웅전에 나타난 자아실현의 욕망에 대해서는 安圻洙,「趙雄傳에 나타난 慾望의 構造와 意味」,『語文硏究』제85권, 1995. 3, 83~86쪽 참조.
45 京畿高等學校七十年史編纂會,『京畿高等學校七十年史』, 京畿高等學校同窓會, 1970,

119쪽.
46 京畿九十年史編纂委員會, 『京畿九十年史』, 京畿高等學校同窓會, 1990, 157~161쪽.
47 위의 책, 150~151쪽.
48 朱耀燮, 「學校選擇問題特輯, 學校選擇에 對한 社會의 考察과 個人의 考察」, 『東光』 제18호, 1931. 2, 50쪽.
49 「公立高普 入學은 有産子女에만 制限? 입학원서에 납세증명서 年稅金二百圓標準」, 〈東亞日報〉 1930. 2. 7; 「入學願書에 納稅證明書添附, 教育機會均等에 違反」 및 「納稅證明書 添附에 學務局側도 大反對」, 같은 신문, 1930. 2. 9; 「從來入學制度에도 財産重視는 事實, 납세증명서 첨부가 오히려 간단명요」, 같은 신문, 1930. 2. 12.
50 108쪽.
51 198~199쪽.
52 197쪽.
53 197~205쪽. 제목은 필자가 붙였으며, 인용문 중 괄호 안은 필자 설명이다.
54 128쪽.
55 197쪽.
56 203쪽.
57 京城第一公立高等普通學校, 「各科教授要綱」, 1935, 2쪽.(龍溪書舍 編, 『日本植民地敎育政策史料集成(朝鮮編)』, 第19卷에 수록)
58 미셸 푸코 지음, 오생근 옮김, 『감시와 처벌—감옥의 역사』, 1994, 267~302쪽; 윤평중, 「푸코: 주체의 계보학과 윤리학」, 『주체 개념 비판』, 서울대학교출판부, 1999, 172~173쪽.
59 74, 102쪽.
60 135~137쪽.
61 81쪽.
62 강상규뿐 아니라 많은 학생들이 검열에 대비하여 '개인 일기'를 따로 썼는데, 증인으로 나선 최강(崔堈)도 강상규가 얘기한 독립 얘기는 일기에 쓰지 않았다(73쪽). 전시기(戰時期)에 학교에서는 사상을 통제하기 위해 모든 학생에게 '정진(精進) 일기'라는 것을 쓰게 했다. 대부분 학생은 '특기할 일이 없음'이라고 썼으니, "간혹 쓸데없는 일을 분을 참지 못하고 써서 말썽이 되어 정학당하는 일도 있었다"고 한다. 京畿高等學校七十年史編纂會, 『京畿高等學校七十年史』, 京畿高等學校同窓會, 1970, 165쪽. 강상규의 '개인 일기' 전문을 보지 못했지만, 권력의 시선이 종종 실패하듯이 개인의 자기 관찰도 꼭 성공하는 것만은 아니다. 남아 있는 내용으로 보건대 얼마나 자신을 객관화했는지 의문

이 드는 대목이 더러 있다.
63 196, 217쪽.
64 86쪽.
65 55, 87쪽.
66 106~108, 169~170쪽.
67 89~90쪽. 나중에 재판 때도 판사가 "공들인 계획인데, 그러한 계획을 수립하는 데 사상적으로 피고인을 이끌어준 사람이 있는 것은 아닌가"라고 묻자, 강상규는 "그러한 사람은 없다. 나의 독창에 의한 것이다"라고 답했다(241쪽).
68 90~91쪽.
69 92쪽.
70 92~94, 132~133쪽.
71 화신상회 서적부에서 구입한 『히틀러전』이란 아마 澤田謙, 『ヒットラー傳』, 大日本雄辯會講談社, 1934를 말하는 것 같다. 정가는 1원 50전이다.
72 アドルフ・ヒツトラー 著, 內外社編輯部 編, 『國民的世界觀』, 內外社, 1932의 「編輯者序」참조.
73 卞恩眞, 앞의 논문, 109~111쪽, 299~300쪽. 당시 히틀러가 상찬만 받았던 것은 아니다. 좌익 계열은 물론이거니와 '유산계급' 중에도 히틀러를 "세계동란을 야기한 인류의 적"으로 보는 자가 있었다. 京畿道警察部長, 「京高秘第2753號 1941. 10. 2, 緊迫セル時局下ニ於ケル民心ノ動向査察ニ關スル件」, 1쪽.
74 94~95쪽.
75 당시 독서 경향에 대해서는 천정환, 『근대의 책읽기』, 푸른역사, 2003의 4장; 竹內洋, 『日本の近代 12 學歷貴族の挫折』, 中央公論新社, 1999, 244~268쪽 참조.
76 126쪽.
77 國史編纂委員會 編, 『韓民族獨立運動史資料集 59－常綠會事件 裁判記錄 Ⅱ』, 2004, 97~98쪽; 허영철, 『역사는 한 번도 나를 비껴가지 않았다』, 보리, 2006, 58~59쪽.
78 신문조서에는 모두 '5만분의 1' 지도라고 하지만 '북한산'과 '부평'은 '2만 5천분의 1' 지도인 듯하다. '5만분의 1' 지도명은 '국사편찬위원회 〉 한국사데이타베이스(http://db.history.go.kr/) 〉 형태별 〉 지도 〉 한국근대지도자료' 또는 종로도서관 고문헌 원문검색서비스(http://jongnolib.koreanhistory.or.kr), '2만 5천분의 1' 지도명은 陸地測量部 作成量朝鮮半島地圖資料研究會 編, 『朝鮮半島地圖集成』, 科學書院, 1999 참조. 위의 웹사이트에는 독도(蠹島) 지도가 누락되었는데, 지도 번호는 '춘천 15호'이다.

79 94~95쪽.
80 京畿公立中學校, 『學友會誌』第7號, 學友會會報部, 1940. 6, 166쪽.
81 「京城驛發列車, 明夜에 限해 乘車極難」, 〈東亞日報〉 1939. 7. 30.
82 가뭄 피해에 대해서는 朝鮮總督府司政局社會課, 『昭和十四年旱害誌』, 1943. 1, 64쪽, 67~68쪽, 81쪽, 90쪽, 93~94쪽, 106~108쪽, 119쪽 참조. 이 자료에는 벼농사 평년 대비 실수확고가 95%인 강원도를 포함해서 통계 수치를 제시해 놓았는데, 조금이라도 피해 상황을 축소하려는 시도로 보인다.
83 여행 내용은 97~100, 218쪽.
84 가정통신문은 1939년 7월 17일자로 발송되었다. 京畿公立中學校, 『學友會誌』第7號, 學友會會報部, 1940. 6, 163~166쪽에 수록.
85 50쪽.
86 105~112쪽.
87 113~116, 172~174쪽.
88 243쪽.
89 107~108쪽.
90 중일전쟁 발발 당시 일기(1937. 7. 13)에는 "경성(京城)은 뉴스를 듣기에는 참으로 빠르다. 요즈음도 매일 같이 호외 신문이 성하다"고 적었다(199쪽).
91 李京姬, 『白南準 이야기』, 열화당, 2000, 18쪽. 작자는 백남준의 유치원 동창생으로, 일제 시기 상류층의 자녀 교육과 문화를 엿볼 수 있다. 강상규가 입주했던 곳은 비디오 아티스트 백남준의 작품에도 나오는 창신동 '큰대문집'이다.
92 147~148, 117, 119, 127쪽. 1937년 8월 7일 개인 일기에 "신문을 보니 조선인의 지원병제(志願兵制)를 실시한다고 한다. 그것은 경성(京城)에 사는 조선인들이 지원하기 때문이다"고 썼다(220쪽).
93 京城保導聯盟, 『中等學校生徒の下宿調査』, 1939. 9, 26쪽.
94 69, 71쪽.
95 245쪽.
96 139쪽.
97 134, 145~146, 187~188쪽.
98 151~154, 212~213쪽.
99 朝鮮總督府學務局學務課 編, 『朝鮮學事例規』, 朝鮮敎育會, 1938, 401쪽.
100 京畿高等學校七十年史編纂會, 『京畿高等學校七十年史』, 京畿高等學校同窓會, 1970,

149~150쪽.
101 123~124쪽.
102 京畿公立中學校, 『學友會誌』第7號, 學友會會報部, 1940. 6, 164쪽.
103 120쪽.
104 당시 보통학교 학생들의 이중 언어생활에 대해서는 김부자, 「식민지 시기 조선 보통학교 취학 동기와 일본어－1930년대를 중심으로」, 『사회와 역사』 77, 2008. 3, 48~49쪽 참조.
105 京畿高等學校七十年史編纂會, 앞의 책, 153쪽.
106 『學友會誌』에는 '국어상용'의 당연함과 필요성을 주장하는 학생들의 글이 실려 있다. 같은 반 학생들이 '국어상용의 필요를 논한다'는 동일한 제목의 글을 쓴 것으로 볼 때, 학교 측이 제목을 제시하고 과제를 부여한 듯하다. 京畿公立中學校, 앞의 책, 100~103쪽. 이런 공적 영역에서 학생들의 발언은 어디까지가 진실일까.
107 124쪽.
108 71~74, 128쪽.
109 71, 128, 179~180, 194쪽.
110 243쪽.
111 181~182쪽.
112 京畿公立中學校, 『學友會誌』開校40周年紀念號, 1940. 11, 43쪽. 9월 말 창씨개명자 184명을 학적부에 나와 있는 총수 207명으로 나눈 수치다.
113 195~196쪽. '조선민사령 중 개정의 건'(제령 제19호, 1939. 11. 10)에 따르면 1940년 2월 11일부터 8월 10일까지 창씨를 신고하지 않아도 기존 호주의 성이 씨가 된다. 김재원의 집안이 창씨를 신고하지 않았더라도 8월 10일 이후 '김(金)'은 법률상 부계 혈통의 친족 집단을 의미하는 성(姓)이 아니라 한 가족을 의미하는 씨(氏)가 된다.
114 강상규 집안이 '씨'로 신고한 '大山' 역시 가문 차원의 결정일 가능성이 크다. 원래 본관이 하나인 진주 강씨의 창씨에 '大山'이 제법 많다. 김경현 편, 『일제 강점기 인명록 Ⅰ－진주 지역 관공리·유력자』, 민족문제연구소, 2005, 65~103쪽; 명석면사편찬위원회, 『鳴石面史』, 늘함께, 2000, 164쪽; 정운현 편역, 『創氏改名』, 학민사, 1994, 225~226쪽.
115 68쪽.
116 기록의 편리 문제일 수도 있다. 1년 된 새 이름(창씨개명)이 20년 된 옛 이름만큼 호칭으로서 기능하지 못하는 것은 어쩌면 당연한 일이다. 이상 '창씨개명'에 대해서는 구광모, 「창씨개명 정책과 조선인의 대응」, 『국제정치논총』 45-4, 2005. 12; 水野直樹, 『創

氏改名-日本の朝鮮支配の中で』, 岩波書店, 2008 참조.
117 158, 222, 247쪽.
118 134쪽.
119 71쪽.
120 182쪽.
121 「機密室」, 『三千里』 12-10, 1940. 12, 18쪽.
122 49쪽.
123 158. 경찰 신문에서 강상규는 1939년 봄에 조선 민족의 정신을 강조하는 소설을 쓰기 시작했다가 중단했다고 밝혔다. 이어서 1939년 겨울 설문 조사 건을 설명했다. 아마 두 가지가 같은 수첩에 적혀 있기 때문에 이어서 설명한 것 같다. 실제 그 사이에 강상규의 생각과 환경은 많은 곡절과 변화가 있었다.
124 162~163쪽.
125 213쪽.
126 京城地方法院, 「昭和16年 刑公 第2461號, 宋澤永 등 판결문」 1942. 12. 02.
127 이러한 자율 공간은 학교·종교·지역의 사회문화적 연대 구조가 뒷받침되지 않는 한 한계가 분명하다. 강상규가 체포되어 권력이 침투하자, 학생들은 대부분 원자화되어 권력 앞에서 발설하거나 참회했다.
128 京城地方法院, 「昭和16年 刑公 第2461號, 宋澤永 등 판결문」 1942. 12. 02; 京城地方法院, 「昭和16年 刑公 第2461號, 豊川元彬 판결문」 1945. 4. 19; 卞恩眞, 앞의 논문, 303~304쪽.
129 64~67, 223쪽.
130 판결문을 찾지 못해 정확한 근거를 알 수 없다. 검찰이 구형하면서 적용한 법은 치안유지법 제5조(1941. 5월 개정, 국제 변혁을 위한 결사 조직 등을 목적으로 그 목적 사항의 실행에 관한 협의, 선동, 목적 사항 선전, 기타 목적 수행 행위를 할 경우 1년 이상 10년 이하의 징역), 육군형법 제99조와 해군형법 제100조(군사에 관한 造言蜚語, 7년 이하의 징역 또는 금고), 형법 제55조(하나의 행위에 여러 가지 죄가 적용될 경우 그중 가장 중형에 처함), 형법 제54조(연속범은 하나의 죄로 처단), 치안유지법 부칙 제2항(개정 규정은 본법 시행 전 종전의 규정에 정한 죄를 범한 자에게도 적용), 구 치안유지법 제3조(7년 이하의 징역 또는 금고)였다.
131 1941년 5월 개정된 치안유지법에 의하면 해당 범죄는 제1심의 판결에 대하여 공소(2심)할 수 없고 상고만 가능했다(제33조). 이상 일제 강점기 형행 절차와 치안유지법에

대해서는 申東雲,「日帝下 刑事節次에 관한 硏究」,『朴秉濠敎授還甲紀念(Ⅱ) 韓國法史學論叢』, 박영사, 1991; 문준영,「한국 검찰제도의 역사적 형성에 관한 연구」, 서울대학교 박사학위논문, 2004; 鈴木敬夫,『法을 통한 朝鮮植民地 支配에 관한 硏究』, 고려대학교 민족문화연구소출판부, 1989를 참조함.

132 50~51, 60, 142, 164, 233~235, 247, 251쪽.

133 213쪽.

134 182쪽.

135 동조, 동일시, 내면화를 적용하여 피식민지민의 심리와 내면 세계를 분석한 것으로 정병욱,「조선식산은행원, 식민지를 살다」,『역사비평』78, 2007년 봄호 참조. 비순응에서 저항에 이르는 나치 시기 일탈 행위의 형태들에 대해서는 데틀레프 포이케르트 저, 김학이 역,『나치시대의 일상사-순응, 저항, 인종주의』, 개마고원, 2003, 116~122 참조. 나치 독일과 식민지 조선의 차이를 감안하여 다양한 저항의 유형화가 필요하다.

136 김경미는 경기중학교 졸업생의 회고담을 중심으로 식민지 교육 경험을 분석하면서, 그들의 기억 속에 황민화 교육의 영역과 분리된 '순수한 교육'의 영역이 있다고 지적했다. 김경미,「식민지 교육 경험 세대의 기억-경기중학교 졸업생의 회고담을 중심으로」,『식민지 파시즘의 유산과 극복의 과제』, 혜안, 2006. 일본인 교장·교사와 조선인 학생이 공유한 '순수한 교육'의 영역은 주로 진학이나 학력(學歷)주의와 관련된 경험이다.

137 139, 153쪽.

138 식민지민의 분절화는 당시 최고의 직장이라는 조선식산은행의 행원들에게도 발견된다. 정병욱, 앞의 논문, 352쪽. 한편 공(公)과 사(私) 두 영역의 분절화는 곧 한쪽이 다른 한쪽을 회수하려는 시도로 전이되기 쉬우며, 이는 '멸사봉공'과 사적 이익의 몰두로 나타난다.

139 69쪽.

140 237쪽.

141 242쪽.

142 삶의 단위로서 민족에 대해서는 정병욱,「식민지 경험의 재구성과 삶의 단위-『근대를 다시 읽는다』를 읽고」,『역사비평』80, 2007년 가을호, 444~448쪽 참조.

143 어디까지나 강상규와 주변 학생들을 비교한 것에 불과하다. 좀 더 많은 사례 분석이 필요하다. 또한 수많은 서당 교육 출신자 및 딱지본 소설 독자 중에서도 그 세계에 계속 머물렀던 자와 근대 교육체계, 나아가 엘리트 코스로 옮겨 갔던 부류의 차이가 있을 것이다. 각각의 경우에 '고전과 역사'의 의미는 다를 것이다.

144 188쪽.
145 京畿九十年史編纂委員會,『京畿九十年史』, 京畿高等學校同窓會, 1990, 193쪽. 이 책은 한 동문의 회고에 의거해 조선인해방투쟁동맹 사건을 다루고 있으며, 강상규도 같은 사건으로 검거되었다고 기술했다.
146 248~250쪽.
147 247~248쪽.
148 李起夏,『韓國共産主義運動史 1』, 國土統一院調査硏究室, 1976, 1299~1300쪽; 李起夏,『解放前 政黨·社會團體硏究 參考資料 – 初期共産主義 運動을 中心으로』, 1980, 161쪽.
149「學事」,『朝鮮總督府官報』제4572호, 1942. 4. 28; 大檢察廳搜査局,『左翼事件實錄』第2卷, 1968, 120~149쪽.
150 연세대학교 물리학과 표면물리실,『桂園 李鐵柱 선생님의 꿈: 과학, 자연 그리고 제자를 사랑하시던 은사님』, 2000, 2~3쪽, 90쪽; 이창훈,「두 얼굴의 백남준 Ⅳ」,『시사파일』2006. 5. 25;「泰昌 全財産沒收키로, 債務關係 調査한 結論, 白氏側에서도 自進提供을 約束」,〈東亞日報〉1960. 7. 2;「不正蓄財者 26名을 拘束, 李秉喆·李庭林·鄭載護·白斗鎭·楊國鎭 諸氏 등 經濟人 11·前官吏 10·前軍人 5名, 柳泰夏·安定根·白南一氏 未捕」,〈東亞日報〉1961. 5. 28; 朝鮮總督府,「判任官'功勞'功績調書(京畿道 部)」,『支那事變功勞者功績調書』, 1940(?); 大韓民國建國十年誌刊行會,『大韓民國建國十年誌』, 1956, 2003쪽.

자소작농 김영배, '미친 생각'이 뱃속에서 나온다

1 國史編纂委員會 編,『韓民族獨立運動史資料集 66 – 戰時期 反日言動事件 Ⅰ』, 2006, 138~140쪽, 144~145쪽, 151~154쪽, 170~171쪽 등. 앞으로 주에서 이 자료집을 인용할 때는 쪽수만 표시한다. 본문은 자료집의 내용을 당시 신문 보도, 날씨, 달의 상태 등을 참조하여 주인공의 특성과 '사랑방 모임'의 풍경을 전달하기 위해 각색했다. 당시 신문 보도는「早魃의 金泉郊外에서 洑물싸움타 殺人! 加害者引致取調中」,〈東亞日報〉1938. 7. 22 참조.
2「遵法强調運動實踐座談會 (5) 줄지 않는 경제사범, 事實이라도 말하는 것은 流言蜚語」,〈每日新報〉1942. 11. 10. 당시 식량 사정과 '암거래'에 대해서는 이송순,「일제하

전시 농업정책과 농촌경제』, 선인, 2008, 4장 3절 참조.

3 184쪽.

4 이 글에서 마을은 농민층의 기초 생활단위로 자연촌락을 말하며, 일제 시기에는 주로 '부락'이라 불렸다. 보통 몇 개의 마을이 묶여 행정촌 '리(里)'를 이루며, 몇 개의 '리'가 하나의 '면(面)'을 이룬다. 이런 '면리제'는 조선 후기에 강화되었으며, 일본도 식민 통치에 활용했다. 구체적인 마을명은 생략한다.

5 143쪽.

6 김민수(1934년생)·김동수(1938년생) 인터뷰, 2009년 3월 13일, 3월 28일. 인터뷰이의 이름은 가명이다. 이하 동일.

7 1871년 편찬된『安城邑誌』의 지도에는 소속면(所村面)이 나와 있지만 '방리(方里)'에는 소속면이나 마을 명이 나와 있지 않다.『輿地圖書』上, 1061~1062쪽. 그런데 1871년 열읍지도등상령(列邑地圖謄上令)에 따라 1872년 경기도 안성군에서 제작했다고 추정되는 '지방지도'에는 마을 명이 나와 있다(규장각한국학연구원 소장). 1914년 통폐합 상황은 越智唯七 編,『新舊對照朝鮮全道府郡面里洞名稱一覽』, 1917, 81쪽 참조. 이 글에서 다루는 행정리의 명칭은 주민들의 사생활을 고려하여 'B리'로 표기한다.

8 윤해동,『지배와 자치』, 역사비평사, 2006, 제3부 2장 참조. 또한 이용기는 사례 연구(「19세기 후반~20세기 중반 洞契와 마을 자치-전남 장흥군 용산면 어서리 사례를 중심으로」, 서울대 국사학과 박사학위논문, 2007. 2)를 통해 마을의 지속되는 자치 중심에는 동계(洞契)가 있음을 밝혔다.

9 崔在錫,『韓國農村社會研究』, 一志社, 1975, 196~208쪽.

10 1927년 면협의회원과 구장은 文鎭國,『朝鮮全道面職員錄』, 1927, 44쪽. 1931년 이후 면협의회원은 〈東亞日報〉 1931. 6. 3, 1935. 5. 29, 1939. 5. 25; 〈每日新報〉 1943. 5. 28.

11 마을 권력은 B리를 넘어서면 약해진다. 면협의회원을 많이 배출했지만 항상 그랬던 것은 아니며, 면장을 비롯하여 면직원 자리도 차지하지 못했다. '큰집'과 '작은집'은 읍내에도 집을 마련해 살았던 것 같지만 군 단위 유지로서 활동도 눈에 띄지 않는다. 다만 1941년 조선신문사가 발행한『창씨명감(創氏名鑑)』에 '큰집'의 종손인 김학수의 이름이 보인다(221쪽). 이 책은 경기도 "저명 인물"의 신구 성명이 망라된 책이다.

12 「巨物區長에 先鋒, 全鮮에 率先, 安城邑에서 發令」, 〈每日新報〉 1944. 6. 1.

13 김민수·김수현(1929년생)·김영준(1933년생)·김동수 인터뷰, 2009년 3월 13일, 3월 28일.

14 윤해동, 앞의 책, 243~265쪽.

15 211쪽.

16 163쪽.
17 142쪽.
18 朝鮮總督府, 『農村振興運動の全貌』, 1935, 118~119쪽.
19 김민수(2009. 3. 28), 김영준(2009. 3. 13) 인터뷰; 朝鮮總督府學務局社會敎育課, 『朝鮮 社會敎化要覽』, 1937, 42~43쪽, 48~49쪽.
20 172쪽.
21 144~145쪽, 163~164쪽.
22 174쪽.
23 179쪽.
24 169~170쪽.
25 174쪽.
26 1942년 11월 경기도 장연군의 한 농민은 애국반상회 때 할당 공출량이 과다하다며 이웃 면장은 산출량을 축소 보고하게 해 할당량을 줄였다고 말했다가 '유언비어 날조'로 붙잡혀 벌금형(50원)을 선고받았다(京城地方法院, 「1943년 刑公 제997호, 金本元吉 판결』); 이용기, 「1940~50년대 농촌의 마을질서와 국가」, 『역사문제연구』 10, 2003. 6, 144쪽.
27 170, 179, 187쪽.
28 1935년 10월 대덕면에 대덕공립보통학교가 설립되었는데, 이에 앞서 면의 유지를 중심으로 기성회가 조직되어 기부금을 모집했다. 「學校設立運動, 安城郡大德面서」, 〈東亞日報〉 1935. 2. 26. 학교는 1938년 4월 '제3차 교육령' 시행에 따라 명칭을 대덕공립심상소학교로 변경했다. 마을 사람들은 김영배의 "학교를 때려 부수자"는 말에 대부분 반응하지 않았던 것으로 증언했다. 이는 '김영배만 말을 했다'는 증언 전략의 일환으로 보인다. 유일하게 "불가능하다"고 대꾸했다는 사람이 있지만, 이는 경찰이 "묵묵히 있었냐"고 추궁하자 대답한 것으로, 그의 대꾸를 기억하는 사람은 없었다(187쪽).
29 186, 192쪽.
30 식민지 시기 부역에 대해서는 박이택, 「植民地期 赴役의 推移와 그 制度의 特質」, 『經濟史學』 33호, 2002 참조.
31 142, 230쪽.
32 朝鮮總督府, 『施政三十年史』, 1940, 490쪽.
33 안성군 지역의 동학농민운동과 3·1운동, 일본군의 진압에 대해서는 이정은, 『안성 3·1운동사』, 안성문화원, 1997; 수원대 동고학연구소·한국민족운동사학회, 『안성 지역 3·1

운동의 특성과 역사적 의의」, 안성지역 3·1운동 87주년 기념 학술회의, 2006 참조.
34 安城郡誌編纂委員會 編, 『安城郡誌』, 안성군, 1990, 1001쪽; 朝鮮總督府, 『第四次朝鮮總督府統計年報』(1909년 판), 1911, 276쪽.
35 京畿道, 『京畿道道勢槪要』, 1936, 473쪽, 691~696쪽.
36 松田利彦, 「総力戦期の植民地朝鮮における警察行政－警察官による「時局座談会」を軸に」, 『日本史研究』 452, 2000. 4, 197~203쪽.
37 國史編纂委員會 編, 『韓民族獨立運動史資料集 24』, 1995, 129쪽.
38 161쪽.
39 「安城서도 巡査暴行, 자동차 못 다닐 길에 가자고 운전수를 란타한 안서순사」, 〈東亞日報〉 1924. 1. 30도 한 예다.
40 松田利彦, 앞의 글, 206~207쪽.
41 시국좌담회가 김영배의 마을에서 개최되었다고 해도 참석 범위는 상위 행정단위인 B리 전체일 거다.
42 184쪽.
43 160쪽.
44 松田利彦, 앞의 글, 202~203쪽.
45 139, 152쪽.
46 卞恩眞, 「日帝 戰時파시즘期(1937~45) 朝鮮民衆의 現實認識과 抵抗」, 고려대 박사학위논문, 1998, 117~162쪽; 정병욱, 「식민지 불온열전: 경성유학생 강상규, 독립을 열망하다 (上)」, 『역사비평』 83, 2008년 여름호, 225쪽(이 책, 강상규 편 27쪽) 참조.
47 京畿道警察部長 → 警務局長 등, 「(京高秘 제2838호) 造言飛語者檢擧ニ關スル件」, 1938. 8. 29(京城地方法院檢事局, 『昭和十三年 思想ニ關スル情報』에 수록).
48 156쪽.
49 156, 172, 184쪽 등.
50 161~162쪽.
51 145쪽.
52 160쪽.
53 166~167쪽.
54 191쪽 등.
55 158~159쪽. 김영배의 6촌 조부는 병합 이전에 "철도가 놓여서 돈이 잘 돌았다. (…) 다른 사람이 장사를 하는 짐을 소에 실어 운반할 때 엽전도 전대에 넣어서 함께 소에 실

고 다녔다"고 얘기해주었다(202쪽). 철도 부설이 지방의 경제에 끼친 영향, 백동화 인플레이션과 돈 운반의 정황을 엿볼 수 있다.

56 137쪽.
57 143쪽.
58 229쪽.
59 208쪽.
60 이정은, 『안성 3·1운동사』, 안성문화원, 1997, 77~78쪽.
61 『光山金氏良簡公派譜』 12卷, 604쪽. 물론 여러 가지 이유로 족보에 오르지 못한 가족도 있을 수 있다.
62 230쪽.
63 178, 182, 186, 197, 200, 226쪽.
64 213쪽.
65 김영배는 고창순 15원, 김승현 20원, 이완식 25원, 김부현 20원, 평택군 평택면 라봉쇠 40원, 용인군 용인면 양재고에게 40원을 빌려주었으며(141쪽), 그 외에도 증인 김영옥이 15원을 대부받았다고 밝혔다(182쪽). 그의 교제 범위가 주변 군을 아우르고 있음을 보여준다.
66 京畿道農會, 『地主名簿』, 1938(韓國農村經濟研究院, 『農地改革時 被分配地主 및 日帝下 大地主 名簿』, 1985, 121쪽 수록). 1911년 통계는 B리와 방축리만의 수치이기 때문에 과소평가되었다 하더라도, 김이현의 두 아들 영원·영기(1930년대 면협의회원, 구장)에 대한 상속이 마무리되지 않았고, 김영원 역시 학수와 인수 등 6남 2녀의 자녀를 두었으니 상속으로 인한 감소도 감안해야 한다. 이들의 계보도는 본문의 〈그림〉 참조.
67 그의 아우인 김응현도 인근 방축리에 1.4정보의 토지를 소유했다. 朝鮮總督府 臨時土地調査局, 『土地調査簿(安城郡陽城面防築里)』, 1911.
68 國史編纂委員會 編, 『韓國獨立運動史資料 12−의병편 V』, 1983, 598쪽; 『光山金氏良簡公派譜』 12卷, 505쪽.
69 1911년 B리의 『토지조사부』를 보면 광산 김씨는 총 501필지 중 201필지를 31종의 명의로 소유하고 있다. 그중 B리 이외의 거주자 6종을 제외하면 25종이 B리 거주자로, 개인 명의 22종, 공동 명의 3종이다. 편의상 공동 명의도 1명으로 간주하여 계산했다.
70 朝鮮總督府, 『朝鮮の性』, 1934, 167쪽.
71 京畿道, 『農事統計(昭和三年度)』, 15~16쪽; 京畿道, 『農事統計(昭和十年度)』, 15~16쪽.
72 B리에 거주하면서 다른 지역에 토지를 소유한 경우도 있겠지만, 그렇다 해도 B리에 많

이 가진 자가 주변에 더 많이 가졌을 가능성이 높으므로 토지의 집중은 여전했을 것이다. 〈표 3〉에서 보듯이 B리에서 많은 토지를 소유한 김이현이 방축리에서도 역시 많은 토지를 소유했다.

73 이상 김민수(2009. 3. 28 / 4. 7), 김영진(3. 13) 인터뷰.
74 김동수 인터뷰(2009. 3. 28).
75 마을 어른 김동수는 '현재 마을에 동계가 있냐'는 질문에, '마을이 다 일가이기 때문에 특별히 동계는 없고 종친회가 이를 대신한다'면서 그 외에 '연반계(喪契)가 있다'고 했다(김동수 인터뷰). 자료에 일제 시기 김영옥이 대출을 받은 것으로 나오는 '부락계(部落契)'나 '부락상계(部落喪契)' 역시 마을 주민의 구성원상 광산 김씨의 '문중계'에 가까웠을 것이다(〈부표 1〉 참조).
76 1908년부터 설립되기 시작한 지방금융조합은 1909년 안성에도 설립되었다. 1929년에는 양성에 지소를 두었는데, 1937년쯤 지소는 '고리채 정리 사업'에 힘 쏟았다. 藤澤淸次郎, 『朝鮮金融組合と人物』, 大陸民友社, 1937, 597~598쪽. 지주는 담보를 제공하는 대신 소작농에게 고정되었던 자금을 환수할 수 있고, 소작농의 보호자로서 위신을 세우며 조선총독부의 정책에 협조하는 자세를 보이는 부수 효과를 거둘 수 있다. 지주 담보 제공 사례는 정병욱, 「아랫새우대 조한군씨가 문헌」, 『義王市史 6』, 2007, 237~241쪽 참조. 당시 금융조합의 농촌금융은 문영주, 「조선총독부의 농촌지배와 식산계의 역할(1935~1945)」, 『역사와 현실』 46, 2002 참조.
77 金斗憲, 『朝鮮家族制度研究』, 乙酉文化社, 1949, 143쪽. 김두헌은 동족 집단의 경제적 기능을 강조하는 반면, 최재석은 이를 과장되었다고 본다. 崔在錫, 앞의 책, 234~240쪽.
78 사랑방 모임에 대한 분석은 엠마뉘엘 르루아 라뒤리 지음, 유희수 옮김, 『몽타이유』, 길, 2006; 노베르트 엘리아스·존 스콧슨 지음, 박미애 옮김, 『기득권자와 아웃사이더』, 한길사, 2005에서 큰 시사를 받았다. 이하 세부적인 서술에서 일일이 인용하지 않겠다.
79 150쪽.
80 139쪽.
81 「無産兒童爲하여 農民夜學開講, 위선 사랑방을 교실로 하고-大田白雲洞에서」, 〈朝鮮中央日報〉 1933. 10. 18; 「金氏의 特志」, 〈東亞日報〉 1934. 1. 28.
82 印貞植, 『朝鮮農村襍記』, 東都書籍, 1943, 38쪽.
83 이무영, 『제1과 1장』, 문이당, 2008, 76쪽.
84 169, 182, 186, 197쪽.
85 143쪽.

86 151쪽.
87 151, 154, 159쪽.
88 148쪽.
89 오선근은 "농사하는 우리들"이 모이는 사랑방으로 김영배, 김인수, 김영선의 집 세 곳을 꼽았다(150쪽). 권력 가문의 일원인 마을 어른 김동수(1938년생)의 회고에 따르면, 어렸을 때 "마을 사람들이 여름철에 멍석 깔아 놓고 쉬고 있으면 떡도 주고, 제사 음식도 주"었다고 한다(인터뷰, 2009. 3. 28).
90 220쪽.
91 187쪽.
92 224쪽.
93 208쪽, 김동수 인터뷰, 2009년 3월 28일.
94 일본의 경우 大門正克, 『近代日本と農村社會－農民世界の變容と國家』, 日本經濟評論社, 1994, 34~36쪽 참조.
95 165쪽.
96 213쪽.
97 투서는 京城地方法院, 『刑事第一審訴訟記錄, 記錄號 1939 刑 제4,220호, 1939 刑公 제1,365호』에 수록되어 있다.
98 165~166쪽.
99 京畿道 警察部長→警務局長, 「不穩言動者檢擧ニ關スル件」, 1938. 8. 31(京城地方法院檢事局, 『昭和十四年 思想ニ關スル情報』에 수록).
100 신고자가 일본인인 경우는 永山贊應(이찬응)의 보안법 위반 사건(京城地方法院, 『刑事第一審訴訟記錄 記錄號 1942 刑 1822, 1942 刑公 87』), 松方義黙(방의묵)의 불경죄 사건(『(표지 누락) 記錄號 1941 刑 4701』), 싸움 끝의 신고는 國史編纂委員會 編, 『韓民族獨立運動史資料集 67』, 2007의 林盛東 사건을 예로 들 수 있다.
101 國史編纂委員會 編, 『韓民族獨立運動史資料集 67』, 2007의 李柱夏 사건.
102 158等.
103 朝鮮總督府警務局保安課, 「時局利用誣告事件判決」, 『治安狀況』 第40報, 1937. 12. 3; 京畿道 警察部長→警務局長 등, 「不穩通信發送者檢擧ニ關スル件」, 1938. 6. 2.
104 청취서는 신문조서와 달리 형사소송 절차와 관계없기 때문에 입회인이 없어도 무효는 아니다. 그러나 신빙성을 높이기 위해 2명이 청취하는 것이 보통이다.
105 208~209쪽.

106 209~210쪽.
107 230~232쪽.
108 김수현 인터뷰(2009. 3. 13).
109 212쪽.
110 대덕면사무소, 「수형인명표폐기목록」, 간략한 내용은 국가보훈처 공훈전자사료관 (http://e‐gonghun.mpva.go.kr)의 '수형인 명부'에서 확인할 수 있다.
111 김영배와 동갑인 김영진은 어른이 있어서 사랑방에 출입하지 않았다고 하지만, 김영배는 10세 때 부친이 사망한 뒤로 실질적인 가장이었다. 또한 무학은 출입 제한 요건이 아니었다(〈부표 1〉 참조). 김영훈은 어려서 몰랐다고 하지만 그때 나이 19세이고, 지금은 다른 마을에 살지만 김영배 마을과 가까운 거리다. 당시 경찰에서 조사받은 그의 조부는 두 집 사이에 왕래가 있었다고 진술했다(202쪽).
112 全國地方議員名鑑編纂會 編, 『全國地方議員名鑑 4286年版』, 南光文化社, 1953, 83쪽.
113 김수현 인터뷰(2009. 3. 13).

신설리패, 중국인 숙소에 불을 지르다

1 현재 표기법과 표현에 맞게 약간 수정하였다. 이하 인용문도 마찬가지다. 또한 독자의 혼동을 피하기 위해 주 22의 경성지방법원 형사사건 기록에 의거해 기사 내용 중 틀린 부분은 정정하였다. 정정 사항은 다음과 같다. 한갑용→한갑동 / 이동대→이동천 / 돈암리 주재소→안암리 주재소 / 중국 야채상→중국요리점 / 손유원→순칭푸(孫慶富). 이복남은 본명 이호기를 기입했다.

2 朴永錫 譯, 『리턴 보고서』, 探求堂, 1986, 138쪽. 1931년 9월 18일 일본이 '만주사변' 을 일으켜 중국 동북부를 침략하자 국제연맹은 중국조사위원회를 꾸려 그 전말을 조사했는데, 조사 내용에는 만보산 사건과 그로 인한 조선 내 반중국인 폭동도 포함되었다. 당시 중국 측이 조사위원회에 제시한 자료에 따르면 피해는 사망 142명, 부상 546명, 실종 91명, 재산 416만 3103.07원(元)이었다. 중화민국국민정부외교부 편, 박선영 옮김, 『중일 문제의 진상―국제연맹 조사단에 참여한 중국 대표가 제출한 29가지(1932년 4~8월)』, 동북아역사재단, 2009, 210~211쪽. 한편 조선총독부가 국제연맹조사위원회의 방문 조사에 대응하기 위해 작성한 자료를 보면 중국인 피해 규모는 사망 119명, 부상 195명이었다. 이와 함께 조선인(3명 사망, 33명 부상)과 경찰관(87명 부상)의 피해 상황

을 제시해 이 사건이 '충돌'임을 강조했다. 朝鮮總督府警務局, 『鮮支人衝突事件ノ原因狀況及善後措置』, 1932. 6.
3 '반중국인 폭동'이라는 명칭을 처음 사용한 것은 한홍구이다.(한홍구, 『대한민국사 2』, 한겨레출판, 2003)
4 朴永錫, 『萬寶山事件 研究: 日帝大陸侵略政策의 一環으로서의』, 亞細亞文化社, 1978(1985).
5 윤치호는 1931년 7월 13일자 일기에 반중국인 폭동에 대한 일본인들의 사주 의혹을 적었고, 동년 9월 18일 '만주사변'이 일어나자 9월 23일자 일기에 이렇게 썼다. "이 모든 것은 몇 달 동안—어쩌면 몇 년일지도 모른다—일본 군국주의자들에 의해 치밀하게 준비되었다. (…) 만보산 사건, 조선에서 화교 박해 사건 등은 모두 9월 18일에 발생한 쿠데타(만주사변—인용자)의 전주곡이었다고 할 수 있다." 김상태 편역, 『윤치호 일기 1916~1943—한 지식인의 내면세계를 통해 본 식민지시기』, 역사비평사, 2001, 277~278쪽, 281~282쪽.
6 孫承會, 「지역 너머의 萬寶山事件(1931년)—사건을 둘러싼 실체적 외교 행위 규명을 중심으로」, 『人文研究』 53, 2007; 李正熙, 「1931年排華事件の近因と遠因」, 『朝鮮華僑と近代東アジア』, 京都大學學術出版會, 2012.
7 한홍구, 『대한민국사 2』, 한겨레출판, 2003, 18쪽, 27쪽.
8 이상경, 「1931년의 '배화(排華) 사건'과 민족주의 담론」, 『만주연구』 11, 2011.
9 朝鮮總督府警務局, 『鮮支人衝突事件ノ原因狀況及善後措置』, 1932. 6; 朝鮮總督府警務局, 『鮮內ニ於ケル支那人排斥事件ノ概況』, 1931. 7, 1~2쪽.
10 이연, 「關東大地震과 言論統制」, 한국언론학회, 『한국언론학보』 27, 1992; 盧珠銀, 「關東大地震과 朝鮮總督府의 在日朝鮮人 政策—總督府의 '震災處理' 過程을 中心으로」, 『한일민족문제연구』 12, 2007; 田中正敬, 「関東大震災と朝鮮人の反応—その意識を考察する手がかりとして」, 專修大學人文科學研究所, 『人文科学年報』 第35号, 2005. 3; 丸本健次, 「関東大震災に對する植民地朝鮮での反應」, 『アジア民衆史研究』 10, 2005 참조.
11 田中武雄 外, 「未公開資料 朝鮮總督府關係者 錄音記錄(2) 朝鮮統治における「在滿朝鮮人」問題」, 『東洋文化研究』 3, 2001. 3, 203쪽.
12 李正熙, 앞의 책, 436~442쪽.
13 丸本健次, 앞의 글, 112~113쪽.
14 당시 평안북도 북진에 살았던 한 일본인은 이렇게 회고했다. "만세 소요 사건(3·1운

동—인용자) 때 일본 민간인으로 살해된 사람은 거의 없었다. 살해하면 큰일이라는 것을 조선인 폭도는 알고 있었다. 그런데 이 소동(반중국인 폭동—인용자)에서 죽은 자가 많은 것을 보면 약자에게는 멋대로 잔학하게 하면서 강한 자에는 약해진다는 것일까." 酒井敏雄,『日本統治下の朝鮮北鎭の歷史』, 草思社, 2003, 158~159쪽.

15 민족주의를 비판하는 측은 '민족'에 대한 본질론적 접근을 문제 삼는 경우가 많다. 그런데 비판자 중에는 민족주의의 부정적 측면을 '민족주의'의 본질적 요소로 생각하고 그에 대한 성찰을 요구하기도 한다. 이런 본질론적 접근은 사태 파악은 물론 문제 해결에도 도움이 되지 않는다. 민족 감정 자체보다는 그것이 오작동되는 관계나 구조를 파악하고 이를 방지하는 것이 필요하다.

16 이에 대해서는 松田利彦(2003), 전우용(2003), 장세윤(2003)이 주목하기 시작했으며, 이후 이옥련(2008), 김태웅(2009), 김희용(2009), 盧泰貞(2010)이 다루었다. 특히 노태정은 "일제에 의해 중국인 노동자와 조선인 노동자 사이에 약자 대 약자의 대결 구도"가 만들어졌다고 파악한다.

17 高等法院檢事局思想部,『思想月報』 1-7호(1931. 10. 15)부터 2-7호(1932. 10. 15)까지 유죄 확정자 명단이 실려 있다. 이에 대한 본격적인 분석도 다른 자리에서 하겠다.

18 朝鮮總督府,『朝鮮に於ける支那人』, 朝鮮總督府, 1924, 1쪽. 따라서 "각 부(府)의 지나인의 상황을 알면 대체로 그들의 일반 상황을 규지(窺知)하는 것이 가능하다"고 했다.

19 페르낭 브로델 지음, 주경철 옮김,『물질문명과 자본주의 I-2 : 일상생활의 구조 下』, 까치, 1995, 695~714쪽.

20 「中國人人夫就業 大同江護岸工事場所見」,〈每日申報〉1931. 7. 16, 7면.

21 「京鄉各地中國人等 襲擊不祥事眞相 그동안 보도를 금지하고 잇든 騷擾內容一部解除」,〈每日申報〉1931. 7. 17, 2면.

22 國史編纂委員會 編,『韓民族獨立運動史資料集 57 - 中國人襲擊事件 裁判記錄 II』, 2004에 수록되었다. 이하 인용할 때는 쪽수만 표기한다.

23 149, 153쪽.

24 京畿道,『京畿道勢槪要』, 1936, 530~535쪽.

25 고동환,『조선시대 서울 도시사』, 태학사, 2007, 171~172쪽; 柳本藝 지음, 權泰益 옮김,『漢京識略』, 探究堂, 1974, 231, 240쪽.

26 朝鮮總督府,『朝鮮』1936년 7월호(254호), 13~14쪽; 京城日報社,『(昭和14年度)朝鮮年鑑』, 933쪽; 서울특별시사편찬위원회 編著,『서울六百年史 第4卷, 1910~1945』, 서울特別市, 1981, 1102~1103쪽.

27 서울역사박물관 편,『왕십리-공간·경제·문화』, 서울역사박물관, 2009, 26쪽.
28 尹錫範 외,『韓國近代金融史硏究』, 연세대학교경제연구소, 1996, 123~131쪽; 정병욱, 「일제 강점기의 화폐」,『한국문화사 08. 화폐와 경제 활동의 이중주』, 두산동아, 2006, 178~179쪽; 이홍락,「식민지의 사회구조」,『한국사 14. 식민지시기의 사회경제 2』, 한길사, 1994 참조.
29 손정목,『일제 강점기 도시화 과정 연구』, 일지사, 1996, 126~146쪽; 손정목,『일제 강점기 도시사회상 연구』, 일지사, 1996, 264쪽; 김경일,『한국 근대 노동사와 노동운동』, 문학과지성사, 2004, 36~44쪽; 최인영,「동대문 밖 전차의 도입과 역할-청량리선과 왕십리선을 중심으로」,『서울학 연구 37』, 2009. 11, 95~98쪽.
30 이옥련,『인천 화교사회의 형성과 전개』, 인천문화재단, 2008, 149~155쪽.
31 「中國勞動者. 중국노동자의 入來 소식은 조선 로동자의 不安한 생활에 더욱 타격을 주는 일이다」,〈朝鮮日報〉1925. 4. 3, 1면.
32 115~116쪽.
33 115~117, 204~207, 210~213쪽
34 「東大門外에 競馬場新設」,〈每日申報〉1928. 4. 2, 2면.
35 韓國馬事會,『韓國競馬六十年史』, 1984, 76~77쪽, 82~84쪽; 서울특별시동대문구청,『東大門區誌』, 1994, 209~216쪽.
36 「里民이 結束하야 東拓에 對抗, 텃세를 너무 무리하게 밧는다 하야」,〈東亞日報〉1923. 5. 31, 3면.
37 「東門外의 競馬場으로 多數 住民이 生道 茫然-東拓會社와 競馬場側에 交涉, 兩當局은 서로 責任 轉嫁」,〈朝鮮日報〉1928. 12. 17, 2면.
38 「小作料及作權 問題에 對하야」,〈東亞日報〉1931. 12. 11, 3면.
39 「中國人 兩名이 婦女를 凌辱」,〈東亞日報〉1929. 11. 19, 2면.
40 1928년생으로 1930년대 초부터 신설리에 살았던 윤태수 옹의 증언에 따르면, 신설리패 한추석의 집안이 해방 전부터 경마장 땅에 농사를 지었다고 한다. 2012년 11월 8일 용두동에서 인터뷰.
41 朝鮮總督府,『朝鮮に於ける支那人』, 1924, 68~69쪽.
42 「中國人 野菜經營者는 平壤 近郊에 二百戶 今番 事件으로 地料와 貸金 不拂 朝鮮人 地主 損害 不尠」,〈每日申報〉1931. 7. 20, 3면.
43 「中國勞働者 今年에만 三萬名-太半은 朝鮮에 殘留」,〈東亞日報〉1928. 10. 15, 4면.
44 신문에는 '중화노동협회'라 쓰여 있으나, 다른 자료를 참조해보면 '중화노공협회'가 맞다.

45 李正熙, 앞의 책, 2012, 405~406쪽.
46 芝罘領事 內田五郎 → 外務大臣 幣原喜重郎, 「朝鮮內勞働山東苦力募集輸送ニ關スル件」, 1930. 3. 18(外務省外交史料館 소장).
47 「잇는 것도 못 막는데 募集까지 해온다, 한 배편에 천오백여 명식, 重大한 中國勞働者 苦力問題」, 〈東亞日報〉 1928. 3. 18, 2면.
48 이옥련, 앞의 책, 165쪽.
49 小田內通敏, 『支那人の經濟的勢力』, 東洋協會出版部, 1926, 45~49쪽.
50 「朝鮮に於ける支那人の活動」, 『朝鮮公論』 1928년 11월호, 104쪽; 이상의, 『일제하 조선의 노동 정책 연구』, 혜안, 2006, 41쪽; 이옥련, 앞의 책, 172쪽.
51 116쪽.
52 조영윤, 「1920~30년대 貧民失業問題와 조선총독부의 대응」, 숭실대학교 사학과 석사학위논문, 2011, 42~43쪽.
53 201쪽.
54 121쪽.
55 181, 196~197쪽.
56 219쪽.
57 184, 186, 192~202쪽.
58 144쪽.
59 179~180, 203쪽.
60 115쪽.
61 朝鮮總督府警務局, 「鮮內ニ於ケル支那人排斥事件ノ概況」, 1931. 7, 4~5쪽; 「新堂里 舞鶴町에서 畢竟 鮮血劇 演出 —대거 습격간 군중과 중국인 충돌로 勞動者一名行方不明」, 〈每日申報〉 1931. 7. 5, 1면; 「新堂里에 流血慘劇 二百餘名을 檢束 조선 청년 한 명이 중상입어」, 〈東亞日報〉 1931. 7. 6, 2면; 「신당리에서 대충돌, 동포 2명 遂重傷. 신당리에 생긴 대충돌 결과 1명은 행방불명」, 〈朝鮮日報〉 1931. 7. 6, 3면; 「朝鮮暴動 事件의 眞相」, 『朝鮮公論』 1931년 7월호, 61~62쪽.
62 朝鮮總督府警務局, 「鮮內ニ於ケル支那人排斥事件ノ概況」, 1931. 7, 11쪽.
63 123쪽.
64 143, 146~147쪽.
65 128, 132~133쪽.
66 1918년 도쿄의 '쌀소동(米騷動)'을 분석한 나카스지 나오야(中筋直哉)는 쇼윈도우에 대

한 투석을 "도심에서 남의집살이로 일하는 어린 점원, 견습 직공들이 번화가의 사치품 소비를 선망하여 수행하였던 것"으로 해석했다. 中筋直哉, 『群衆の居場所: 都市騷亂の歷史社會學』, 東京: 新曜社, 2005, 262쪽.

67 주 17의 자료; 國史編纂委員會 編, 앞의 자료(2004); 國史編纂委員會 編, 『韓民族獨立運動史資料集 56 - 中國人襲擊事件 裁判記錄 I』, 2003.
68 고동환, 앞의 책, 379~386쪽.
69 오진욱, 「임오군란의 도시민란적 성격 고찰」, 홍익대 사학과 석사학위논문, 2004; 박은숙, 「개항기 서울의 자본주의 도시화와 사회 갈등」, 『도시화와 사회 갈등의 역사』, 심산, 2011, 48쪽.
70 김동춘, 「1971년 8·10 광주 대단지 주민 항거의 배경과 성격」, 『공간과 사회』 38, 2011.
71 '큰 나무'는 왕십리 1동 72번지의 은행나무로 성동구의 보호수이다(지정번호 서4 - 4). http://www.sd.go.kr/sd/main.do?op=mainSub&mCode=13G070020000&cIdx=1122(2012. 10. 30 검색).

김창환, 살아서 불온한 낙서, 죽어서 불온한 역사

1 京城地方法院春川支廳, 『기록호 1940 刑1016號 1940 豫18號, 德山實 외 5명(治安維持法 違反, 保安法 違反)』(국사편찬위원회 소장 경성지방법원 형사사건 기록 중 보관번호 27 - 10)의 ②, ㉘ 문서. 주요 문서를 편철된 순서대로 정리한 것이 〈부표 3〉이다. 이하 이 자료를 인용할 때는 〈부표 3〉의 문서 번호만 기입한다. 덕산실(德山實)은 홍순창의 일본식 성명이다. 신문조서의 피의자 발언 등에 경어가 사용되었으나 인용할 때는 평어로 바꿨다. 한편 자료에 인용된 朝鮮總督府, 『初等國史』 一·二, 1937·1938의 내용은 축약된 경우가 많아 張信 編, 『朝鮮總督府敎科書叢書(歷史編) 3』, 도서출판 청운, 2005에 수록된 판본의 내용에 따라 번역했다. 주지하다시피 일제 시기 초등학교는 민족별로 명칭이 구분되었다. 일본인이 다니는 학교는 심상소학교, 조선인이 다니는 학교는 보통학교였다. 1938년 교육령 개정에 따라 심상소학교로 통일되었다. 심상(尋常, 진조)은 '보통'이라는 뜻으로 심상소학교 졸업자가 가는 '고등소학교'의 '고등'과 짝을 이루는 명칭이다.
2 ②, ⑰

3 京城地方法院,「昭和16年 刑公第1238號 判決」, 1941. 8. 19. 개정 치안유지법과 보안법 내용은 鈴木敬夫, 『法을 통한 朝鮮植民地 支配에 관한 硏究』, 고려대학교 민족문화연구소 출판부, 1989, 69쪽, 302~302쪽 참조. 치안유지법 제5조는 결사 여부와 상관없이 개인의 행위도 처벌할 수 있는 것으로 1941년 5월 개정 때 신설된 조항이지만 부칙에 의해 "개정 규정은 본법 시행 전 종전의 규정에 정한 죄를 범한 자에게도 적용"되었다. 관련 인물의 출생년은 강원도경찰부장 → 경무국장 등, 「江高第1925號 1940. 11. 16, 治安維持法違反事件檢擧ニ關スル件」, 京城地方法院 檢事局 思想係, 『思想ニ關スル情報(昭和十五)』에 따른다. 이하 동일함.

4 大審院, 『大審院刑事判例集』 第22卷, 東京: 法曹会, 1943, 241쪽 이하(鈴木敬夫, 앞의 책, 305쪽에서 재인용).

5 ㉙

6 ⑭, ⑰, ㉒

7 홍순창은 첫 번째 피의자 신문 때, 교장이 그 말에 이어 "일본인 생도가 조선인 생도를 구타한다 해도 잠자코 있는 것이 내선일체다"라고 말했다 한다(㉘).

8 ㉘, ⑰, ⑳, ㉓

9 ㉙

10 ㊸

11 경찰 조사 자료를 보면 학생들은 홍순창이 겉으로는 말렸으나, 내심 동맹휴교가 관철되어 교장이 전근 가길 바랐다고 말한다(㉛).

12 ㉓

13 ②, ④, ⑳, ㉛

14 구보 이치로의 경력은 朝鮮總督府 編, 『朝鮮總督府及所屬官署職員錄』 각년판 참조 (국사편찬위원회 한국사데이터베이스 http://db.history.go.kr/url.jsp?ID=jw 검색). 1934년 자료를 보면 우천보통학교, 서석보통학교(1938년 서석심상소학교로 개칭) 모두 일본인 교원은 1명뿐이었다. 朝鮮總督府學務局, 『朝鮮諸學校一覽(昭和九年五月末現在)』, 朝鮮總督府學務局, 1935, 395쪽, 397쪽. 1935년 『朝鮮國勢調査報告』에 따르면 학교 소재지인 서석면과 우천면의 일본인은 각각 0.1와 0.2%에 불과했다. 『朝鮮國勢調査報告』는 국가통계포털(http://kosis.kr)의 '주제별 통계 〉 인구·가구 〉 인구 총조사'에서 검색.

15 ⑭

16 京城地方法院,「昭和16年 刑公第1238號 判決」, 1941. 8. 19.

17 ⑰

18 반면, 이들과 동급생인 홍하표(洪河杓)는 홍순창 교사의 아들로, 부친의 전 근무지에서 제때 입학했기 때문에 졸업 당시 나이가 13세였다(㉞).

19 ⑰, ⑳, ㉓

20 ⑰, ⑳

21 ⑰, ⑳, ㊲

22 판결문에는 3월 26일 아침에 낙서를 쓴 것으로 돼 있다. 검사의 수사와 재판 과정을 거치면서 정정된 것인지 판결문의 오자인지 명확하지 않다. 일단 상세한 정황이 담겨 있는 경찰 자료에 따라 3월 27일 아침으로 서술한다.

23 ②, ⑰, ⑱, ⑲

24 ③, ⑭, ㉘

25 홍순창은 교장이 28일 선후책을 강구한 뒤 바로 주재소에 신고했다고 한 반면, 교장은 김창환의 자백을 받고 자신의 힘으로 선도해보려다가 우연히 주재소에서 얘기를 나누던 중에 발설한 것이라 했다. 한편 경찰은 주재소 순사가 탐지한 것이라 보고했다.(⑭, ㉘, ㉒)

26 ③~⑧

27 ⑨

28 ⑩~⑯

29 ⑰~⑳

30 니시하라는 자료 초반에 西原翼相으로, 후반에는 西原輝人으로 나온다. 히로타 경부보가 조선인을 신문할 때 그가 입회하여 통역을 맡은 것으로 볼 때, 본래 조선인이지만 '西原'으로 창씨(創氏)하고 뒤이어 '輝人'으로 개명까지 한 것 같다.

31 ㉑

32 ⑭, ㉘. 洪淳昌, 「履歷書」(2), 연도 미상(홍하표 소장所藏)에 따르면 1940년 5월 4일 판부공립심상소학교 부설 금대간이학교 근무를 명 받고 5월 13일 양구군을 떠나 5월 14일 원주군에 도착했다. 이전 1937년 3월 31일 해안공립보통학교 근무를 명 받았을 때는 4월 7일 이전 근무지인 철원군을 떠나 4월 8일 양구군에 도착했다. 양구군 쪽에 뭔가 정리할 일이 더 많았던 것 같다.

33 히로타(廣田勇)는 1939년 12월 경부보(警部補) 시험에 합격했다. 「警部補試驗-各道 合格者」,〈每日新報〉1939. 12. 2, 3면.

34 ⑭

35 ㉒

36 일제 말기 역사교육과 『初等國史』에 대해서는 權五鉉, 『朝鮮總督府下における歷史敎育內容史硏究－國民意識形成の論理を中心に』, 廣島大學 敎育學博士學位論文, 1999의 제4장; 권오현, 「황국신민화교육 정책과 역사교육의 변화」, 『사회과교육연구』 18-4, 2011 참조.

37 앙드레 슈미드 지음, 정여울 옮김, 『제국 그 사이의 한국 1895~1919』, 휴머니스트, 2007, 343~372쪽; 李成市, 「三韓征伐」, 板垣竜太·鄭智泳·岩崎稔 編著, 『東アジアの記憶の場』, 東京: 河出書房新社, 2011 참조. 당시 〈동아일보〉는 진구황후의 삼한 정벌 신화를 일종의 "종 문서"로 비유했다. "(진구황후의 삼한 정벌 신화가) 우리 자제의 課書에 들어서는 없는 종 문서를 억지로 있는 것처럼 믿으라드는 노력을 내어야 할밖에 없는 小悲劇이야 말은 하야 무엇하랴." 「我史人修의 哀－最後의 精神的 破産 (上)」, 〈東亞日報〉 1925. 10. 21, 1면.

38 이는 신채호가 1908년 『讀史新論』에서 전개한 비판 논리이다. 앙드레 슈미드, 앞의 책, 426쪽.

39 조선의 정체성이나 타율성은 식민주의자만이 아니라 민족주의자들도 언급했다. 앙드레 슈미드는 양반 비판에 대한 양자의 차이를 이렇게 설명했다. "한국의 문필가들이 국가 기강을 바로잡을 필요성을 강조하기 위해 양반을 비난했다면, 일본의 집필자들은 국가 기강이 부족하다는 점 자체를 강조했다." 앙드레 슈미드, 앞의 책, 302쪽.

40 변은진은 일제 말기 '민중들'의 저항 의식에서 보이는 국가주의·국수주의 경향의 연장선상에서 홍순창의 무(이성계)보다는 문(정몽주)를 중시하는 전통주의적 시각을 소개했다. 卞恩眞, 「日帝 戰時파시즘期(1937~45) 朝鮮民衆의 現實認識과 抵抗」, 고려대학교 박사학위논문, 1998, 319쪽.

41 이기훈, 「일제하 보통학교 교원의 사회적 위상과 자기인식」, 『역사와 현실』 63, 2007, 132~134쪽; 장신, 「일제하 초등학교 교사의 조선사 인식」, 『정신문화연구』 111, 2008, 113~115쪽.

42 국사편찬위원회, 『일제 강점기 경성지방법원 형사사건 기록 해제』, 국사편찬위원회, 2009, 15~16쪽; 全北地域獨立運動追念塔建立委員會, 『全北地域獨立運動史』, 1994(2004), 393~394쪽.

43 이만규, 『(다시 읽는) 조선교육사』, 살림터, 2010(원본은 1947년 간행), 661~662쪽.

44 일본 식민지의 가봉과 숙사료에 관해서는 岡本眞希子, 『植民地官僚の政治史』, 三元社, 2008, 180~212쪽 참조.

45 그가 남긴「履歷書」(1), (2), (3)에는 일제 시기에 훈도 재직 시 호봉 승급일이 기록되어 있다. 또한 1926년부터 1939년까지 '연말 상여금 통지서'가 남아 있다(홍하표 소장^{所藏}). 샐러리맨에게 봉급(액)은 중요하다.

46 ㉘

47 ②

48 ㊴, ㊻

49 ㉘

50 朝鮮總督府學務局,『朝鮮諸學校一覽(昭和九年五月末現在)』, 朝鮮總督府學務局, 1935, 123~156쪽, 383~402쪽에 의거해 계산함.

51 朝鮮總督府財務局,『朝鮮總督府統計年報』, 해당 연도판 참조(국가통계포털 http://kosis.kr의 '광복 이전 통계'로 검색).

52 ⑥, ⑧. 경찰 앞에서 홍순창은 교장의 학교 운영 방침이 오히려 차별을 조장함으로써 '현재의 교육 방침'인 '내선일체'를 거슬렀다고 비판했다.(㊴)

53 洪淳昌,「履歷書」(3).

54 당시 학교를 다녔던 문○○ 옹(1929년생, 해안면 거주, 1940년 당시 매동심상소학교 2학년생)도 사건 이후 일본인 교원이 늘었다고 말했다. 2013년 4월 4일 자택에서 인터뷰(이하 동일).

55 일제 시기 동맹휴교 등 학교 분규는 지역사회와 관련이 깊고, 때로는 학부모와 지역 유지 등이 주체로 나서는 경우가 제법 있었다. 이 사건에서도 교장의 폭행에 등교 거부를 지휘한 것은 면협의회원이자 학교후원회 간부였던 안창린이었다(㊹). 경찰의 보고에 따르면 해안면민은 처음에 사건의 원인을 '교장의 불공평'으로 보았으나 교장이 전근을 가고 도 당국이 학교 폐쇄도 불사하겠다는 강경한 태도를 보이자, 이번 사태는 "면민의 총의"에 의하여 일어난 것이 아니라 학교 직원 간의 불화에서 기인했다며 책임을 면하려 했다(㉒). 이 사건에서 지역 학생들은 무죄나 집행유예를 받고 타지에서 온 교사만 실형 선고를 받은 것도 지역민의 동향과 관련된 것은 아닌지 조심스럽게 추정해본다.

56 ⑰, ⑱, ⑲. 김창화의 동기생 중 지덕근은 고성군 출신인데, 공부를 못한다고 홍 교사에게 맞은 뒤 고성으로 돌아가 중도 퇴학당했다고 한다(⑰).

57 경찰은 '왜 조선인 교사도 학생을 구타하는데 구보 교장만 문제 삼느냐'고 반문하면서 학생들로부터 '구보 교장은 일본인이기 때문'이라는 말을 이끌어내 그들을 민족주의자로 몰아갔다. 식민지 지배 전략 중 자주 쓰이는 것이 피지배자를 특수성에 가두는 것이다. 대표적인 예가 정체성론이다. 이와는 다른 방향이긴 하지만 경찰의 신문에서도 유

사한 전략을 발견할 수 있다. 경찰은 폭력의 평범성을 말하면서 '일본인의 폭력'에 대한 학생들의 항의를 '폭력'보다 '일본인'에 방점을 찍어 조선인이기 때문에 문제를 제기하는 양 특수한 것으로 처리했다. 결국 폭력의 문제는 사라진다.

58 이기훈, 「식민지 학교 공간의 형성과 변화-보통학교를 중심으로」, 『역사문제연구』 17, 2007, 87~89쪽.

59 정병욱, 「경성 유학생 강상규, 독립을 열망하다 (上)」, 『역사비평』 83, 2008년 여름호, 227~242쪽; 이 책, 강상규 편 29~48쪽.

60 사토 다다오(左藤忠男) 지음, 정승운 옮김, 『일본 대중문화의 원상(原象)』, 제이앤씨, 2004, 149~150쪽.

61 프란츠 파농 지음, 남경태 옮김, 『대지의 저주받은 사람들』, 그린비, 2004, 75쪽.

62 ⑥, ㊲

63 京城地方法院, 「昭和 16年 刑公第1238號 判決」, 1941. 8. 19.

64 김창환은 경찰이 조선 정신이 뭐냐고 묻자 "일본에 일본 정신이 있는 것과 같이 조선에는 조선의 정신이 있을 것이라고 생각하는데 (…) 일본 정신과는 다른 독특한 정신을 기르자는 의미로 사용하였다"고 했다. 다른 대목에선 "무엇이든지 일본식 또는 일본 정신 등을 비판 없이 추종하지 말고 조선의 옛 방식의 예절과 작법을 부활할 것, 일본어를 폐지하고 조선인은 조선어만을 습득해야 할 것, 예전과 같이 남자도 상투를 틀 것 등 모든 것을 일본식이 아닌 별개의 것으로 하는 것"이라 했다. 또한 조선이 독립하면 어떤 이익이 있느냐는 경찰의 질문에, 많이 있다면서 "(1) 조선이 독립을 하면 조선에도 왕이 있게 되고, (2) 불편한 일본말을 사용할 필요도 없게 되고, (3) 조선의 전통적인 옛날 예법이 부활되고 일본 사람을 무조건 추종할 필요가 없고, (4) 구보 교장으로부터 조선 아동들이 구타당하는 것과 같이 모든 조선인이 일본인으로부터 압박을 받는 일이 없어지고, (5) 조선에서 생산된 쌀을 일본으로 보내지 않을 것이므로 조선인은 쌀밥을 먹을 수가 있게 되는 등"이라 답했다(⑰). 조동걸은 강원도 지역의 3·1운동을 분석하면서 지역적 특성으로 유교적인 보수성을 지적한 적이 있다. 趙東杰, 「三一運動의 地方史的 性格」, 『歷史學報』 47, 1970. 김창환의 복벽주의는 천황제 교육의 영향을 받은 듯하다. 즉 천황의 존재와 의의를 강조하는 교육을 받다 보니, 조선이 독립된다면 자연히 우리의 '왕'이 있어야 된다고 생각한 것 같다. 당시 민중의 저항 의식과 파시즘의 관계에 대해서는 卞恩眞, 앞의 논문, 315~326쪽 참조.

65 사토 다다오, 앞의 책, 139쪽.

66 ⑰

67 趙東杰, 『太白抗日史』, 江原日報社, 1977, 307~309쪽(조동걸, 『于史 趙東杰 저술선집 13 강원 역사의 다원성』, 역사공간, 2010, 462~464쪽에도 수록). 이하 내용 인용의 각주는 생략한다.

68 본인이 "전연 판결문(判決文)에 의해서 알게 된 일"이라 밝히고 있고, 글 내용을 보더라도 답사와 증언 채록이 수반된 다른 사례와 달리 이 사건은 독립운동사편찬위원회 활동 때 수집한 판결문만 보고 쓴 것 같다. 수집된 판결문은 번역되어 수록되었다. 독립운동사편찬위원회, 『독립운동사자료집 12 - 문화투쟁사자료집』, 독립유공자사업기금운용위원회, 1977, 1108~1112쪽. 그때는 아직 경성지방법원 형사사건 기록이 공개되기 이전이고, 해안면이 워낙 휴전선과 가까워 출입이 자유롭지 않았을 거다.

69 아직도 소년이 순진무구하다고 생각된다면 사토 다다오, 앞의 책, 109~152쪽에 실린 「소년의 이상주의」를 필독하기 바란다.

70 조동걸의 글은 李求鎔·崔昌熙·金興洙, 『江原道 抗日獨立運動史』 3, 光復會江原道支部, 1992, 489~490쪽 '기타 독립운동' 항목에 그대로 인용되었다.

71 黃永穆 부장, 「生存해 있는 抗日 獨立鬪士-楊口 亥安 사건 洪淳昌 옹을 찾아, 民族의식 고취 獨立 정신 일깨워 "韓民族으로서 할 일 했을 뿐" 植民地교육·創氏 등 虐政 폭로, 抗日示威 배후 人物로 獄苦 2년」, 〈강원일보〉 1979. 1. 30; 朴振緖·姜斗楔 기자, 「3·1節 60周年 話題 - 楊口서 독립운동 앞장… 洪淳昌, 창호지로 태극기 만들어, 面으로 行進 日警에 泪하, 4년 동안 옥살이 감옥서도 萬歲 불러, 심한 拷問 아직도 傷痕이」, 〈신아일보〉 1979. 2. 28, 7면; 신일 취재, 「한평생 나라 사랑의 길로 홍순창 할아버지」, 『새벗』 294, 1983. 7. 내용 중 특이한 것은 1940년(또는 1938년) 교사 홍순창이 학부모와 학생에게 태극기를 나눠주고 거리로 나가 함께 독립만세를 외쳤다는 점이다. 3·1운동을 맞이하여 특집기사를 쓰면서 과장된 것 같다.

72 홍순창은 1979년 3월 강원도지사 공로상을 받고 1980년 8월 대통령 표창을 받았다. 1986년 작고했으며 1990년 12월 건국훈장 애족장이 추서되었다. 홍하표 옹 소장 상장 참조; 공훈전자사료관(http://e-gonghun.mpva.go.kr) 검색.

73 楊口郡誌編纂委員會 編, 『楊口郡誌』, 楊口: 楊口文化院, 1984, 260~261쪽. 「매동(해안)소학교의 항일교육」이라는 제목으로 실렸다. 이하 내용 인용의 각주는 생략한다.

74 이 외에도 경찰 자료에 따르면 윤원규는 경찰의 조사를 받던 중 병으로 집에서 요양하다가 평안도 백부 집으로 치료차 떠났다(⑭). 『양구군지』에는 만주로 도망갔다고 되어 있다. 경찰 자료에서 만주로 간 자는 학교 소사 이치영이다(⑳). 물론 윤원규도 평안도에서 만주로 갔을 가능성을 배제할 수 없다. 어쨌든 동맹휴학 건은 1941년 8월 법원에

미주 279

서 무죄 처리되었기 때문에 이후 윤원규는 더 이상 수배 대상이 아니었을 거다.
75 홍금수, 「역사지리의 파국적 단절과 미완의 회복-민통선 북방 양구군 해안면의 인구·취락·토지 이용」, 『문화역사지리』 21-3, 2009, 114쪽. 이하 해안면 관련 서술의 많은 부분은 홍금수의 글에 의존한다. 문○○ 옹은 "『정감록』에 금강산 남쪽 오대산 북쪽 두루산(?)으로 된 데가 피난지라 해서 함경도 평안도 사람들이 모였다"고 한다.
76 ⑥, ㉒
77 國防軍史硏究所 編, 『兜率山戰鬪』, 國防軍史硏究所, 1993, 13쪽.
78 양구전쟁기념관의 전시물에서 해당 전투의 인명 피해(전사자, 부상자, 실종자)를 합계한 수치다. 이후에도 주변에서 '단장의 능선' 전투, 949고지 전투, 크리스마스 고지 전투가 벌어졌다.
79 김창환, 『김창환 교수의 DMZ 지리 이야기』, 살림터, 2011, 164쪽.
80 한모니까, 「한국전쟁 前後 '수복지구'의 체제변동 과정-강원도 인제군을 중심으로」, 가톨릭대학교 박사학위논문, 2009. 8, 208~229쪽 참조.
81 박영재(매동공립초등학교 11회 졸업), 「해안(매동)초등학교의 항일 교육」, 해안초등학교 교지발간추진위원회, 『(해안초등학교 개교 40주년 기념문집) 해안의 메아리』, 해안초등학교, 1997, 73~74쪽(문○○ 옹 소장). 『양구군지』에 비해 윤원규의 이후 행적이 조금 더 자세하다.
82 박영재(매동공립초등학교 11회 졸업), 「해안을 지킨 반공자치대 활동」, 위의 책, 75쪽. 이름이 한글이라 동명이인일 수도 있다.
83 江原鄕土文化硏究會, 『楊口 抗日·反共運動 資料集』, 楊口郡, 1998, 47~48쪽.
84 위의 책, 47~48쪽, 111쪽. 증언자는 당시 자치대 총무인 이남수(1926년생)이다. "한청"은 『양구군지』의 예에 따르면 '대한청년단(大韓靑年團)'의 약자이다.
85 國史編纂委員會 編, 『北韓關係史料集 Ⅲ』, 1985, 434쪽. 한모니까에 따르면 북한은 지역사회의 행정 실무를 위해 일제 시기 행정 종사자들을 활용했다. 앞의 논문, 66~72쪽.
86 ㊿. 문○○ 옹은 이광훈이 총살당한 것으로 확실히 기억한다. 남광숙은 혹시 남광택이 아니냐며 남광택이라면 이광훈과 같이 학교 운동장에서 총살됐다고 한다. 김창환의 총살 여부에 대해서는 잘 기억하지 못했지만 그가 "인공 때 반동으로 몰렸다"고 한다. 한국정의 존재는 명확히 기억했지만 "생사를 모른다", "어떻게 됐는지 모른다"고 했다. 혹시 사건 관련자 중에 북으로 갔거나 그쪽에서 활동한 자가 있느냐는 질문에는 대답하지 않거나 "그런 일은 없다"고 했다.

보론 1 : 경성지방법원 검사국 '형사사건 기록'

이 글은 2011년 7월 1일 일본 교토에서 고려대 민족문화연구원과 도시샤코리아센터(同志社コリア研究センタ)가 공동 주최한 〈서울-교토 상호 방문 국제학술회의 : 식민지 연구의 최전선 1〉에서 발표한 것이다. 당시 미즈노 나오키(水野直樹)의 논평과 제공 자료를 바탕으로 수정하고 보완했다. 이 자리를 빌려 감사드린다.

1 國史編纂委員會,『國史編纂委員會史』, 國史編纂委員會, 1990, 246쪽.
2 「朝鮮總督府裁判所令」제9조 1항 "朝鮮總督府裁判所에 검사국을 倂置한다."(朝鮮總督府編纂,『朝鮮法令輯覽』上卷 第3輯, 1940, 74쪽).
3 「朝鮮總督府裁判所及檢事局書記課處務規程」제17조(朝鮮總督府編纂,『朝鮮法令輯覽』上卷 第6輯, 1940, 3쪽). 종래 재판소의 서기과가 모든 문서를 통합하여 담당했는데, 1937년 8월 '裁判所令' 개정(制令 15호)에 따라 검사국에 별개의 서기과가 설치되었고, 그에 따라 처무 규정도 수정되었다(總訓 제56호).
4 사건 기록에 대한 민사와 형사의 구분은 규정에 명시되지 않았지만 업무상 확연했다. 예를 들자면 민사에 관한 기록의 폐기는 재판소장, 형사에 관한 기록의 폐기는 검사국장이 인가했다[「朝鮮總督府裁判所及檢事局書類保存規程」제22조(朝鮮總督府編纂,『朝鮮法令輯覽』上卷 第6輯, 1940, 6쪽).
5 고려대학교 아세아문제연구소는 1990년대 중반에 자료 해제집을 간행했는데, 그에 따르면 총 분량은 가제본 약 150권, 130,000쪽이다. 이 중 세 권은 해제하지 않았다(高麗大學校 亞細亞問題研究所,『稀貴文獻 解題-舊 朝鮮總督府 警務局 抗日獨立運動關係 秘密紀錄』, 高麗大學校出版部, 1995의 「序文」 참조).
6 金俊燁·金昌順,『韓國共産主義運動史 제1권』, 高麗大學校出版部, 1967, 서문 2쪽, 453~458쪽. 서문에는 자료에 대한 많은 문제를 언급하고 있는데, 다음과 같은 구절을 보면 이 자료의 내력을 어느 정도 알고 있었던 것 같다. "舊朝鮮總督府의 統治文書에 들어 있는 各種情報文書 및 司法文書를 입수할 수 있다면 다행한 일이지만 8·15의 혼란이나 6·25의 전란 등으로 그것마저 많은 부문이 소실 폐기된 모양이고, 간혹 있다고 하더라도 개인으로서는 구득하기 매우 힘든 일"(서문 2쪽) "구 총독부 통치 시대에 (…) 비밀 사법 서류로서 관리하여왔기 때문에"(서문 3쪽). 공산주의운동 관련 문서 일부가 사법 계통에 있는데, 접근하기 힘들다는 말이다. 어떻게 접근해서 원자료를 손에 넣었을까?

7 선별 원칙으로서 '대표성'은 입수한 자료 중 일부만 실어야 했던 '자료편'에도 적용되었다. 편자 2인은 입수한 자료 중 가치가 가장 크다고 생각되는 것을 모아 '자료편'을 간행했는데, 제1권은 김재봉·강달영·박헌영 등과 같은 주요 공산주의자들의 조서(형사사건 기록), 2권은 주요 방증 문헌(서무 기록)으로 구성했다(金俊燁·金昌順 共編, 『韓國共産主義運動史 - 資料編 Ⅰ~Ⅱ』, 高麗大學校亞細亞問題硏究所, 1979~1980의 각「序文」참조).

8 국사편찬위원회가 인수하기 전에 이 자료의 존재를 알고 있었던 연구자로 윤경로가 있다. 이 자료를 바탕으로 펴낸 『105人事件과 新民會硏究』(一志社, 1990)의 서론에서 그는 다음과 같이 설명했다. "그동안 서울지방검찰청 지하 창고에 있던 것을 1984년 말 동(同) 검찰청 기록관리과에서 일제시대부터 해방 전후한 재판 기록 일체를 정리하는 과정에서 발굴된 것이다. 이때 총 660건 1,204권에 달하는 방대한 재판 기록 문서가 발굴, 정리되어 현재 국사편찬위원회에 이관되어 있다"(12쪽). 아마 국사편찬위원회는 윤경로를 통해 자료의 존재를 인지했던 것 같다.

9 국사편찬위원회, 『일제강점기 사회·사상운동자료 해제 Ⅰ』, 국사편찬위원회, 2007, 156~157쪽; 고려대학교 아세아문제연구소, 앞의 책(1995), 390~394쪽.

10 국사편찬위원회, 『일제강점기 사회·사상운동자료 해제 Ⅱ』, 국사편찬위원회, 2008, 331~334쪽; 고려대학교 아세아문제연구소, 앞의 책(1995), 383~386쪽. 이에 대한 지적은 이애숙, 「일제 말기 반파시즘 인민전선론」, 『한국사연구』 제126호, 2004. 9, 207쪽 참조.

11 대검찰청은 1995년 광복 50주년을 맞이하여 전국 산하 검찰청이 보관하던 식민지 시기의 문서를 조사하여 이관받고 그 결과를 8·15 즈음해서 신문에 발표했는데, 당시 국사편찬위원회의 자료 인수 담당자는 이를 보고 대검찰청을 방문하여 자료 인수를 교섭했다고 한다. 한편 국가기록원의 김재순은 "대검찰청 등에서 판결문 등 사건 기록을 정부기록보존소로 이관할 때, 그동안 남아 있었던 일부 신문조서들이 국사편찬위원회에 역사 연구 자료로 이관되었다"고 했다(김재순, 「정부 수립 이전 행형기록 해제」, 『기록보존』 제11호, 행정자치부 정부기록보존소, 1998, 194쪽).

12 1932년 12월 접수된 문서는 아직까지 어느 쪽에서도 발견하지 못했다. 대검찰청이 인수하면서 붙인 번호 '114' 문건은 『思想에 關한 情報(警察)』라는 제목으로 1933년 1월에 접수된 문서부터 시작한다(국사편찬위원회 홈페이지(http://www.history.go.kr)한국사데이터베이스 - 국내외항일운동문서 참조). 12월에는 접수한 문서가 없었을까?

13 당시 서류 보존 규정에 따르면 경중에 따라 갑종(甲種) 영구, 을종(乙種) 20년, 병종(丙

種) 10년, 정종(丁種) 5년, 무종(戊種) 2년으로 보존 기간을 구별했다. 서류의 종류와 보존 기간에 대해서는 「朝鮮總督府裁判所及檢事局書類保存規程(大正 7년 1월 總訓 제1호, 개정 1923년 12 제57호, 1929년 10 제49호, 1939년 8 제44호)」(朝鮮總督府編纂, 『朝鮮法令輯覽』 上卷 第6輯, 5~9쪽) 참조.

14 水野直樹, 「戰時期朝鮮の治安維持體制」, 『岩波講座 アジア・太平洋戰爭 7 支配と暴力』, 岩波書店, 2006. 참조. 기타의 형사사건 중에도 민족운동·공산주의운동과 관련하여 일어난 경우가 있다.

15 사상계 검사가 취급한 것은 ① 치안유지법 위반, ② 대정 8년(1919년) 제령7호 위반, ③ 보안법 보안 규칙 위반, ④ 황실에 대한 죄, ⑤ 내란에 대한 죄, ⑥ 소요죄, ⑦ 신문지법 신문지 규칙 위반, ⑧ 출판법 출판규칙법 위반, ⑨ 폭력 행위 처벌에 관한 건, ⑩ 폭발물 취체 벌칙, ⑪ 기타 사상운동에 관련된 범죄였다(長崎祐三, 「思想犯防遏 (一)」, 『治刑』 12 - 9, 1938. 9, 2~3쪽).

16 일제 강점기 검찰 조직에서 사상 부문의 정점은 고등법원검사국 사상부(思想部)이다. 지방법원에는 사상계(思想係)를 두었던 것 같다. 水野直樹, 「思想檢事たちの「戰中」と「戰後」 — 植民地支配と思想檢事」, 松田利彦・やまだあつし 編, 『日本 朝鮮・臺灣支配と植民地官僚』, 思文閣出版, 2009, 473~475쪽; 문준영, 『법원과 검찰의 탄생』, 역사비평사, 2010, 455~456쪽.

17 1948년 12월 치안유지법과 유사한 국가보안법이 제정되었다. 1981년에 제정되어 현재까지 통용되고 있는 『검찰보존사무규칙』을 보면 내란 및 외환(外患)의 죄, 반공법 및 국가보안법 위반의 죄에 관한 사건 기록은 '영구보존'이 기본이다(법률지식정보시스템 http://likms.assembly.go.kr/law/jsp/main.jsp 참조).

18 형사사건 관련 '영구 보존' 기록은 상당 부분 국가기록원으로 이관되어 보존되고 있다. 그중 독립운동 관련자의 판결문 등은 온라인 열람이 가능하다(http://theme.archives.go.kr/next/indy/viewMain.do).

19 형사사건의 각 단계 기록에 대해서는 김재순, 앞의 글; 시귀선, 「해방 이후 행형기록 소개」, 『기록보존』 제11호, 행정자치부 정부기록보존소, 1998; 「일제강점기 체포와 수형, 그리고 기록물」(http://theme.archives.go.kr/next/indy/viewIntroduction2.do)을 참조할 수 있다. 다만 국가기록원 측은 행형(行刑)의 개념과 범위를 확대하여 재판·수사 기록도 포함하는 경향이 있다.

20 김영배에 대한 판결문은 주 18의 웹 주소에서 확인이 가능하다. 그의 형사사건 기록은 국편에 소장되어 있으며(원자료 KS 28-12-01 v.1, 마이크로필름 MF07623), 國史編纂

委員會 編, 『韓民族獨立運動史資料集 66-戰時期 反日言動事件 I』, 2006에도 수록되었다.
21 정병욱, 「(식민지 불온열전 2) 자소작농 김영배 '미친 생각'이 뱃속에서 나온다」, 『역사비평』 87, 2009년 여름호 참조(이 책 2장).
22 리하르트 반 될멘, 『개인의 발견』, 현실문화연구, 2005, 97~103쪽.
23 이런 현실은 당시 검사도 인정하였다. "피의자, 피고인의 신문은 그 사건에 대하여 변해(辯解)를 하게 하고 방어권을 행사하게 할 목적으로 하고 있으며, 증거 방법으로서 그 진술을 구하는 것이 아니다. 피의자·피고인은 진술을 강요당하지 않으며(쇼와 6년 大判) 진술의 의무가 없는 것으로 되어 있다. 그렇지만 피의자·피고인을 신문하는 목적이 그가 변해를 하도록 함에 있더라도 신문에 대한 진술이 범죄의 증거로 될 수 있음은 물론이다."(玉名友彦 著 法院圖書館 譯, 『(국역) 朝鮮刑事令釋義: 附 令狀竝刑執行の取扱に就て』, 법원도서관, 2005(1944), 31쪽).
24 박헌영의 형사사건 기록은 고려대학교 아세아문제연구소에 소장되어 있으며, 金俊燁·金昌順 共編, 『韓國共産主義運動史-資料編』, 高麗大學校亞細亞問題硏究所, 1979, 671~770쪽에 수록되었다. 강상규의 형사사건 기록은 국사편찬위원회에 소장되어 있으며(원자료 KS 26-01-01 v.1, 마이크로필름 MF07589), 國史編纂委員會編, 『韓民族獨立運動史資料集 67-戰時期 反日言動事件 II』, 2007에도 수록되었다.
25 정병욱, 「(식민지 불온열전) 경성유학생 강상규, 독립을 열망하다(上)」, 『역사비평』 83, 2008년 여름호; 「(식민지 불온열전) 경성유학생 강상규, 독립을 열망하다(下)」, 『역사비평』 84호, 2008 가을호 참조(이 책 1장).
26 村崎 滿, 「保安法(光武十一年法律第二號)の史的素描」, 『朝鮮司法協會雜誌』 22-11호, 1943. 그는 조심스럽게 당시 사례들의 치안 방해 여부, 범죄 구성 요건에 대해 의문을 던졌다.
27 형사사건 기록의 표지를 보면 편철명이 '刑事第1審訴訟記錄'인 경우가 많다. 따라서 '형사소송 기록'이란 명칭도 생각해보았으나 소송 단계에 이르지 못한 '불기소 기록'도 적지 않기 때문에, 양자를 포괄할 수 있으며 '규정'에도 나오는 용어인 '형사사건 기록'이 더 적합하다.

보론 2 : 불온에 관한 7가지 단상

『식민지 불온열전』에서 검토한 사례는 네 가지에 불과하다. 아직 어떤 정돈된 주장이나 이론을 제시할 정도가 아니다. 다만 중간 점검 차원에서 나와 독자를 위해 몇 가지 단상을 적는다.

1 국립국어연구원, 『표준국어대사전』(http://stdweb2.korean.go.kr/main.jsp) 및 고려대 민족문화연구원, 『고려대 한국어대사전』(http://dic.daum.net/index.do?dic=kor) 참조.
2 韓基亨, 「'불온문서'의 창출과 식민지 출판경찰」, 『大東文化硏究』 72, 2010, 449~453쪽; 鈴木敬夫, 『法을 통한 朝鮮植民地 支配에 관한 硏究』, 고려대학교 민족문화연구소 출판부, 1989, 68~74쪽. 일본의 사전은 岩波書店, 『広辞苑』 第六版, 2008·2009를 참조했다.
3 문○○(1929년생, 1940년 당시 매동심상소학교 2학년생) 옹의 증언, 2013년 4월 4일, 해안면 자택.
4 이런 이유로 國史編纂委員會 編, 『韓民族獨立運動史資料集』 1권(1986)부터 70권까지 「간행사」에는 이 기록이 "독립운동가들의 독립운동 方略上의 필요에서, 일제측의 식민통치 정책상의 필요에 의해서 진실이 충분히 밝혀지지 않은 면"이 있다는 점을 밝히고 있다.
5 國史編纂委員會 編, 『韓民族獨立運動史資料集 68 – 戰時期 反日言動事件 Ⅲ』, 186~273쪽에 수록.
6 國史編纂委員會 編, 『韓民族獨立運動史資料集 67 – 戰時期 反日言動事件 Ⅱ』, 2006, 203쪽.
7 松田利彦, 「総力戦期の植民地朝鮮における警察行政－警察官による「時局座談会」を軸に」, 『日本史研究』 452, 2000(松田利彦, 『日本の朝鮮植民地支配と警察 : 一九〇五~一九四五年』, 校倉書房, 2009의 6장에 수록). 여기서 말하는 마쓰모토 다케노리와 변은진의 성과는 「朝鮮農村의 '植民地近代' 經驗」, 社會評論社, 2005와 『日帝 戰時파시즘 期(1937~45) 朝鮮民衆의 現實認識과 抵抗』, 고려대 사학과 박사학위논문, 1998을 말한다.
8 데틀레프 포이케르트 저, 김학이 역, 『나치시대의 일상사 – 순응, 저항, 인종주의』, 개마고원, 2003, 119~121쪽.

9 정병욱, 「경성 유학생 강상규, 독립을 열망하다 (上)」, 『역사비평』 83, 2008년 여름호, 222~226쪽; 이 책, 강상규 편 25~28쪽.
10 손님(客分) 의식에 관해서는 牧原憲夫, 『客分と國民のあいだ』, 吉川弘文館, 1998 참조. 현대사에 적용된 것이긴 하지만, 분단국가 한쪽의 수동적 소속원으로서 살아가야 하는 "居民" 개념 또한 참조할 만하다(정태헌, 「'민주적 민족적 국민' 형성의 장정에서 본 '박정희 시대'」, 『역사문제연구』 제9호, 2002. 12).
11 정병욱, 「조선식산은행원, 식민지를 살다」, 『역사비평』 78, 2007년 봄호, 355쪽.
12 정병욱, 「경성 유학생 강상규, 독립을 열망하다 (上)」, 『역사비평』 83, 2008년 여름호, 214쪽.
13 지그리프트 크라카우어(Siegfried Kracauer) 지음, 김정아 옮김, 『역사 : 끝에서 두 번째 세계(History: The Last Things Before The Last)』, 문학동네, 2012, 47~48쪽.
14 〈부표 3〉의 ㉛, ㉝ 문서.
15 震檀學會 編, 『歷史家의 遺香—斗溪李丙燾先生追念文集』, 一潮閣, 1991, 256쪽(원출처 『廣場』, 1982. 4).
16 위의 책, 225~227쪽(원출처 『서울평론』 78호, 1975. 5. 15); 李丙燾 외 「第17回 全國 歷史學大會 主題 및 討論—韓國에 있어서 近代의 史學研究의 回顧와 展望」, 『史學研究』 24호, 1974, 91~99쪽.
17 癡菴申奭鎬先生 紀念事業會, 『申奭鎬博士 誕生100周年 紀念事業誌』, 수서원, 2007, 112~113쪽.
18 李昊榮, 「中原高句麗碑 題額의 新讀—長壽王代의 年號 推論」, 『史學志』 13, 단국대학교 사학회, 1979, 98쪽. 225~227쪽.
19 趙東杰, 『太白抗日史』, 江原日報社, 1977, 5~6쪽.
20 그는 이미 이런 시각에서 3·1운동을 다룬 글을 썼다. 趙東杰, 「三一運動의 지방사적 성격—강원도 지방을 중심으로—」, 『歷史學報』 47, 1970.
21 강만길, 「박정희 '유신' 독재 아래 산 이야기」, 『역사가의 시간』, 창비, 2010, 191쪽.

참고문헌

전체

1. 자료
國史編纂委員會 編, 『韓民族獨立運動史資料集 66-戰時期 反日言動事件 Ⅰ』, 2006.
國史編纂委員會 編, 『韓民族獨立運動史資料集 67-戰時期 反日言動事件 Ⅱ』, 2006.
국사편찬위원회, 『일제 강점기 경성지방법원 형사사건 기록 해제』, 국사편찬위원회, 2009.
文鎭國, 『朝鮮全道面職員錄』, 文鎭堂, 1927.
朝鮮總督府, 『朝鮮國勢調査報告』, 해당연도판(국가통계포털 http://kosis.kr의 '주제별통계 -인구·가구-인구총조사').
朝鮮總督府, 『朝鮮總督府統計年報』, 각년판(국가통계포털 http://kosis.kr의 '광복 이전 통계').
朝鮮總督府 編, 『朝鮮總督府及所屬官署職員錄』, 각년판(국사편찬위원회 한국사데이터베이스 http://db.history.go.kr).

〈東亞日報〉〈朝鮮日報〉〈每日申(新)報〉

국사편찬위원회 한국사데이타베이스(http://db.history.go.kr)
국가보훈처 공훈전자사료관(http://e-gonghun.mpva.go.kr)

2. 논저
데틀레프 포이케르트(Detlev Peukert) 서, 김학이 역, 『나치시대의 일상사-순응, 저항, 인종주의(Volksgenossen und Gemeinschaftsfremde: Anpassung, Ausmerze und Aufbegehren unter dem Nationalsozialismus)』, 개마고원, 2003.
리하르트 반 뒬멘(Richard van Dülmen) 지음, 최윤영 옮김, 『개인의 발견(Die Entdeckung Des Individuums 1500~1800)』, 현실문화연구, 2005.

卞恩眞,「日帝 戰時파시즘期(1937~45) 朝鮮民衆의 現實認識과 抵抗」, 고려대 사학과 박사 학위 논문, 1998.
鈴木敬夫(스즈키 게이후),『法을 통한 朝鮮植民地 支配에 관한 硏究』, 고려대학교 민족문화연구소출판부, 1989.
정병욱,「조선식산은행원, 식민지를 살다」,『역사비평』 78, 2007년 봄호.
趙景達,『植民地朝鮮の知識人と民衆』, 有志舍, 2008.

경성 유학생 강상규, 독립을 열망하다

1. 자료

アドルフ・ヒツトラー 著, 內外社編輯部 編,『國民的世界觀』, 內外社, 1932.
京畿高等學校七十年史編纂會,『京畿高等學校七十年史』, 京畿高等學校同窓會, 1970.
京畿九十年史編纂委員會,『京畿九十年史』, 京畿高等學校同窓會, 1990.
京畿道警察部長,「京高秘第2753號 緊迫セル時局下ニ於ケル民心ノ動向査察ニ關スル件」, 1941. 10. 2.
京城保導聯盟,『中等學校生徒の下宿調査』, 1939. 9.
京城第一公立高等普通學校,『各科教授要綱』, 1935(龍溪書舍 編,『日本植民地教育政策史料集成(朝鮮編)』, 第19卷에 수록)
_____,「學籍簿」.
京城地方法院,「昭和16年 刑公第2461호, 宋澤永 등 판결문」, 1942. 12. 2.
京城地方法院,「昭和16年 刑公第2461호, 豊川元彬 판결문」, 1945. 4. 19.
國史編纂委員會 編,『韓民族獨立運動史資料集 別集』1권, 國史編纂委員會, 1991.
國史編纂委員會 編,『韓民族獨立運動史資料集 59 – 常綠會事件 裁判記錄 Ⅱ』, 2004.
김경현 편,『일제 강점기 인명록 Ⅰ – 진주 지역 관공리·유력자』, 민족문제연구소, 2005.
大檢察廳搜査局,『左翼事件實錄』第2卷, 1968.
大韓民國建國十年誌刊行會,『大韓民國建國十年誌』, 1956.
澤田謙(사와다 겐),『ヒツトラー傳』, 大日本雄辯會講談社, 1934.
朝日(아사히)新聞社,『オリンピック寫眞畵報』제2집, 1936. 9.
陸地測量部 作成·朝鮮半島地圖資料硏究會 編,『朝鮮半島地圖集成』, 科學書院, 1999.
呂尙 著, 高裕相 直解,『(懸吐)六韜直解』, 滙東書館, 1920.

全羅北道沃溝郡,『沃溝郡郡勢一般』, 1930. 9.
朝鮮敎育會 編,『(國定敎科書に現はれたる)朝鮮資料寫眞目錄』, 朝鮮敎育會, 1929.
朝鮮殖産銀行,『第15回全鮮沓田賣買價格及受益調』, 1942.
朝鮮總督府,「判任官'功勞'功績調書(京畿道 部)」,『支那事變功勞者功績調書』, 1940(?).
朝鮮總督府司政局社會課,『昭和十四年旱害誌』, 1943. 1.
朝鮮總督府全羅北道,『朝鮮總督府全羅北道統計年報(大正3年)』, 1917.
朝鮮總督府殖産局,『朝鮮の農業(一九三〇)』, 1932.
朝鮮總督府學務局學務課 編,『朝鮮學事例規』, 朝鮮敎育會, 1938.
晉州姜氏戶部事公派編纂委員會,『晉州姜氏戶部事公派世譜 卷之二』, 1999.

『東光』『文化朝鮮』『三千里』『朝鮮總督府官報』『朝鮮總督府調査月報』『學友會誌』(京畿公立中學校)
『劉忠烈傳』『趙雄傳』
「益沃水利組合平面圖」

Leni Riefenstahl, 〈Olympia: Part 1 Fest der Volker-Festival of the Nations〉, 1938(2008년 5월, 피디엔터테인먼트에서 출시).
KBS1, 〈다큐-일본인들의 이상향 호남평야 불이농촌〉, 2003년 8월 14일 방영.

인터뷰 : 강태영(강상규의 종질從姪, 1944년생), 2008.4.18, 옥구군 옥봉리 등지에서.

2. 논저
구광모,「창씨개명정책과 조선인의 대응」,『국제정치논총』 45-4, 2005. 12.
김경미,「식민지 교육 경험 세대의 기억-경기중학교 졸업생의 회고담을 중심으로」,『식민지 파시즘의 유산과 극복의 과제』, 혜안, 2006.
김부자,「식민지 시기 조선 보통학교 취학동기와 일본어-1930년대를 중심으로」,『사회와 역사』 77, 2008. 3.
김한식,「잡지의 서적 광고와 내면화된 근대-『청춘』과『개벽』을 중심으로」,『상허학보』 16집, 2006. 2.
竹內洋(다케우치 요우),『日本の近代 12 學歷貴族の挫折』, 中央公論新社, 1999.
명석면사편찬위원회,『鳴石面史』, 늘함께, 2000.

문준영, 「한국 검찰제도의 역사적 형성에 관한 연구」, 서울대학교 박사학위논문, 2004.
미셸 푸코(Michel Foucault) 지음, 오생근 옮김, 『감시와 처벌─감옥의 역사』, 1994 .
水野直樹(미즈노 나오키), 『創氏改名─日本の朝鮮支配の中で』, 岩波書店, 2008.
申東雲, 「日帝下 刑事節次에 관한 硏究」, 『朴秉濠敎授還甲紀念(Ⅱ) 韓國法史學論叢』, 박영사, 1991.
소재영 외, 『한국의 딱지본』, 범우사, 1996.
安圻洙, 「趙雄傳에 나타난 慾望의 構造와 意味」, 『語文硏究』 제85권, 1995. 3.
연세대학교 물리학과 표면물리실, 『桂園 李鐵柱 선생님의 꿈: 과학, 자연 그리고 제자를 사랑하시던 은사님』, 2000.
大野保(오노 다모쓰), 「朝鮮農村の實態的硏究」, 大同學院 編, 『論叢』 4, 1941.
오드리 설킬드 저, 허진 역, 『레니 리펜슈탈─금지된 열정』, 마티, 2006.
오성철, 『식민지 초등 교육의 형성』, 교육과학사, 2000.
沃溝文化院 編, 『沃溝地方抗日運動史』, 1993.
沃溝文化院, 『沃溝文化 제7집(마을由來)』, 1994.
유선영, 「황색 식민지의 서양 영화 관람과 소비의 정치, 1934~1942」, 『식민지의 일상 지배와 균열』, 문학과학사, 2006.
윤평중, 「푸코: 주체의 계보학과 윤리학」, 『주체 개념 비판』, 서울대학교출판부, 1999.
李京姬, 『白南準 이야기』, 열화당, 2000
이광호, 『구한말 근대 교육 체제와 학력주의 연구』, 문음사, 1996.
李圭洙, 「20세기 초 일본인 농업 이민의 한국 이주」, 『大東文化硏究』 第43輯, 2003
李圭洙, 「후지이 간타로(藤井寬太郎)의 한국 진출과 농장 경영」, 『大東文化硏究』 第49輯, 2005.
李起夏, 「韓國共産主義運動史 1」, 國土統一院調査硏究室, 1976.
李起夏, 「解放前 政黨·社會團體硏究 參考資料─初期共産主義 運動을 中心으로」, 1980.
이기훈, 「독서의 근대, 근대의 독서─1920년대의 책읽기」, 『역사문제연구』 7, 2001.
伊藤俊夫(이토 도시오), 「南鮮調査隊報告 三: 經濟上より見たる不二農村の實態」, 『京城帝國大學法學會論集』 14-1, 1942.
이창훈, 「두 얼굴의 백남준 Ⅳ」, 『시사파일』 2006. 5. 25.
林永春, 『갯들(장편소설)』, 玄岩社, 1981.
장성수·함한희·변화영·한민옥·이지연, 『20세기 한국 민중의 구술자서전) 징게맹갱외에밋들 사람들』, 小花, 2005.

290

정병욱, 「식민지 경험의 재구성과 삶의 단위-『근대를 다시 읽는다』를 읽고」, 『역사비평』 80, 2007년 가을호.
정운현 편역, 『創氏改名』, 학민사, 1994.
주봉규·소순열, 『근대 지역 농업사 연구』, 서울대학교출판부, 1996.
천정환, 『근대의 책읽기』, 푸른역사, 2003.
최원규, 「1920~30년대 일제의 한국 농업 식민책과 일본인 자작농촌 건설사업-불이농촌(不二農村) 사례」, 『東方學志』 82, 1993.
韓萬洙, 「植民地 韓國文學의 檢閱場과 英雄人物의 쇠퇴」, 『語文研究』 34-1, 2006.
허영철, 『역사는 한 번도 나를 비껴가지 않았다』, 보리, 2006.
홍성찬·최원규·이준식·우대형·이경란, 『일제하 만경강 유역의 사회사: 수리조합, 지주제, 지역 정치』, 혜안, 2006.
久間健一(히사마 겐이치), 『朝鮮農業の近代的樣相』, 西ケ原刊行會, 1935.

자소작농 김영배, '미친 생각'이 뱃속에서 나온다

1. 자료

京畿道, 『京畿道農事統計(昭和三年度)』, 1933.
京畿道, 『京畿道農事統計(昭和十年度)』, 1935.
京畿道, 『京畿道道勢槪要』, 1936.
京畿道 警察部長→警務局長 등, 「不穩通信發送者檢擧ニ關スル件」, 1938. 6. 2.
京畿道農會, 「地主名簿」, 1938(韓國農村經濟硏究院, 『農地改革時 被分配地主 및 日帝下 大地主 名簿』, 1985, 수록)
京城地方法院, 『刑事第一審訴訟記錄, 記錄號 1939 刑第4,220號, 1939 刑公第1,365號』, 1939.
_____, 『(표지 누락) 記錄號 1941 刑 4701(松方義黙의 불경죄 사건)』, 1941.
_____, 『刑事第一審訴訟記錄 記錄號 1942刑 1822, 1942 刑公 87』, 1942.
京城地方法院檢事局, 『昭和十三年 思想ニ關スル情報』.
京城地方法院檢事局, 『昭和十四年 思想ニ關スル情報』.
京城地方法院, 『昭和18年 刑公第997號, 金本元吉 판결문』, 1943. 5. 4.
光山金氏良簡公派譜刊行委員會, 『光山金氏良簡公派譜』 4·12卷, 1984.

國史編纂委員會 編,『輿地圖書』上, 1973.
國史編纂委員會 編,『韓國獨立運動史資料 12-의병편 Ⅴ』, 1983.
國史編纂委員會 編,『韓民族獨立運動史資料集 24』, 1995.
國史編纂委員會 編,『韓民族獨立運動史資料集 別集』2권, 國史編纂委員會, 1992.
金台榮,『安城記略』, 1925(안상정 옮김,『편역 안성기략』, 새로운사람들, 2008).
대덕면사무소,「수형인명표폐기목록」, 연도 미상.
越智唯七(오치 다다시치) 編,『新舊對照朝鮮全道府郡面里洞名稱一覽』, 1917.
이무영,『제1과 1장』, 문이당, 2008.
印貞植,『朝鮮農村襍記』, 東都書籍, 1943.
全國地方議員名鑑編纂會 編,『全國地方議員名鑑 4286年版』, 南光文化社, 1953.
朝鮮新聞社,『創氏名鑑』, 1941.
朝鮮總督府,『第四次朝鮮總督府統計年報』(1909년판), 1911.
朝鮮總督府,『朝鮮の聚落 後篇』, 1933.
朝鮮總督府,『朝鮮の性』, 1934,
朝鮮總督府,『農村振興運動の全貌』, 1935.
朝鮮總督府,『施政三十年史』, 1940.
朝鮮總督府警務局保安課,「時局利用誣告事件判決」,『治安狀況』第40報, 1937. 12. 3.
朝鮮總督府臨時土地調查局,『土地調查簿(安城郡陽城面防築里)』, 1911.
朝鮮總督府學務局社會教育課,『朝鮮社會敎化要覽』, 1937.
地契衙門·安城郡 編,『京畿安城郡量案』(奎 17646-v.1-24), 1902.

〈朝鮮中央日報〉

인터뷰 : 김민수(1934년생), 2009. 3. 13, 안성 시내에서 및 2009. 3. 28, B리 마을회관에서; 김수현(1929년생) 김영준(1933년생) 김영진(1915년생), 2009. 3. 13, B리 마을회관에서; 김동수(1938년생), 2009. 3. 28, B리 마을회관에서; 김영훈(1921년생), 2009. 3. 28, B리 집 앞 텃밭에서.

2. 논저
金斗憲,『朝鮮家族制度硏究』, 乙酉文化社, 1949
金潤美,「總動員體制와 勤勞報國隊를 통한 '國民皆勞'-조선에서 시행된 근로보국대의 초기

운용을 중심으로(1938~1941)」, 『韓日民族問題硏究』 14, 2008. 6.
김민철, 「1930~40년대 조선총독부의 촌락지배기구 연구」, 『역사문제연구』 20, 2008. 10.
김일철 등, 『종족마을의 전통과 변화: 忠淸南道 大湖芝面 桃李里의 事例』, 백산서당, 1998.
노베르트 엘리아스(Norbert Elias)·존 스콧슨(John L. Scotson) 지음, 박미애 옮김, 『기득권자와 아웃사이더(Etabeaerte und Aubenseiter)』, 한길사, 2005.
松田利彦(마쓰다 도시히코), 「総力戦期の植民地朝鮮における警察行政 — 警察官による「時局座談会」を軸に」, 『日本史硏究』 452, 2000.
마쓰다 도시히코(松田利彦), 「'주막담총(酒幕談叢)'을 통해 본 1910년대 조선의 사회상황과 민중」, 김동노 편, 『일제 식민지 시기의 통치체제 형성』, 혜안, 2006.
松本武祝(마쓰모토 다케노리), 「朝鮮農村の〈植民地近代〉經驗」, 社會評論社, 2005.
문영주, 「조선총독부의 농촌지배와 식산계의 역할(1935~1945)」, 『역사와 현실』 46, 2002.
박이택, 「植民地期 赴役의 推移와 그 制度的 特質」, 『經濟史學』 33호, 2002.
수원대 동고학연구소·한국민족운동사학회, 「안성 지역 3·1운동의 특성과 역사적 의의」, 안성지역 3·1운동 87주년 기념 학술회의, 2006.
安城郡誌編纂委員會 編, 『安城郡誌』, 안성군, 1990.
엠마뉘엘 르루아 라뒤리(Emmanuel Le Roy Ladurie)지음, 유희수 옮김, 『몽타이유(Montaillou)』, 길, 2006.
大門正克(오카도 마사카쓰), 『近代日本と農村社會 — 農民世界の變容と國家』, 日本經濟評論社, 1994.
윤정애, 「한말 지방제도 개혁의 연구」, 『역사학보』 105, 1985.
윤해동, 『지배와 자치』, 역사비평사, 2006
이경란, 「총동원체제하 농촌통제와 농민생활 — 마을 사회관계망을 중심으로」, 방기중 편, 『일제 파시즘 지배 정책과 민중생활』, 혜안, 2004.
이상찬, 「1906~1910년의 지방행정제도 변화와 지방자치 논의」, 『한국학보』 42, 1986.
이송순, 『일제하 전시 농업정책과 농촌경제』, 선인, 2008.
이용기, 「1940~50년대 농촌의 마을질서와 국가」, 『역사문제연구』 10, 2003. 6.
이용기, 「19세기 후반~20세기 중반 洞契와 마을사지 — 진남 강흥균 8산면 어서리 사례를 중심으로」, 서울대국사학과 박사학위논문, 2007. 2.
李政沅, 「安城板 坊刻本 출판현황」, 『語文硏究』 33-3, 2005 가을.
이정은, 「안성 3·1운동사」, 안성문화원, 1997.
이천시지편찬위원회, 『利川市誌 6 — 개인생활과 마을』, 2001.

板垣竜太(이타가키 류타), 『朝鮮近代の歷史民族誌－慶北尙州の植民地經驗』, 明石書店, 2008.
이해준, 『조선 시기 촌락사회사』, 민족문화사, 1996.
정근식 등, 『구림연구－마을공동체의 구조와 변동』, 景仁文化社, 2003.
정병욱, 「아랫새우대 조한군씨가 문헌」, 『義王市史 6』, 2007.
정진영, 『조선시대 향촌사회사』, 한길사, 1998.
정혜정·최기엽, 「동족촌의 지역화 과정과 공간구성－경기도 안성군 양성면 덕봉리 일원 사례연구」, 『地理學硏究』 16, 1990. 12.
崔在錫, 『韓國農村社會硏究』, 一志社, 1975.
한국역사연구회 조선시기사회사연구반, 『조선은 지방을 어떻게 지배했는가』, 아카넷, 2000.
허영란, 「시가지 개조를 둘러싼 지역주민의 식민지 경험－안성의 철도·시장·공원 그리고 지역주민」, 『역사문제연구』 17, 2007. 4.
藤澤淸次郞(후지사와 세이지로), 『朝鮮金融組合と人物』, 大陸民友社, 1937.

신설리패, 중국인 숙소에 불을 지르다

1. 자료

國史編纂委員會 編, 『韓民族獨立運動史資料集 56－中國人襲擊事件 裁判記錄 I』, 2003.
國史編纂委員會 編, 『韓民族獨立運動史資料集 57－中國人襲擊事件 裁判記錄 II』, 2004.
京城地方法院, 『刑事事件記錄 記錄號 1931 刑4788號』.
京城帝國大學衛生調査部 編, 『土幕民の生活·衛生』, 岩波書店, 1942.
김상태 편역, 『윤치호 일기 1916~1943－한 지식인의 내면세계를 통해 본 식민지시기』, 역사비평사, 2001.
南滿洲鐵道株式會社, 『朝鮮人勞動者一般事情』, 1933.
田中武雄(다나카 다케오) 外, 「未公開資料 朝鮮總督府關係者 錄音記錄 (2) 朝鮮統治における「在滿朝鮮人」問題」, 『東洋文化硏究』 3, 2001. 3.
朴永錫 譯, 『리턴 보고서』, 探求堂, 1986.
柳本藝 저, 權泰益 역, 『漢京識略』, 探究堂, 1974.
小田內通敏(오다우치 미치토시), 『支那人の經濟的勢力』, 東洋協會出版部, 1926.
全國圖書館文獻縮微復制中心 編, 『(東北日占區) 萬寶山事件與韓人排華慘案』 1~2冊, 2010.

朝鮮總督府,『朝鮮に於ける支那人』, 1924.
朝鮮總督府警務局,『鮮內ニ於ケル支那人排斥事件ノ槪況』, 1931. 7.
朝鮮總督府警務局,『鮮支人衝突事件ノ原因狀況及善後措置』, 1932. 6.
중화민국국민정부외교부 편, 박선영 옮김,『중일문제의 진상－국제연맹 조사단에 참여한 중국 대표가 제출한 29가지(1932년 4월~8월)』, 동북아역사재단, 2009.
芝罘領事 內田五郞,「朝鮮內勞働山東苦力募集輸送ニ關スル件」, 1930. 3. 18.

『思想月報』,『朝鮮』,『朝鮮公論』,『朝鮮年鑑』.
「(都市擴張 地番入) 大京城精密圖(축척 1 : 10,000)」, 1936.
「地番區劃入)大京城精圖(1 : 6,000)」, 1936.
인터뷰 : 윤태수(1928년생) 길상옥(1938년생), 2012. 11. 8, 용두동에서.

2. 논저
姜萬吉,『日帝時代 貧民生活史硏究』, 創作社, 1987.
고동환,『조선시대 서울 도시사』, 태학사, 2007.
菊池一隆(기쿠치 가즈타카),「万宝山·朝鮮事件の実態と構造－日本植民地下, 朝鮮民衆による華僑虐殺暴動を巡って」,『人間文化』22, 2007. 9.
김경일,『한국 근대 노동사와 노동운동』, 문학과지성사, 2004.
김동춘,「1971년 8·10 광주 대단지 주민 항거의 배경과 성격」,『공간과 사회』38, 2011.
김영수,「동대문 밖 돈암 지구 주거지의 형성과 변천」,『서울학연구』37, 2009. 11.
김태승 외,『도시화와 사회 갈등의 역사』, 심산, 2011.
金泰雄,「1920·30년대 한국인 대중의 華僑 認識과 國內 民族主義 系列 知識人의 내면세계」,『歷史敎育』第112輯, 2009. 12.
金泰雄,「日帝下 朝鮮 開港場 都市에서 華僑의 定住化 樣相과 緣網의 變動」,『한국학연구』26, 2012.
김희용,「日帝强占期 韓國人의 排華暴動」, 한국교원대 대학원 석사논문, 2009.
中筋直哉(나카스지 나오야),『群衆の居場所 : 都市騷亂の歷史社會學』, 東京: 新曜社, 2005.
盧珠현,「關東大地震과 朝鮮總督府의 在日朝鮮人 政策－總督府의 '震災處理' 過程을 中心으로」,『한일민족문제연구』12, 2007.
盧泰貞,「1920년대 在조선 중국인 노동자의 실상」, 성균관대 사학과 석사학위논문, 2010.
田中正敬(다나카 마사타카),「関東大震災と朝鮮人の反応－その意識を考察する手がかりと

して」, 專修大學人文科學硏究所, 『人文科学年報』 35, 2005. 3.

라나지트 구하(Ranajit Guha), 『서발턴과 봉기-식민 인도에서의 농민 봉기의 기초적 측면 들(Elementary Aspects of Peasant Insurgency in Colonial India)』, 박종철출판사, 2008.

丸本健次(마루모토 겐지), 「関東大震災に對する植民地朝鮮での反應」, 『アジア民衆史研究』 10, 2005.

松田利彦(마쓰다 도시히코), 「近代朝鮮における山東出身華僑－植民地期における朝鮮總督府の對華僑政策と朝鮮人の華僑への反應を中心に」, 千田稔・宇野隆夫 共編, 『東アジアと「半島空間」: 山東半島と遼東半島』, 思文閣出版, 2003.

미하엘 빌트(Michael Wildt), 「폭력에 관한 단상」, 『일상사로 보는 한국 근현대사』, 책과함께, 2006.

閔斗基, 「萬寶山事件(1931)과 韓國言論의 對應-相異한 民族主義的 視覺」, 『동양사학연구』 65, 동양사학회, 1999.

朴ソプ, 『1930年代朝鮮における農業と農村社會』, 未來社, 1995.

朴永錫, 『萬寶山事件 硏究: 日帝大陸侵略政策의 一環으로서의』, 亞細亞文化社, 1978(1985).

酒井敏雄(사카이 도시오), 『日本統治下の朝鮮北鎭の歷史』, 草思社, 2003.

서울특별시동대문구청, 『東大門區誌』, 1994.

서울特別市史編纂委員會 編著, 『서울六百年史 第4卷, 1910~1945』, 서울特別市, 1981.

서울역사박물관 편, 『왕십리-공간・경제・문화』, 서울역사박물관, 2009.

孫承會, 「지역 너머의 萬寶山事件(1931년)-사건을 둘러싼 실체적 외교 행위 규명을 중심으로」, 『人文硏究』 53, 2007.

孫承會, 「1931년 植民地朝鮮의 排華暴動과 華僑」, 『中國近現代史硏究』 제41집, 2009. 3.

孫承會, 「근대 한중관계사의 새로운 시각 모색-萬寶山 事件 연구에 대한 적용 가능성을 중심으로」, 『歷史學報』 202, 2009. 6.

손정목, 『일제 강점기 도시화과정 연구』, 일지사, 1996.

손정목, 『일제 강점기 도시사회상 연구』, 일지사, 1996.

須田努(스다 쓰토무)・趙景達・中嶋久人 編, 『暴力の地平を超えて: 歴史學からの挑戰』, 青木書店, 2004.

安井三吉(야스이 산키치), 『帝國日本と華僑: 日本・台灣・朝鮮』, 青木書店, 2005.

에드워드 렐프(Edward Relph) 지음, 김덕현・김현주・심승희 옮김, 『장소와 장소 상실(Place and Placelessness)』, 논형, 2005.

에드워드 파머 톰슨(Edward Palmer Thompson) 지음, 나종일 외 옮김, 『영국 노동계급의 형성(The Making of the English Working Class)』 상·하, 창작과비평사, 2000.

에릭 호퍼(Eric Hoffer) 지음, 이민아 옮김, 『맹신자들-대중운동의 본질에 관한 125가지 단상(The True Believer)』, 궁리, 2011.

에릭 홉스봄(Eric Hobsbawm) 지음, 진철승 옮김, 『반란의 원초적 형태(Social Bandits and Primitive Rebels)』, 온누리, 1984(2011).

에버릿 딘 마틴(Everett Dean Martin) 지음, 김성균 옮김, 『군중행동(The Behavior of Crowds: A Psychological Study)』, 까만양, 2012.

오진욱, 「임오군란의 도시 민란적 성격 고찰」, 홍익대 사학과 석사학위논문, 2004.

王恩美, 『東アジア現代史のなかの韓國華僑: 冷戰體制と「祖國」意識』, 三元社, 2008.

유경호, 「平壤의 都市發達과 地域構造의 變化」, 고려대 교육대학원 지리교육과 석사학위논문, 2007.

윤상원, 「만보산 사건과 조선인 사회주의자들의 중국인식」, 『한국사연구』 156, 2012. 3.

尹錫範 외, 『韓國近代金融史硏究』, 연세대학교경제연구소, 1996.

이경아, 「경성 동부 문화주택지 개발의 성격과 의미」, 『서울학연구』 37, 2009. 11.

이금도, 「朝鮮總督府 建築機構의 建築事業과 日本人 請負業者에 關한 硏究」, 부산대학교 건축공학과 박사학위논문, 2007.

이상경, 「1931년의 '배화(排華) 사건'과 민족주의 담론」, 『만주연구』 11, 2011.

이상의, 「일제하 조선의 노동 정책 연구」, 혜안, 2006.

이송순, 「일제하 1930·40년대 농가 경제의 추이와 농민 생활」, 『역사문제연구』 8, 2002.

이연, 「關東大地震과 言論統制」, 한국언론학회, 『한국언론학보』 27, 1992.

李正熙, 『朝鮮華僑と近代東アジア』, 京都大學學術出版會, 2012.

이준식, 「만보산 사건과 중국인의 조선인식」, 『한국사연구』 156, 2012. 3.

이홍락, 「식민지의 사회구조」, 『한국사 14. 식민지시기의 사회경제 2』, 한길사, 1994.

장세윤, 「만보산 사건 전후 시기 인천 시민과 화교의 동향」, 『인천학연구』 2-1, 2003. 12.

전우용, 「한국인의 화교관-자가당착적인 민족서열의식」, 『실천문학』 63, 2001. 8.

전우용, 「한국 근대의 華僑 문제」, 『韓國史學報』 15, 2003. 9.

정병욱, 「일제 강점기의 화폐」, 『한국문화사 08. 화폐와 경제 활동의 이중주』, 두산동아, 2006.

정선태, 「청량리 또는 '교외'와 '변두리'의 심상 공간」, 『서울학연구』 36, 2009. 8.

조영윤, 「1920~30년대의 貧民失業問題와 조선총독부의 대응」, 숭실대 사학과 석사학위논문,

2011.
조영준, 「서울 쇠고기 시장의 구조, 1902~1908: 『安奇陽日記帳』의 기초 분석」, 『서울학연구』 37, 2009. 11.
최병도, 「만보산 사건 직후 화교 배척 사건에 대한 일제의 대응」, 『한국사연구』 156, 2012. 3.
최인영, 「동대문 밖 전차의 도입과 역할: 청량리선과 왕십리선을 중심으로」, 『서울학연구』 37, 2009. 11.
최인영, 「일제시기 京城의 도시 공간을 통해 본 전차 노선의 변화」, 『서울학연구』 41, 2010. 11.
페르낭 브로델(Fernand Braudel) 지음, 주경철 옮김, 『물질문명과 자본주의 I-2 일상생활의 구조 下(Civilisation Materielle, Economie et Capitalisme)』, 까치, 1995.
河世鳳, 「1920~1930年代 中國 大企業集團에서의 勞動請負制의 改革과 勞動運動」, 『東洋史學硏究』 52, 1995. 10.
韓國馬事會, 『韓國競馬六十年史』, 1984.
한홍구, 『대한민국사 2』, 한겨레출판, 2003.

김창환, 살아서 불온한 낙서, 죽어서 불온한 역사

1. 자료

江原鄕土文化硏究會, 『楊口 抗日·反共運動 資料集』, 楊口郡, 1998.
京城地方法院, 「昭和16年 刑公第1238號 判決」, 1941. 8. 19.
京城地方法院 檢事局 思想係, 「思想ニ關スル情報(昭和十五)」.
京城地方法院 春川支廳, 「기록호 1940 刑1016호 1940 豫18호, 德山實 외 5명(治安維持法 違反, 保安法 違反)」(국사편찬위원회 소장 경성지방법원 형사사건기록 중 보관번호 27 - 10), 1940.
國史編纂委員會 編, 『北韓關係史料集 Ⅲ』, 國史編纂委員會, 1985.
_____, 『韓民族獨立運動史資料集 別集』 3·5권, 國史編纂委員會, 1992.
_____, 『韓民族獨立運動史資料集 別集』 6·8권, 國史編纂委員會, 1993.
독립운동사편찬위원회, 『독립운동사자료집 12 문화투쟁사자료집』, 독립유공자사업기금운용위원회, 1977.

楊口郡誌編纂委員會 編, 『楊口郡誌』, 楊口: 楊口文化院, 1984.
全北地域獨立運動追念塔建立委員會, 『全北地域獨立運動史』, 1994(2004).
朝鮮總督府, 『初等國史』 一·二, 1937·1938(張信 編, 『朝鮮總督府教科書叢書(歷史編) 3』, 도서출판 청운, 2005).
朝鮮總督府學務局, 『朝鮮諸學校一覽(昭和九年五月末現在)』, 朝鮮總督府學務局, 1935.
해안초등학교 교지발간추진위원회, 『(해안초등학교 개교 40주년 기념문집) 해안의 메아리』, 해안초등학교, 1997.
洪淳昌, 「履歷書」 (1), (2), (3).

〈강원일보〉〈신아일보〉『새벗』
인터뷰 : 홍하표(1928년생, 홍순창의 子) 2013. 4. 1, 주문진읍 자택에서; 문○○(1929년생, 1940년 당시 매동심상소학교 2학년생) 2013. 4. 4, 해안면 자택에서.

2. 논저
강덕상 편저, 김광열·박순애 옮김, 『우키요에 속의 조선과 중국』, 일조각, 2010.
權五鉉, 『朝鮮總督府下における歷史教育內容史研究－國民意識形成の論理を中心に』, 廣島大學 教育學博士學位論文, 1999.
권오현, 「황국신민화교육 정책과 역사교육의 변화」, 『사회과교육연구』 18-4, 2011.
國防軍史研究所 編, 『兜率山戰鬪』, 國防軍史研究所, 1993.
김창환, 『김창환 교수의 DMZ 지리 이야기』, 살림터, 2011.
사토 다다오(左藤忠男) 지음, 정승운 옮김, 『일본 대중문화의 원상(原象)』, 제이앤씨, 2004.
앙드레 슈미드(Andre Schumid) 지음, 정여울 옮김, 『제국 그 사이의 한국 1895~1919(Korea Between Empires 1895~1919)』, 휴머니스트, 2007.
岡本眞希子(오카모토 마키코), 『植民地官僚の政治史』, 三元社, 2008.
李求鎔·崔昌熙·金興洙, 『江原道 抗日獨立運動史』 3, 춘천: 光復會江原道支部, 1992.
이기훈, 「일제하 보통학교 교원의 사회적 위상과 자기인식」, 『역사와 현실』 63, 2007.
이기훈, 「식민시 학교 공간의 형성과 변화－보통학교를 중심으로」, 『역사문제연구』 17, 2007.
이만규, 『(다시 읽는) 조선교육사』, 살림터, 2010(원본 1947년 간행).
李成市, 「三韓征伐」, 板垣竜太·鄭智泳·岩崎稔 編著, 『東アジアの記憶の場』, 東京: 河出書房新社, 2011 참조.

장신, 「일제하 초등학교 교사의 조선사 인식」, 『정신문화연구』 111, 2008.
趙東杰, 「三一運動의 地方史的 性格」, 『歷史學報』 47, 1970.
趙東杰, 『太白抗日史』, 江原日報社, 1977(조동걸, 『于史 趙東杰 저술선집 13 강원 역사의 다원성』, 역사공간, 2010).
프란츠 파농(Frantz Fanon) 지음, 남경태 옮김, 『대지의 저주받은 사람들(Les Damne's de la Terre)』, 그린비, 2004.
한모니까, 「한국전쟁 前後 '수복지구'의 체제변동 과정 – 강원도 인제군을 중심으로」, 가톨릭대학교 박사학위논문, 2009. 8.
홍금수, 「역사지리의 파국적 단절과 미완의 회복 – 민통선 북방 양구군 해안면의 인구·취락·토지 이용」, 『문화역사지리』 21-3, 2009.

보론 1 : 경성지방법원 검사국 '형사사건 기록'

1. 자료

高麗大學校 亞細亞問題研究所, 『稀貴文獻 解題 – 舊 朝鮮總督府 警務局 抗日獨立運動關係 秘密紀錄』, 高麗大學校出版部, 1995.
國史編纂委員會 編, 『韓民族獨立運動史資料集』 1, 國史編纂委員會, 1986.
국사편찬위원회, 『일제강점기 사회·사상운동자료 해제 Ⅰ·Ⅱ』, 국사편찬위원회, 2007·2008.
金俊燁·金昌順 共編, 『韓國共産主義運動史 – 資料編 Ⅰ~Ⅱ』, 高麗大學校亞細亞問題研究所, 1979~1980.
서울地方檢察廳記錄管理課, 「獨立運動關聯記錄 등 整理記錄目錄」, 1984.
朝鮮總督府編纂, 『朝鮮法令輯覽』 上卷, 1940.

『朝鮮總督府裁判所統計年報』 『思想彙報』 『朝鮮檢察要報』 『治刑』 『朝鮮司法協會雜誌』
대한민국국회 법률지식정보시스템 http://likms.assembly.go.kr/law/jsp/main.jsp
국가기록원 독립운동관련 판결문 http://theme.archives.go.kr/next/indy/viewMain.do

2. 논저

國史編纂委員會, 『國史編纂委員會史』, 國史編纂委員會, 1990.
김재순, 「정부수립이전 행형기록 해제」, 『기록보존』 11, 행정자치부 정부기록보존소, 1998.

金俊燁·金昌順, 『韓國共産主義運動史』 제1권, 高麗大學校出版部, 1967.
玉名友彦(다마나 도모히코) 著, 法院圖書館 譯, 『(국역)朝鮮刑事令釋義: 附 令狀竝刑執行の取扱に就て』, 법원도서관, 2005(1944).
문준영, 『법원과 검찰의 탄생』, 역사비평사, 2010.
水野直樹, 「戰時期朝鮮の治安維持體制」, 『岩波講座 アジア·太平洋戰爭 7 支配と暴力』, 岩波書店, 2006.
水野直樹, 「思想檢事たちの「戰中」と「戰後」― 植民地支配と思想檢事」, 松田利彦·やまだあつし編, 『日本 朝鮮·臺灣支配と植民地官僚』, 思文閣出版, 2009.
시귀선, 「해방 이후 행형기록 소개」, 『기록보존』 11, 행정자치부 정부기록보존소, 1998.
尹慶老, 『105人事件과 新民會研究』, 一志社, 1990.
이애숙, 「일제 말기 반파시즘 인민전선론」, 『한국사연구』 제126호, 2004. 9.

보론 2 : 불온에 관한 7가지 단상

1. 자료
國史編纂委員會 編, 『韓民族獨立運動史資料集 68―戰時期 反日言動事件 Ⅲ』, 2007.

고려대 민족문화연구원, 『고려대 한국어대사전』(http://dic.daum.net/index.do?dic=kor).
국립국어연구원, 『표준국어대사전』(http://stdweb2.korean.go.kr/main.jsp).
岩波書店, 『広辞苑』 第六版, 2008·2009.

2. 논저
강만길, 『역사가의 시간』, 창비, 2010.
松田利彦(마쓰다 도시히코), 「総力戰期의 植民地朝鮮에 있어서 警察行政―警察官에 의한 「時局座談会」를 軸에」, 『日本史研究』 452, 2000(松田利彦, 『日本의 朝鮮植民地支配와 警察: 一九〇五~一九四五年』, 校倉書房, 2009의 6장에 수록).
牧原憲夫(마키하라 노리오), 『客分と國民のあいだ』, 吉川弘文館, 1998.
李丙燾 외 「第17回 全國歷史學大會 主題 및 討論―韓國에 있어서 近代的 史學研究의 回顧와 展望」, 『史學研究』 24호, 1974.
李昊榮, 「中原高句麗碑 題額의 新讀―長壽王代의 年號 推論」, 『史學志』 13, 단국대학교 사

학회, 1979.
정태헌, 「민주적 민족적 국민' 형성의 장정에서 본 '박정희 시대'」, 『역사문제연구』 제9호, 2002. 12.
趙東杰, 「三一運動의 지방사적 성격―강원도 지방을 중심으로―」, 『歷史學報』 47, 1970.
趙東杰, 『太白抗日史』, 江原日報社, 1977.
지그리프트 크라카우어(Siegfried Kracauer) 지음, 김정아 옮김, 『역사 : 끝에서 두 번째 세계 (History: The Last Things Before The Last)』, 문학동네, 2012.
震檀學會 編, 『歷史家의 遺香―斗溪李丙燾先生追念文集』, 一潮閣, 1991.
癯菴申奭鎬先生 紀念事業會, 『申奭鎬博士 誕生100周年 紀念事業誌』, 수서원, 2007.
韓基亨, 「'불온문서'의 창출과 식민지 출판경찰」, 『大東文化硏究』 72, 2010.

이 책의 글이 처음 실린 곳

경성 유학생 강상규, 독립을 열망하다
「경성 유학생 강상규, 독립을 열망하다(上)」, 『역사비평』 83, 2008. 5.
「경성 유학생 강상규, 독립을 열망하다(下)」, 『역사비평』 84, 2008. 8.

자소작농 김영배, '미친 생각'이 뱃속에서 나온다
「자소작농 김영배, '미친 생각'이 뱃속에서 나온다」, 『역사비평』 87, 2009. 5.

신설리 패, 중국인 숙소에 불을 지르다
「신설리 패, 중국인 숙소에 불을 지르다―1931년 반중국인폭동에 대한 재해석」, 『역사비평』 101, 2012. 11.

김창환, 살아서 불온한 낙서, 죽어서 불온한 역사
「불온한 낙서, 불온한 역사―1940년 강원도 양구군 매동심상소학교 낙서 사건」, 『역사비평』 103, 2013. 5.

보론 1 : 경성지방법원 검사국 '형사사건 기록'
京城地方法院檢事局의 '刑事事件記錄'과 植民地 社會, 고려대 민족문화연구원·同志社コリア研究センタ 주최 〈서울―교토 상호 방문 국제학술회의 : 식민지 연구의 최전선 1〉에서 발표, 2011.7. 1(京都).

Special Thanks
이분들께 특별히 감사드립니다.

인터뷰에 응해주신 강태영, 강상규의 따님, 고(故) 정추, B리 마을 여러 어른, 윤태수, 길상옥, 홍하표, 문○○님. 모진 역사를 살아온 이분들의 삶을 충분히 담아내지 못한 것 같아 송구할 뿐이다. 전 옥구문화원장 남정근, 안성문화원 관계자 여러분, 도서출판 청운의 전병욱, 용문고 지리 교사 천종호, 양구선사박물관장 김규호, 해안초등학교 교감 신동우, 민족문제연구소 자료실 김승은·강동민님. 답사와 자료에 많은 도움을 받았다.

연구비를 지원한 한국연구재단, 경성지방법원 형사사건 기록을 수집하여 보관하고 열람의 편의를 제공한 국사편찬위원회, 연구에 집중할 수 있는 여건을 조성해준 고려대 민족문화연구원에 감사드린다. 이 연구를 무사히 마칠 수 있었던 것은 모두 세 기관 덕택이다.

처음 글을 읽고 '연재'의 기회를 주신 김성보 선생님. 그 배려와 독려가 없었다면 지금과 같은 불온열전은 없었을 것이다. 동학으로서 글을 읽고 비평해주신 권내현, 문영주, 염복규, 오제연, 이동기, 이용기, 이태훈, 장용경, 최선웅, 허수 학형. 주신 의견은 비록 다 소화하지 못했지만 글과 사고를 진전시키는 데 큰 도움이 되었다. 발표를 듣고 토의해주신 고려대 민족문화연구원의 동학들과 교토의 미즈노 나오키 선생님을 비롯한 여러 연구자들. 글을 완성하는 데 유익한 토론이었다. 고려대 2011~2012년 대학원 강의 때 이 책의 여러 주제에 관해 함께 공부하고 토의한 곽금선, 구병준, 김기성, 김명선, 김상규, 김성태, 김자중, 김헌주, 노성룡, MAYUIMI OKAZAKI, 문민기, 방지현, 박우현, 손지은, 이명학, 이바른, 이보성, 이상원, 이재경, 이주호, 이진욱, 임동현, 조소연, 주동빈, 전영욱, 정유진, 한미진, 허미애 님. 많은 영감을 얻었다.

글을 구상할 때부터 마칠 때까지, 식탁이든 차 안이든 어디서든 주인공 얘기를 들어주고 질문하고 의견을 주었던 가족, 이송순·정혜민·정민주. 이보다 더 좋은 자극과 격려는 없었다. 이들의 귀와 눈과 입을 통과한 뒤 주인공은 비로소 살아 움직였다. 자식이 신경 쓰지 말라고 운동으로 건강을 챙기시는 어머님, 이번 책을 통해 부모님 세대의 시대와 삶에 대해 더 많이 생각해보게 되었다. 오래오래 사시길.

글을 쓰는 데 수많은 음악과 커피를 듣고 마셨다. 다른 글보다 불온열전을 쓸 때 특히 강산에의 음악을 많이 들었던 것 같다. 언제나 힘과 웃음을 주는 노래다. 개운사 옆 '좋은커피'의 커피를 마시면서 책의 뒷부분을 쓰고 마무리를 했다. 나의 글도 이런 향기가 나면 좋으련만.

글을 연재하기 시작할 때부터 책으로 완성할 때까지 글을 꼼꼼히 읽고 다듬어준 역사비평사 편집자 조수정·정윤경 님. 나의 까탈을 다 받아주고 오히려 다독거려주니, 그 힘으로 여기까지 왔다. 어려운 상황에서도 출판을 맡아주신 정순구 사장님, 그저 고마울 따름이다.

이 모든 분들께 다시 한 번 감사드립니다.